Pasos 1

Spanish

Beginner's course

Third Edition

Coursebook

Rosa María Martín
and Martyn Ellis

HODDER
EDUCATION
AN HACHETTE UK COMPANY

Orders: please contact Bookpoint Ltd, 130 Milton Park, Abingdon, Oxon OX14 4SB. Telephone: (44) 01235 827720.
Fax: (44) 01235 400454. Lines are open from 9.00 – 6.00, Monday to Saturday, with a 24 hour message answering service.
You can also order through our website www.hoddereducation.co.uk

If you have any comments to make about this, or any of our other titles, please send them to
educationenquiries@hodder.co.uk

British Library Cataloguing in Publication Data
A catalogue record for this title is available from the British Library

ISBN: 978 1 444 133 219

First Edition Published 1991
Third Edition Published 2007, revised 2011
Impression number   10 9 8 7 6 5 4 3
Year   2015 2014 2013 2012

Hachette UK's policy is to use papers that are natural, renewable and recyclable products and made fromwood grown in sustainable forests. The logging and manufacturing processes are expected to conform to the environmental regulations of the country of origin.

Cover photo © John McCabe – Fotolia

Typeset by MPS Limited, a Macmillan Company, Chennai, India

Printed in Italy for Hodder Education, an Hachette UK Company, 338 Euston Road,
London NW1 3BH

Acknowledgements

The authors would like to thank their daughters Isabel and Tessa and all those who helped with the collection of materials in this book and the recordings, especially the Martín and Yuste families. They would also like to thank their editors, Catriona Watson-Brown and Shirley Baldwin, for their work and support.

The authors and publishers would like to thank the following for use of their material in this volume:

Asociación Provincial de Auto-Taxi Zaragoza for taxi receipt; *Ama* and *Chica* for magazine extracts; Cines Palafox for cinema ticket; Consorcio de transportes Área de Sevilla for bus ticket Los Amarillos s.l.; *Ciudadano* for magazine extract; *Diario 16*, *Diez minutos* and *Dunia* for magazine extracts; Heraldo de Aragón for extracts; Iberian Airways for extracts from *Iberiamérica* brochure; Metro Madrid for ticket; Panorama for article '24 horas con Corín Tellado'; *El Pais semanal* for article; Tryp Hotel Dinamar for brochure photos; La Reserva de Marbella S.A. for maps and text 'Urbanización de Marbella II'; Transportes Urbanos de Zaragoza for bus ticket.

Photo acknowledgements

Aisa: p41 (top) © aisa. **AKG:** *Abre los Ojos* SOGETEL/ ALBUM/ AKG. **Alamy:** p5 (top right) © Mauricio-Jose Schwarz, p6 (bottom right) © Picture Contact , p20 © Robert Fried, p22 © Alex Segre, p23 © Tor Eigeland, p26 (top left) © Worldwide Picture Library, (centre left) © Ken Welsh, (bottom left) © Chad Ehlers, p35 (top) © James Davis Photography, (bottom) © Michele Falzone, p90 (top left) © Danita Delimont, p101 c © Life File Photo Library Ltd, © oote boe, p116 (top) © World Pictures, (centre) © Art Kowalsky, (bottom) © Brian Atkinson, p151 a © Ken Welsh, p153 © Bildarchiv Monheim GmbH, p171 (right) © Steve Allen Travel Photography – Chile. **Corbis:** p4 © M.Thomsen/zefa, p6 e © Helen King, p6 c © Tim Garcha/zefa, p7 (bottom) © Jonnie Miles/Photex/zefa, p13 © Despotovic Dusko/Corbis Sygma, p14 Enrique Iglesias © Vinai Dithajohn/epa, Julio Iglesias © Jody Anthony Cortes, p29 Fernando Alonso © Schlegelmilch, Pedro Almodóvar © Michael Goulding/The Orange County Register, Penelope Cruz © Mario Anzuoni /Reuters, Rafael Nadal © Dani Cardona/Reuters, p35 (right) © Pablo Corral, p39 Antonio Banderas © Juanjo Martín/EFE, p47 (left) © Sergio Pitamitz/Robert Harding World Imagery, (right) © James Marshall, p61 © Sergio Perez/Reuters, p64 © Michael Busselle, p88 (top left) © B. Echavarri/epa, (top right) © Robbie Jack, p130 © Owen Franken, p186 Luis Buñuel © Europresse/Sygma, Eva Peron © Bettmann, Isabel Allende © Szenes Jason/Corbis Sygma, p216 © Despotovic Dusko/Corbis Sygma. **Cordon Press:** p8 (top right, centre right), p14 Ana Boyer. **Fotolia:** p184 no.5 © Dani Marin – Fotolia.com. **Getty Images:** p8 (top left) Ralph Notaro, (bottom right) Pierre-Philippe Marcou/AFP, p14 Tamara Falcó & Miguel Boyer: Carlos Alvarez, p39 (bottom left & top right) Carlos Alvarez, p171 (top left) Stephenson/Topical Press Agency, p184 no.1 Joe Ray/AFP, p186 Celia Cruz: Frank Micelotta, p189 Plácido Domingo: David Livingston, p229 (top) Rafa Rivas/AFP. **Empics:** p8 (bottom left) Adam Davy, p88 (bottom right) Paul Smith/Paul Smith/EMPICS Entertainment, p187 Eduardo Noriega: AP Photo/Alessandra Tarantino, Miguel Bosé AP Photo/Jaime Puebla. **Europa Press Reportajes:** p8 (centre left), p14 Carlos Falco, p29 Paula Vázquez, p39 (bottom right), p75, p113 (right). **Kobal Collection:** p133 Still from *The Others* MIRAMAX/CANAL+/ SOGECINE / The Kobal Collection / Isasi,Teresa; still from *Volver* EL DESEO S.A. / The Kobal Collection. **LifeFile:** p85 (bottom left) Emma Lee. **Rex Features:** p14 Chabeli Iglesias: Miquel Benitez, Julio Iglesias Jnr: Matt Baron, Isabel Preysler: Juergen Hasenkopf, p88 (bottom left) Paul Cunningham, p104 The Travel Library, p187 Carmen Maura: Camilla Morandi, p187 Inés Sastre: Sipa Press. © **IstockPhoto.com:** p5 (centre left) Alex Brosa, p10 (top) Celso Pupo Rodrigues, p89 (left) Roland Andrijauskas, p105 (left) Deejpilot, (right) Stephen Meese, p119 Paul Prescott, p124 (top) Edyta Pawlowska, (bottom) Amanda Rohde, p152 (top) Ron Mertens, (centre) Marco Regalia, (bottom) Loic Bernard, p164 (left) blaneyphoto, (right) Jason Stitt, p165 no.5: Tan Kian Khoon, p224 Lorenzo Puricelli. © **www.purestockX.com** p6 d, p10 Pyramid, p112 (left). **TopFoto:** p26 (top right) © 2006 TopFoto/Jon Mitchell, (bottom right) © 2002 Topham Picturepoint, p41 (bottom) ©2005 TopFoto, p160 (top) © The Image Works / TopFoto.

Contents

Introduction
Pronunciation guide

Symbols used in *Pasos 1*

 = listening exercise

 = text to be read
or
points to learn

 = written exercise

 = oral practice

 = pair work

 = group work

Introduction

Pasos is a two-stage Spanish course for adult learners who are either starting from scratch or who have a basic knowledge of the language.

Language learning is about confidence in understanding and responding to others, using appropriate language to suit the context of the situation. In order to build this confidence, the learner needs the right kind of exposure to the right kind of language situations, the opportunity for relevant communicative practice, a sound knowledge of grammar and structure, and a solid repertoire of vocabulary.

The *Pasos* approach is practical from the very beginning; a wide variety of materials with graded tasks helps to present and practise the language required for effective communication. Clear examples and explanations make the grammar easy to absorb, and emphasis is placed on the acquisition of a range of essential vocabulary from an early stage.

Pasos makes language learning relevant to you, the learner. It concerns itself with your opinions, your experience and your knowledge. It builds a comprehensive picture of the history, customs and everyday life which make modern Spain and Latin America what they are today. Through learning the language, you also learn about the culture, and through learning about the culture, you will want to use the language. Balance and variety are prominent features of the course. A balance of freer fluency activities and graded accuracy-based tasks; a balance between the four language skills of listening, speaking, reading and writing, each used to reinforce the other; a balance of presentation and practice of new language items; and a balance between the study and use of grammar and vocabulary, the cornerstones of language learning.

Book 1 is divided into 14 lessons, each providing approximately six hours of material. Each lesson is topic-based and introduces a fundamental aspect of structure. Lessons are subdivided into several stand-alone sections allowing the main topics to be developed and diversified, focusing on many aspects of everyday life and allowing the presentation of subsidiary grammar items and lexical areas. Each begins with an introductory preparation task and there is a self-assessment section at the end, as well as new cultural sections. There are further practice exercises, reading texts and recording transcripts to accompany the listening tasks.

Lessons 7 and 14 are consolidation units and comprise additional materials and activities designed to revise and develop language previously covered. Vocabulary is listed in a Spanish–English list at the end of each lesson under the various topic headings, and there is also a full two-way glossary at the end of the book. The grammar boxes within lessons and grammar reviews at the end of each are consolidated by a detailed grammar reference section at the back of the book. These resources allow the course to be used successfully if you are studying alone as well as in the classroom.

In this revised edition, integration of print and audio components improves overall navigability. The Coursebook is accompanied by **Pasos 1 Activity Book**, which provides a wealth of extra material referenced to each lesson. Two further resources are designed to cover the range of learning needs: **Pasos 1 Spanish Speaking and Listening**, an exciting new package comprising two audio CDs plus a work booklet, is specially designed to enhance progress in these skill areas and is ideal for self-study or classroom use; **Pasos Spanish Practical Grammar** is a complete reference tool with numerous exercises to reinforce grammar skills. We hope you enjoy the course and that you will want to find out more about life in Spanish-speaking countries. Good luck!

A guide to Spanish pronunciation

The secret of successful pronunciation in Spanish lies in keeping the vowels short and true. Consonants maintain constant values, but some are modified when adjacent to certain letters.

Vowels

Letter	Spanish word	As in
a	padre	pad (the **a** is short)
e	tengo	ten (the **e** is short)
i	fin	somewhere between fin and me (short)
o	foto	Somewhere between fog and foe (short)
u	gusto	good

Sometimes two vowels are placed together:

ue	bueno	(bwenno)
ie	bien	(bi(y)en)
au	trauma	round
ei	seis	face
ai	bailar	bide
eu	deuda	pronounce elements separately (e + u)
oi/oy	hoy	boy

Consonants

- **b** and **v** sound virtually the same in Spanish. At the beginning of a word or a syllable, both are pronounced like the English **b**, as in **b**ig: **b**aile, **v**ista. In the middle of the word it is a slightly softer sound: be**b**ida, vol**v**er.

- **j** is pronounced at the back of the throat, rather like the **ch** in the Scottish lo**ch**, as in **j**ugar, **j**amón.

- **g** is also pronounced in this way when placed before **e** or **i**:
  gente
  gimnasio

But note: **gu**erra, **gu**itarra as in **g**et. This is because of the **u** between the **g** and the main vowel.

- **h** is not pronounced at all: **h**ora, a**h**ora.

- **c** is pronounced like a soft **th**, as in **th**eatre, when placed before **e** or **i**:
  centro
  cine
  Otherwise it is pronounced like English **k**: **c**omida.

- **z** is always pronounced like a soft **th**:
  zona (thona)

  Note: **ce**, **ci**, and **z** are pronounced as in 'see' in South American Spanish and in some parts of the south of Spain: **ci**ne (seeneh)

- **r** is always pronounced and slightly rolled.
  pe**r**o = but; come**r** = eat
  pe**rr**o = dog (double r produces a stronger roll)

- **ll** is pronounced **y**, as in **ll**amar (yamar).

- **ñ** is pronounced as in ma**ñ**ana (manyanna).

- **w** is only found in imported words like **w**hisky (where it is pronounced similarly to the English pronunciation, and **w**áter (water closet), where it is pronounced with a **b** (as in **b**atter).

Stress

1. Words ending in **n**, **s** or a vowel: the penultimate syllable is stressed   recepcio**nis**ta, pa**ta**tas, **ce**nan.
2. Words ending in a consonant other than **n** or **s**: the last syllable is stressed: co**mer**.
3. When either of rules 1 or 2 are not applied, an acute accent appears over the stressed syllable: recep**ción**, in**glés**.

1.1 This guide can also be found on the first track (CD 1) of the accompanying recordings.

¿Quién eres?

Topic areas

A   Meeting and greeting people
B   Jobs and professions
C   Countries and nationalities
D   Family
E   The alphabet, spelling
    Numbers 0–9

Language focus

Verbs: *llamarse, ser, tener*
Personal pronouns: *tú* (informal), *usted*
    (formal)
Masculine and feminine forms
Definite article ('the'): *el/la/los/las*
Plural forms

Prepárate

1.2

Muchas palabras en español son similares al inglés, pero la pronunciación es diferente.
Escucha y repite. Observa las diferencias.
Many words in Spanish are similar in English, but the pronunciation is different.
Listen and repeat. Note the differences.

televisión	radio	hotel	garaje	región
hospital	sofá	euro	violín	bar
animal	melón	chocolate	zoo	cafetería

A | Nombres y saludos

Actividad 1

1.3

Escucha y lee.
Listen and read.

Me llamo Manuel.
¿Y tú?

¡Hola! Me llamo
Carlos. ¿Y tú?

Me llamo María
Teresa. ¿Y tú?

Me llamo
Isabel.

Actividad 2

a Lee los diálogos.
Read the dialogues.

Rosa María	Hola. Me llamo Rosa María. ¿Y tú?
Pedro	Me llamo Pedro.
Rosa María	Hola. Me llamo Rosa María. ¿Y usted?
Señor Martín	Me llamo Manuel Martín.

b Ahora tú.
Now you.

A: Hola. ⬭⬭⬭. ¿Y ⬭⬭⬭?

B: ⬭⬭⬭.

1.4

Actividad 3

Saludos

Lee y escucha.
Read and listen.

¡Hola!

¡Hola!

Buenos días.

Buenas tardes.

Buenas noches.

Adiós.

Actividad 4

Saluda a la gente a estas horas.

Greet people at these times.

3 p.m.

10 a.m.

11 p.m.

7 p.m.

7 a.m.

8 p.m.

1.5

Actividad 5

Formal/Informal

Escucha y compara.

Listen and compare.

 Gramática

¿Cómo **te** llam**as** (tú)? (informal)	What's your name?
¿Cómo **se** llam**a** (usted)? (formal)	What's your name?

Spanish questions are written with ¿ at the beginning and ? at the end.

People address each other in two different ways in Spanish:

tú	you (in informal situations, with family and friends)
usted	you (in formal situations)

(See page 234.)

 ! *¡Atención!*

¿Qué tal?	How are you? (informal)
Mucho gusto.	Pleased to meet you. (usually formal)
¡Hola!	Hello!
Buenos días.	Good morning.
Buenas tardes.	Good afternoon, Good evening.
Buenas noches.	Good night.
¡Adiós!	Goodbye!

¡Hola! ¿Cómo te llamas?

¡Hola! Me llamo Tessa. ¿Y tú?

Me llamo Magdalena. ¿Qué tal?

Buenos días. ¿Cómo se llama?

Me llamo Francisco Pérez. ¿Y usted?

Me llamo García; Pedro García. ¡Mucho gusto!

1.6

Actividad 6

Escucha y decide: ¿formal o informal?

Listen and decide: formal or informal?

Formal = F   Informal = I

1 (F)
2 ( )
3 ( )
4 ( )
5 ( )

1.7

Actividad 7

a Completa las conversaciones.

Complete the conversations.

1

¿Cómo se llama?

Me llamo Arturo

Mucho gusto.

Mucho gusto.

2

¿ _____ ?

Me llamo Tessa. ¿Y _____ ?

Me llamo David.

¿ _____ ?

3

Me llamo Juan Rodrigo ¿y _____ ?

¿ _____ ?

Me llamo Rosa Yuste. _____ .

¿ _____ ?

b Escucha y comprueba.

Listen and check.

B | Profesiones y presentaciones

  I.8 Actividad 8

Hola. Me llamo Leticia. Soy estudiante. ¿Y usted?

Buenos días. Me llamo Pilar. Soy recepcionista en un hotel.

Me llamo García; Pedro García. Soy arquitecto. ¿Y usted?

Me llamo Pepe. Soy mecánico.

Gramática

ser	to be
(yo) soy	I am
(tú) eres	you are
(él/ella/usted) es	he/she is
	you (formal) are

Soy profesor. — I'm a teacher.
¿**Eres** estudiante? — Are you a student? *(informal)*
¿(Usted) **es** profesor? — Are you a teacher? *(formal)*
Es médico. — He/She is a doctor.

- *The subject pronouns* (**yo, tú, él, ella, usted**) *are often omitted*:
  (Yo) Soy profesor.
- *The formal form 'you'* (**usted**) *uses the third person singular of the verb.*

Masculino	Femenino
-o	**-a**
camare**ro**	camare**ra**
consonante +	**-a**
profeso**r**	profeso**ra**
-e	**-e**
estudiant**e**	estudiant**e**
-a	**-a**
recepcionist**a**	recepcionist**a**

- *The word for 'a' is omitted before the word for a job or profession*:
  María es ~~una~~ camarera.
  María es camarera.

Actividad 9

Une las personas con las profesiones.
Match the people and the jobs.

1 recepcionista
2 camarera ✔
3 arquitecta
4 profesor
5 médico
6 mecánico

a **María es camarera.**

b **Pepe es** _____.

c **María Teresa es** _____. 　 d **Juan es** _____.

e **Carmen es** _____. 　 f **Eduardo es** _____.

Actividad 10

Ordena las profesiones en grupos.
¿Qué significan?
Put the jobs in groups. What do they mean?

camarero / a	profesor(a)	estudiante	recepcionista

taxista	director(a)	ingeniero/a
arquitecto/a	médico/a	cantante
deportista	escritor(a)	periodista
pintor(a)	carpintero/a	vendedor(a)
conductor(a)	electricista	fontanero/a
representante	policía	oficinista

Actividad 11

a　Practica: usa las profesiones de Actividad 9.
Practise, using the jobs from Activity 9.

A: ¡Hola! Me llamo María y soy camarera. ¿Y tú?
B: Me llamo Jesús y ⬭

b　Continúa con María Teresa, Juan, Carmen y Eduardo. Después elige más profesiones de Actividad 10.
Continue with María Teresa, Juan, Carmen and Eduardo. Then choose more professions from Activity 10.

Actividad 12

a   Lee y estudia.
Read and study.

Soy arquitecto.

Me llamo Rosa.
Soy secretaria.
¿Y tú? ¿Qué
eres?

Soy la señora
Martín. Soy
profesora.
¿Y usted?
¿Qué es?

Soy médico.

b   Rellena los espacios.
Fill in the gaps.

soy	eres	es

Pedro   ¡Hola! Me llamo Pedro. **I** _____
estudiante. ¿Y tú, María?
¿**2** _____ estudiante?

María   No. No **3** _____ estudiante.
4 _____ camarera. Eduardo
5 _____ estudiante.

Pedro   Mucho gusto, Eduardo. ¿**6** _____
estudiante en mi universidad?

Eduardo   No. **7** _____ estudiante en la
universidad de Madrid.

 ## ¡Atención!

¿Qué eres (tú)?	*What are you?*
¿Qué es usted?	*What are you?*
¿Cuál es tu profesión?	*What is your job?*
	(informal)
¿Cuál es su profesión?	*What is your job?*
	(formal)

  ## 1.9 Actividad 13

Presentaciones

Escucha y practica.
Listen and practise.

Soy la señora García. Soy
secretaria. Éste es el señor Pérez,
es médico. Señor Pérez, ésta es la
señorita González, es estudiante.

Mucho gusto.

Mucho gusto.

 ## ¡Atención!

señor (Sr.)	*Mr*
señora (Sra.)	*Mrs/Ms*
señorita (Srta.)	*Miss*

*García and Pérez are surnames. Add the article
when you refer to yourself or others:*

Soy **el** señor Pérez.	*I am Mr Pérez.*
Es **la** señora García.	*This is Mrs García.*

Actividad 14

a Escribe frases.
Write sentences.

Ejemplo:

1 *Se llama Juan Luis Guerra. Es cantante.*

1

JUAN LUIS GUERRA

Cantante
Es de Santo Domingo. Canta y toca la guitarra. "Cuando toco la guitarra y canto, olvido todas las dificultades."

2

JAVIER REVERTE

Periodista
Es español. Fue corresponsal de prensa en Londres, París y Lisboa: "Viajo para escapar de la rutina."

3

MIQUEL BARCELÓ

Pintor
Es de Mallorca. Es uno de los artistas españoles más famosos, con numerosas exposiciones internacionales. Su madre era pintora.

4

CARMEN POSADAS

Escritora
Es de Montevideo, Uruguay, y vive en Madrid desde 1965. Ganó el Premio Planeta en 1998 con la novela *Pequeñas Infamias.*

5

LIONEL MESSI

Futbolista
Es de Rosario, Argentina. Juega para el Fútbol Club Barcelona desde la edad de 13 años. También juega para la selección argentina de fútbol.

6

AGATHA RUIZ DE LA PRADA

Diseñadora
Hija de un arquitecto famoso, Agatha es diseñadora de moda y muebles muy originales.

b Lee otra vez los textos. ¿Cuánto entiendes?
Read the texts again. How much can you understand?

C | Países y nacionalidades

¡Hola! Me llamo Rosa. Soy profesora. Soy española, de Zaragoza.

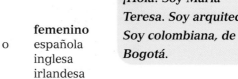

  Actividad 15

1.10

¡Hola! Soy María Teresa. Soy arquitecta. Soy colombiana, de Bogotá.

Una persona de...			masculino		femenino
	España	es	español	o	española
	Inglaterra		inglés		inglesa
	Irlanda		irlandés		irlandesa
	Escocia		escocés		escocesa
	Gales		galés		galesa
	México		mexicano		mexicana
	Alemania		alemán		alemana
	Brasil		brasileño		brasileña
	Japón		japonés		japonesa

 ── *Gramática* ──

inglés/inglesa argentino/a
francés/francesa mexicano/a

Can you find any other types of endings for nationalities? See Vocabulario, page 18.

1.11

 Actividad 16

Escucha esta descripción de la clase. ¿De dónde es cada persona?

Listen to this description of the class. Where is each person from? Give the nationality.

 Actividad 17

a Practica.
Practise.

Ejemplo:

Alice ¿De dónde eres?
Robert Soy norteamericano, de Los Angeles. ¿Y tú?
Alice Yo soy inglesa, de Londres.

b Continúa. Usa otras nacionalidades.
Continue. Use other nationalities.

 ── *¡Atención!* ──

¿De dónde eres (tú)? } *Where are you from?*
¿De dónde es (usted)?

japonés	☐	inglesa	1
alemana	☐	galesa	☐
escocesa	☐	francés	☐
italiano	☐	irlandesa	☐
norteamericana	☐	brasileño	☐

Actividad 18

Lee el folleto de viajes. ¿En qué página están estas ciudades?

Read the travel brochure. What page are these cities on?

1 Roma
2 París
3 Estanbul
4 Casablanca
5 El Cairo

6 Estocolmo
7 Kingston
8 Atenas
9 Berlín
10 Zúrich

CONTENIDO

Europa

América

Asia

África

Actividad 19

En la ONE (Orquesta Nacional de España) hay músicos de otros países. Lee el texto y contesta las preguntas.

In the ONE (National Orchestra of Spain) there are a number of musicians from other countries. Read the text and answer the questions.

1 ¿De dónde es Kinka Petrova Hintcheva?
2 ¿Quién es de Holanda?
3 ¿Quién es de Corea?
4 ¿Qué violinista es de Rumanía?

Mujeres de la Orquesta Nacional

En la ONE hay profesoras contratadas de otros países. Kinka Petrova Hintcheva es búlgara y Yoom Im Chang, coreana, ambas, violines primeros. Carmen Mezei, violinista, es rumana. Evelin Rosenhart, de 29 años, holandesa, es chelista contratada de la ONE.

Gramática

Preguntas (*Questions*)
¿Quién?   Who?
¿Dónde?   Where?
¿De dónde?   Where from?
¿Cuál?   Which?
¿Qué?   What?

D | La familia

  ## Actividad 20

1.12

Ésta es la familia Falcón Yuste

Completa el texto.
Complete the text.

Luis es **1** *el padre* de Javier y Yolanda, y **2** ⬭ de Alicia. Alicia es **3** ⬭ de Yolanda y Javier, y la mujer de **4** ⬭. **5** ⬭ es el hijo de Luis y Alicia, y **6** ⬭ de Yolanda. Yolanda es **7** ⬭ de Luis y Alicia, y la hermana de **8** ⬭.

 ¡Atención!

el padre	father		
la madre	mother	los padres	parents
la mujer	wife		
el marido	husband		
el hijo	son	los hijos	children
la hija	daughter		
el hermano	brother	los hermanos	brothers and sisters
la hermana	sister		

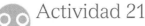

Actividad 21

Pregunta a tu compañero/a.
Ask your partner.

Ejemplo:

A: ¿Cómo se llama el padre de Javier?
B: Se llama Luis.

1.13

Actividad 22

Pablo habla de su familia. Completa el árbol genealógico con estos nombres.
Pablo is talking about his family. Complete the family tree, using these names.

Pablo   Susana   Miguel   Arturo   Mari

Actividad 23

Contesta las preguntas con frases completas. Pregunta a tus compañeros/as.
Answer the questions with complete sentences. Ask your classmates.

Ejemplo:

A: ¿Tienes hermanos?
B: Sí, tengo un hermano y una hermana.

1 ¿Tienes hermanos/hermanas?
2 ¿Cómo se llama tu hermano/hermana?
3 ¿Tienes hijos/hijas?
4 ¿Cómo se llama tu hijo/hija?
5 ¿Cómo se llama tu padre/madre?

Pablo

E | ¿Cómo se escribe?

 1.14

Actividad 24

El abecedario español

Escucha y repite el abecedario.

Listen and repeat the letters of the alphabet.

	Pareja 1	Pareja 2	Pareja 3
Relación			
¿De dónde son?			
Profesiones	a	a	a
	b	b	b

a b c d e f g h i j k l m n ñ o p q r s t u v w x y z

 1.15

Actividad 25

¿Qué nombre es? Escucha e indica.

Which name is it? Listen and point.

1 García
  Gracia
2 Fernández
  Fernando
3 Martinell
  Martínez
4 Yuste
  Juste
5 González
  Gonzálvez
6 Ezquerra
  Izquierda

Actividad 26

Deletrea tu apellido; tu compañero/a lo escribe.

Spell your own surname; your partner writes it down.

En casa o en clase

 1.16

Actividad 27

El presentador de un programa concurso presenta a tres parejas. Escucha y completa el cuadro.

The presenter of a quiz show introduces three couples. Listen and complete the chart.

 ── *Gramática* ──

(ellos/ellas) son	they are
¿De dónde son?	Where are they from?
¿Cómo se escribe?	How is it spelt?

1.17

Actividad 28

Escucha y estudia los números del cero al nueve.

uno — 1 — 2 — 3 — tres

dos

4 — 5 — 6 — seis

cuatro — cinco

7 — 8 — 9

siete — nueve

0

ocho — cero

Actividad 29

Lee el texto sobre Isabel Preysler y busca la información.

Read the text about Isabel Preysler and find the information.

1 ¿De dónde es?

2 ¿Qué es?

3 El número de maridos

4 El número de hijos (total)

5 El número de hijos por marido

6 Las profesiones de los maridos

7 El nombre de su marido actual (*present husband*)

Isabel Preysler es filipina pero vive en España. Su profesión: famosa. Tiene cinco hijos: dos hijos y una hija de su primer marido, una hija de su segundo marido y otra hija del tercero. Su primer marido es el famoso cantante Julio Iglesias con quien se casó a los veinte años. Después de unos ocho años se divorció del cantante y se casó con Carlos Falcó, marqués de Griñón. Su matrimonio parecía estable cuando llegó el escándalo. Isabel y Miguel Boyer, Ministro de Economía del Gobierno, tenían una relación secreta. Miguel Boyer dimitió del Gobierno y se casó por sorpresa con Isabel. Ahora es banquero. Miguel e Isabel tienen una hija llamada Ana.

Tres maridos
Cinco hijos

Isabel Preysler

Julio Iglesias

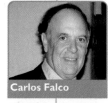

Carlos Falco

Miguel Boyer

Chabeli Iglesias Preysler

Tamara Falcó Preysler

Ana Boyer Preysler

Julio José Iglesias Preysler

Enrique Iglesias Preysler

Rincón cultural

1 Spanish people have a first name (*el nombre*) and two surnames (*los apellidos*). For example: María Elena García Sánchez

Nombre:	María Elena
1ᵉʳ apellido:	García
2° apellido:	Sánchez

García *is the first surname of* María Elena's *father and* Sánchez *is the first surname of her mother.*

2 Spaniards eat their main meal of the day from around 2 p.m. Any time before that is referred to as the morning, and the appropriate greeting is Buenos días.
Any time after that until the evening meal, which is taken at around 9 p.m., is referred to as afternoon and the greeting is Buenas tardes.
After that, people greet each other and say goodnight to each other in the same way: Buenas noches.

Autoevaluación

A Say your name in Spanish. Ask someone for their name.
Say you are pleased to meet someone.
Greet people at different times of the day.

B Say what you do (your profession). Ask and say what someone else does.

C Say your nationality and the city you are from. Ask other people.

D Ask for and give information about families.

E Say the alphabet in Spanish.
Spell your name. Say the numbers 1–9.

1.18

Vocabulario en casa

Más familia

el padrastro	*stepfather*
la madrastra	*stepmother*
el hermanastro	*stepbrother*
la hermanastra	*stepsister*
el hijastro	*stepson*
la hijastra	*stepdaughter*
el medio hermano	*half brother*
la media hermana	*half sister*

Gramática y ejercicios

Verbos   **Verbs**

ser   **to be**

An important verb to learn. It is used to talk about who you are, what you do, and where you are from.

(yo)	soy	*I am*
(tú)	eres	*you are*
(él/ella/usted)	es	*he/she is, you (formal) are*
(nosotros/as)	somos	*we are*
(vosotros/as)	sois	*you are*
(ellos/ellas) (ustedes)*	son	*they, you (formal) are*

tener	**to have**	
(yo)	tengo	*I have*
(tú)	tienes	*you have*
(él/ella/usted)	tiene	*he/she has, you (formal) have*

llamarse   **to be called**

The verb llamar *on its own means 'to call', but when you add* se *it means 'to be called', so it's used for names.*

(yo)	me llamo	*I am called*
(tú)	te llamas	*you are called*
(él/ella/usted)	se llama	*he/she is called, you (formal) are called*

* For plurals see page 245.

Pronombres personales (sujeto) / *Personal pronouns (subject)*

yo	*I*
tú	*you*
él	*he*
ella	*she*
usted	*you (formal)*
nosotros/as	*we*
vosotros/as	*you*
ellos/ellas	*they*
ustedes	*you (formal)*

These go before the verb as in English, but are not often used in normal conversation apart from for emphasis.

A: Soy de Barcelona.
B: ¿Ah sí? **Yo** soy de Barcelona también.

A: *I'm from Barcelona.*
B: *Oh yes? I'm from Barcelona too.*

Masculino y femenino / *Masculine and feminine*

Most masculine nouns end in **–o**: libr**o**
Most feminine nouns end in **–a**: cas**a**

But many have different endings. For example:

tarde	*is feminine*
noche	*is feminine*

For people and animals, nouns ending in **–o** *for masculine change to* **–a** *for feminine:*

camarer**o** – camarer**a**
gat**o** – gat**a**

But nouns ending in a vowel other than **–o** *don't change:*
recepcionista (m/f)
estudiante (m/f)

- *Nouns ending in a consonant add* **–a** *at the end of the masculine form.*
profesor/profesor**a**
señor/señor**a**

El artículo definido / *The definite article*

Whereas the definite article in English is one word for everything ('the'), in Spanish it changes depending on the gender and the number of the noun it refers to.

el hijo	*the son*	**los** hijos	*the sons/children*
la hija	*the daughter*	**las** hijas	*the daughters*

Adjetivos posesivos / *Possessive adjectives*

These are used to talk about who things belong to and are the same as 'my', 'your', 'his', 'her' in English. Note that they change in the plural.

mi/mis	*my*
mi hermano/mis hermanos	*my brother/my brothers (and sisters)*
tu padre/tus padres	*your father/your parents*
su hermana/sus hermanas	*his/her sister/his/her sisters*

'De' posesivo / *Possessive 'de'*

In Spanish, instead of saying 'Ana's father', you say 'the father of Ana'.

el padre **de** Ana — *Ana's father*

Plurales / *Plurals*

Words ending in a vowel add **–s** *at the end of the word to form the plural:*

recepcionista → recepcionista**s**

Words ending in a consonant add **–es** *in the plural:*

profesor → profesor**es**

EJERCICIOS

A *Complete the sentences.*

1. ⬭ días.
2. ⬭ tardes.
3. ¿Cómo te ⬭?
4. Me ⬭ Pedro.
5. ¿Cómo se ⬭ usted?

B *Write M (masculino), F (femenino) or M/F (masculino y femenino).*

1. estudiante ⬭
2. camarera ⬭
3. director ⬭
4. arquitecto ⬭
5. recepcionista ⬭

Now write the same words in the opposite gender.

C   Choose soy, eres or es for each sentence.

1 Yo ( ) profesora.
2 Juan ( ) médico.
3 Tú ( ) camarero.
4 María ( ) recepcionista.
5 Usted ( ) policía.

D   Complete the nationality in the correct form.

1 María es argent ( ).
2 Juan es franc ( ).
3 Mi padre es mexic ( ).
4 ¿Tu madre es españ ( )?
5 Mi profesora es colombi ( ).

E   Complete the dialogue.

Juan   Alex, ¿de dónde ( )?
Alex   ( ) español, ¿y tú?
Juan   ( ) colombiano.
Alex   ¿De dónde ( ) María?
Juan   María ( ) argentina,
( ) de Buenos Aires.

F   Write the feminine form of the members of the family.

1 el hermano ( )
2 el padre ( )
3 el hijo ( )

G   Write the plural form of the members of the family.

1 la hermana ( )
2 el padre y la madre ( )
3 el hermano y la hermana ( )
4 el hijo ( )

H   Complete the sentences using the correct form of tener.

1 Y tú, ¿( ) hermanos?
2 Sí, ( ) un hermano y una hermana.
3 ¿Cuántos hermanos ( ) Juan?

Vocabulario

A

Nombres y saludos	**Names and greetings**
¡Hola!	Hello!
Adiós	Goodbye
Buenos días	Good morning
Buenas tardes	Good afternoon/Good evening
Buenas noches	Good night
¿Cómo te llamas?	What's your name? (informal)
¿Cómo se llama (usted)?	What's your name? (formal)
¿Cómo se llama?	What's his/her name?
Me llamo . . .	My name is . . .
Mucho gusto.	Pleased to meet you. (lit.: Great pleasure.)
¿Qué tal?	How are you?
¿Y tú?	And you?

B

Profesiones y presentaciones	**Professions and introductions**
arquitecto/arquitecta	architect
camarero/camarera	waiter/waitress
cantante	singer
carpintero/carpintera	carpenter
conductor/conductora	driver
deportista	sportsman/sportswoman
director/directora	director
electricista	electrician
escritor/escritora	writer
estudiante	student
fontanero/fontanera	plumber
ingeniero/ingeniera	engineer
mecánico (m/f)	mechanic
médico/médica	doctor
oficinista	office worker
periodista	journalist
pintor/pintora	painter
policía	police officer
profesor/profesora	teacher

recepcionista	*receptionist*
representante	*representative*
taxista	*taxi driver*
vendedor/vendedora	*sales assistant*

Títulos	***Titles***
el señor	*Mr*
la señora	*Mrs/Ms*
la señorita	*Miss*
señor (Sr.)	*sir*
señora (Sra.)	*madam*
señorita (Srta.)	*miss*

C
Países y nacionalidades	***Countries and nationalities***
Alemania	*Germany*
Argentina	*Argentina*
Brasil	*Brazil*
China	*China*
Colombia	*Columbia*
Corea	*Korea*
Escocia	*Scotland*
España	*Spain*
Francia	*France*
Gales	*Wales*
Holanda	*Holland*
Inglaterra	*England*
Irlanda	*Ireland*
Italia	*Italy*
Japón	*Japan*
México	*Mexico*
Portugal	*Portugal*
Rumanía	*Romania*
alemán/alemana	*German*
americano/americana	*American*
argentino/argentina	*Argentinian*
brasileño/brasileña	*Brazilian*
británico/británica	*British*
chino/china	*Chinese*
colombiano/colombiana	*Columbian*

coreano/coreana	*Korean*
escocés/escocesa	*Scottish*
español/española	*Spanish*
francés/francesa	*French*
galés/galesa	*Welsh*
holandés/holandesa	*Dutch*
inglés/inglesa	*English*
irlandés/irlandesa	*Irish*
italiano/italiana	*Italian*
japonés/japonesa	*Japanese*
mexicano/mexicana	*Mexican*
norteamericano/ norteamericana	*North American*
portugués/portuguesa	*Portuguese*
rumano/rumana	*Romanian*

D
La familia	***The family***
hermano	*brother*
hermanos	*brothers (and sisters)*
hermana	*sister*
hijo	*son*
hija	*daughter*
hijos	*children*
madre	*mother*
marido	*husband*
mujer	*wife (woman)*
padre	*father*
padres	*parents*
tener	*to have*

Palabras útiles	***Useful words***
cuál	*which*
de	*of*
de dónde	*where from*
dónde	*where*
qué	*what*
quién	*who*
tú	*you (informal)*
usted	*you (formal)*
y	*and*

DOS
2 ¿Qué quieres?

Topic areas

A Food and drink: asking and saying what
   you want
B Asking and saying what there is
C Ordering in a restaurant
D Making friends: saying where you live /
   where you are from
   Spelling your name and address
E Numbers 10–1000

Language focus

Verbs: *querer, vivir, tener* (for age)
Indefinite article ('a', 'an', 'some'): *un / una /
   unos / unas*
hay (there is / there are)
Negatives

menú

Tapas
patatas fritas
empanadillas
jamón
olivas

queso
sardinas
tortilla de patata
pan
calamares

Bebidas
café solo
café con leche
té
agua mineral
(con / sin gas)
refrescos
zumo de naranja
coca cola
cerveza
vino

Prepárate

1.19

a Mira el menú de tapas y une los
dibujos con las palabras.
*Look at the bar snack menu and
match the pictures with the words.*

b Ahora escucha y comprueba.
Now listen and check.

c Qué son las otras cosas? Escucha el menú
completo. *What are the other things? Listen
to the complete menu.*

A | En el bar

I.20

 Actividad 1

Virginia en un bar

Escucha el diálogo y contesta las preguntas.

Listen to the dialogue and answer the questions.
(Try without reading the conversation first.)

1 *What does Virginia order to start with?*
2 *What does she say when she orders?*
3 *What does the waiter ask her next?*

Virginia	Hola.
Camarero	Hola. ¿Qué quiere tomar?
Virginia	Quiero un café, por favor.
Camarero	¿Café solo o café con leche?
Virginia	Café con leche, por favor.
Camarero	¿Algo más?
Virginia	¿Hay tapas?
Camarero	Sí. Hay olivas, patatas fritas, empanadillas, jamón, queso . . .
Virginia	¿Hay tortilla de patata?
Camarero	Sí, hay.
Virginia	Bueno, pues . . . tortilla de patata.
Camarero	¿Algo más?
Virginia	No, nada más. ¿Cuánto es?
Camarero	Cinco euros.

I.21

 Actividad 2

Escucha los diálogos 1–8 y escribe ✓ o ✗ en el cuadro.

Ejemplos:
1 A: ¿Quiere un café?
   B: Sí, gracias.
2 A: ¿Quiere una coca cola?
   B: No, gracias.

café ✓   zumo de naranja ☐   coca cola ✗   cerveza ☐

pan ☐   tortilla de patata ☐

jamón ☐   queso ☐

✓ — *Gramática* —

un (masculino)	a(n)
una (femenino)	
querer	*to want (also used to say 'I'd like')*
Quiero **un** café.	*I'd like a coffee.*
Quiero jamón.	*I'd like ham.*
¿Quieres...?	*Would you like...? (informal)*
¿Quiere . . .?	*Do you want / Would you like . . .? (formal)*
¿Qué quiere?	*What would you like?*

! — *¡Atención!* —

por favor	*please*
gracias	*thanks*
¿Algo más?	*Anything else?*
Nada más	*Nothing else.*
¿Cuánto es?	*How much is it?*

1.22

Actividad 3

Practica **quieres/quiero**. Escucha el ejemplo.

1

María	*¿Quieres* un té?
Juan	No, *gracias. Quiero* un café solo.

un té   un café solo

2

María	¿⬭⬭⬭⬭⬭ una cerveza?
Juan	No, ⬭⬭⬭. ⬭⬭⬭⬭⬭ un whisky.

una cerveza   un whisky

3

un café con leche   un té con limón

4

un vino blanco   un vino tinto

5

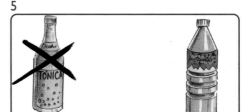

una tónica   un agua mineral

6

un zumo de naranja   una coca cola

1.23

Actividad 4

a   Escucha y practica el diálogo en el bar.

Camarero	¿Qué quiere?
Cliente	Quiero un té con leche, por favor.
Camarero	¿Algo más?
Cliente	No, nada más, gracias.

b   Haz más diálogos.
Make up more dialogues.

B | ¿Hay patatas fritas?

1.24

Actividad 5

Lee y escucha los diálogos.

1	**Cliente**	¿Hay jamón?
	Camarero	Sí, hay jamón.
2	**Cliente**	¿Hay patatas fritas?
	Camarero	No, no hay patatas fritas.

✓ ───── *Gramática* ─────

Hay	There is / There are
¿Hay . . .?	Is there / Are there . . .?
¿Qué hay?	What is there?

Actividad 6

Mira los diálogos de Actividad 5 y haz diálogos similares.
Look at the dialogues in Activity 5 and make similar dialogues.

olivas

patatas fritas

jamón

queso

empanadillas

tortilla

calamares

bocadillos

pollo

salchichas

paella

ensalada

 ─── *¡Atención!* ───

Quiero un bocadillo **de**	jamón.	*I'd like a*	*ham*	*sandwich.*
	queso.		*cheese*	
	tortilla.		*omelette*	
	calamares.		*squid*	
Quiero una ración **de**	queso.		*I'd like a portion of*	*cheese.*
	olivas/aceitunas.			*olives.*

La diferencia entre un bocadillo . . .

. . . y un sandwich.

Actividad 7

Lee y contesta las preguntas.

1 ¿Cómo se llama el bar?
2 ¿Cómo se llama el propietario del bar?
3 ¿Cómo se llama la mujer del propietario?
4 ¿De dónde es el propietario?

5 ¿Qué tipo de bar es?
6 ¿Qué es una tapa?
7 ¿Qué tipo de bocadillos hay en el bar?

Éste es el Bar Miguel.
Miguel, el propietario, es de Belchite. Es un bar familiar. Miguel y su hijo son los camareros del bar. La mujer de Miguel se llama María. María prepara todos los días los bocadillos para los clientes. Prepara bocadillos de jamón, de queso, de chorizo y de tortilla de patata. También prepara tapas y raciones. Una tapa es un aperitivo, un plato pequeño de comida, por ejemplo de empanadillas, de calamares o de olivas. Las tapas son muy típicas de los bares en España.

1.25

Actividad 8

a Completa el dialogo con *quiero, quiere* o *hay*.

A: ¡1 ⬭ un bocadillo?

B: Sí, gracias, ¿qué bocadillos **2** ⬭ ?

A: **3** ⬭ bocadillos de jamón y de queso.

B: **4** ⬭ un bocadillo de queso, por favor.

b Escucha.

C | En el restaurante

1.26

Actividad 9

Mira el menú. ¿Qué palabras reconoces?
Look at the menu. What words do you recognise?

MENÚ DEL DÍA

Primer plato
Ensalada mixta

Sopa

Macarrones

Segundo plato
Pollo con ensalada

Pescado

Carne con patatas fritas

Postre
Helado

Flan

Fruta del tiempo

Bebidas
Agua mineral (con/sin gas)

Vino (tinto/blanco)

Cerveza

Café (solo, cortado, con leche)

1.27

Actividad 10

a Mira la foto. ¿Qué pregunta el camarero? ¿Qué dice la mujer?
Look at the photo. What is the waiter saying? What are the clients saying?

b Escucha. ¿Qué piden los clientes? Indica con ✓ en el menú.
Listen. What do the customers ask for? Indicate with a ✓ on the menu.

c Completa el diálogo con las palabras del cuadro. Después, escucha y comprueba.
Complete the dialogue with the words from the box. Then listen and check.

---

vino usted quieren quiero postre primer
ensalada cuenta por favor leche

Camarero	Hola, buenos días. ¿Qué **1** ⬭ comer?
Cliente 1	El menú del día, por favor, para los dos.
Camarero	¿Qué quieren de **2** ⬭ plato?
Cliente 1	Para mí, sopa.
Cliente 2	Yo **3** ⬭ ensalada.
Camarero	Muy bien. ¿Y de segundo plato?
Cliente 2	Quiero carne con patatas fritas.
Camarero	¿Y para **4** ⬭, señora?
Cliente 1	Para mí, pollo con **5** ⬭.
Camarero	¿Qué quieren beber?
Cliente 1	**6** ⬭ de la casa, por favor.

→

Camarero	¿Blanco o tinto?
Cliente 1	Tinto. Y agua con gas.
Camarero	¿De **7** _____?
Cliente 1	Yo, helado.
Cliente 2	Yo, fruta, melón, **8** _____.
Camarero	¿Quieren café?
Cliente 1	Sí, un café con **9** _____ y un cortado. ¿Tiene azúcar?
Camarero	Sí, aquí tiene.

•••

| Cliente 1 | La **10** _____, por favor. |

Actividad 11

Practica un diálogo similar. Usa el menú.
Practise a similar dialogue. Use the menu.

1.28 Actividad 12

¿Quién dice qué? Une los dibujos con las frases.
Who says what? Match the pictures with the sentences.

1 ¿Quieres vino?
2 ¿Qué hay?
3 ¡Mmm! ¡El bocadillo es bueno!
4 ¿Qué quieren tomar?
5 Quiero pollo con ensalada, por favor.
6 No, nada más.
7 La cuenta, por favor.
8 ¡Salud!

¡Atención!

primer plato	starter
segundo plato	main course
el postre	dessert
la bebida	drink
la comida	meal
la cuenta	bill
para mí	for me

D | La hora del café

1.29

  Actividad 13

Dos personas en un bar

Escucha y completa el cuadro.
Listen and complete the grid.

	María	Alfonso
¿Dónde vive?		
¿De dónde es?		
¿Cuál es su profesión?		
¿Qué quiere beber?		

Alfonso	¿Está ocupado?
María	No, no.
Alfonso	Gracias.
María	¿Eres español?
Alfonso	No. Soy argentino, pero vivo aquí en Barcelona. ¿Y tú? ¿Eres de aquí?
María	No, soy de Valencia, pero también vivo aquí. Soy estudiante en la universidad.

Alfonso	Yo soy músico, pero también trabajo en una oficina. ¿Quieres tomar algo?
María	Sí, un café con leche, ¿y tú? ¿quieres algo?
Alfonso	Sí, una cerveza.
María	¡Camarero! Un café con leche y una cerveza.

 ¡*Atención!*

¿Está ocupado?	*Is this (seat) occupied?*
¿Está libre?	*Is this (seat) free?*

 Gramática

vivir	*to live*	**trabajar**	*to work*
vivo	*I live*	trabajo	*I work*
vives	*you live*	trabajas	*you work*
vive	*he/she lives*	trabaja	*he/she works*

 Actividad 14

Practica un diálogo como el de Actividad 13. Elige tu propia información.
Practise a dialogue like the one in Activity 13. Choose your own information.

1.30

 Actividad 15

a Escucha y escribe el número del diálogo.
Listen and write the number of the dialogue.

Ejemplo:

1 **A:** ¿Dónde vives?
   B: Vivo en Málaga.

Bogotá	❑	Santiago	❑
Ciudad de México	❑	Málaga	🔲
Lima	❑	Montevideo	❑
Caracas	❑		

b Practica. Pregunta ¿**Dónde vives?**
(If you all live in the same town, make up some places.)

1.31
Actividad 16

¿Dónde vives?

a Lee y escucha.
Read and listen.

1 la calle

2 la avenida

3 la plaza

4 el paseo

5 la carretera

b Une las abreviaturas con los dibujos.
Match the abbreviations with the pictures.

a P<u>º</u> de Gracia, 15
b <u>Pza</u> de Cataluña, 10
c <u>C /</u> Don Jaime, 23
d <u>Ctra</u> San Sebastian, 100
e <u>Avda</u> de Gaudí, 4

1.32

  Actividad 17

a Escucha y escribe la información que falta en cada tarjeta.

Listen and write in the missing information for each card.

1

> Luis Falcón
> ( )
> Reina Fabiola, 24
> Teléfono: 976
>
> l.falcon@communica.es   Zaragoza 50002

2

> María Pilar Ruiz
> ( )
> Goya, 16–18, 1° D
> Teléfono: 569382
>
> mpri@auto.com   Madrid 28003

3

> Antonio Ramón Nadal
> ( )
> Banco
> Mayor, 40–42
> Terrassa (Barcelona)
> Teléfono: 93 456
>
> informacion@internacional.es

b Mira las tarjetas otra vez. ¿Cuál es la profesión de cada persona?

Look at the cards again. What are their jobs?

c Estás en una conferencia. Preséntate a una persona usando la información de una de las tarjetas, o tu propia información.

You are at a conference. Introduce yourself to someone using the information from one of the cards, or your own details.

d Haz preguntas: usa **usted**.

Ask questions: use usted *(formal 'you').*

¿Cómo se llama (usted)?
¿Cómo se escribe su nombre?
¿Dónde vive?
¿Cuál es su número de teléfono?
¿Cuál es su profesión?

 Gramática

Informal	Formal
¿Cuál es **tu** número de teléfono?	¿Cuál es **su** número de teléfono?
¿Dónde viv**es**?	¿Dónde viv**e**?

Use the third person form of the verb (i.e. without the 's') for the formal usted *form.*

 ¡Atención!

email
correo electrónico   *email*

The Spanish spoken forms of the following are:
@	arroba	*at*
.	punto	*dot*
-	guión	*hyphen/dash*

E | Los números

1.33

 Actividad 18

10 diez	16 dieciséis	21 veintiuno
11 once	17 diecisiete	32 treinta y dos
12 doce	18 dieciocho	43 cuarenta y tres
13 trece	19 diecinueve	54 cincuenta y cuatro
14 catorce	20 veinte	65 sesenta y cinco
15 quince		76 setenta y seis
		87 ochenta y siete
		98 noventa y ocho
		100 cien

> **! ¡Atención!**
>
> | veintidós | 22 |
> |---|---|
> | veintitrés | 23 |

a Escucha unos números de la lista. Indica con ✓ el número que escuchas.
Listen to some numbers from the list. Tick the number you hear.

b Escucha otra vez y escribe los números en palabras.
Listen again and write the numbers in words.

 Actividad 19

Mira las tarjetas de Actividad 17 y practica los números.
Look at the business cards in Activity 17 and practise the numbers.

  Actividad 20

Lee y practica. ¿Cuáles son sus números de teléfono?
Read and practise. What are their phone numbers?

Ejemplos:

¿Cuál es tu número de teléfono?	93-674 6697 Noventa y tres, seis-siete-cuatro, sesenta y seis, noventa y siete
¿Cuál es su número de teléfono?	976-29-79-92 Nueve-siete-seis, veintinueve, setenta y nueva, noventa y dos

1.34

 Actividad 21

Escucha y completa el diálogo.

A: ¿Cómo te llamas?
B: Me llamo José Luis Martín **1** ⟨⟩.
A: ¿Cómo se escribe?
B: **2** ⟨⟩.
A: ¿Dónde vives?
B: Vivo en la calle **3** ⟨⟩, número **4** ⟨⟩.
A: ¿Cómo se escribe?
B: **5** ⟨⟩.
A: ¿Cuántos años tienes?
B: Tengo **6** ⟨⟩.

Actividad 22

Practica el diálogo de Actividad 21.
Practise the dialogue from Activity 21.

 ## En casa o en clase

1.35

   ## Actividad 24

a Escucha estos números.
Listen to these numbers.

cien	100	ciento diez	110
doscientos / as	200	doscientos veinte	220
trescientos / as	300	trescientos treinta	330
cuatrocientos / as	400	cuatrocientos	
quinientos / as	500	cuarenta y cuatro	444
seiscientos / as	600	quinientos	
setecientos / as	700	cincuenta y cinco	555
ochocientos / as	800		
novecientos / as	900		
mil	1.000		
un millón	1.000.000		

 Gramática

The verb tener *(to have) is also used to give people's ages.*

¿Cuántos años tienes? | *How old are you?*
(lit. 'How many years do you have?')
Tengo veinticinco años. | *I am 25. (lit. 'I have 25 years.')*

b Escribe estos números.
Write these numbers.

a ochocientos setenta y seis
b novecientos veintiocho
c trescientos setenta y siete
d ciento uno
e setecientos cincuenta

 ## Actividad 23

¿Cuántos años tienen ahora?
How old are they now?

c Escribe estos números en palabras.
Write these numbers in words.

a 821 **b** 492 **c** 588 **d** 617 **e** 399

Fernando Alonso, piloto
de Formula 1, 29/7/1981

Pedro Almodóvar, director
de cine, 25/9/1949

Penélope Cruz, actriz,
28/4/1974

Rafael Nadal, tenista,
3/6/1986

Paula Vázquez,
presentadora de
televisión, 26/11/1975

Actividad 25

Vas a un restaurante con tus amigos. Lee la carta y elige la comida del menú para cada uno de ellos.

MENÚ

Primer plato
Ensalada mixta
Tortilla de patata
Sopa de pollo
Sopa de pescado

Segundo plato
Pescado frito
Huevos fritos con jamón
Bistec con patatas fritas
Macarrones con salsa de tomate
Pavo con salsa de champiñones

Postre
Helado
Flan
Fruta: manzanas, naranjas, melón

Bebida
Agua
Cerveza
Vino
Zumo de naranja

	Jaime	Marisa	Pedro
Primer plato			
Segundo plato			
Postre			
Bebida			

Querido amigo:

Gracias por la invitación a comer. Yo soy vegetariano y no como huevos, sopa ni fruta. No bebo alcohol.

Marisa come carne, pero es alérgica al pescado. Siempre come sopa de primero. No toma huevos. Siempre bebe alcohol con las comidas.

Pedro es vegetariano, pero come pescado. No come ensalada ni sopa. No toma comida frita ni salsa de tomate. No toma cosas frías. No come fruta. No toma alcohol.

Adiós.
Jaime

Rincón cultural

Comer y beber en España

En España la cafetería o el bar es un centro de mucha actividad social. La gente va a un bar para tomar algo y hablar con los amigos, y también para hacer negocios. Los bares y las cafeterías abren pronto y cierran tarde. Puedes tomar un café, una cerveza, o un refresco. Y puedes tomar una tapa antes de comer.

La hora de comer varía entre la una y media y las tres. Es la comida principal del día para los españoles. En diferentes partes de España comen más pronto o más tarde. Por ejemplo, en Madrid la gente come muy tarde generalmente. La cena es una comida ligera. La gente cena a las nueve y media o a las diez de la noche.

DOS • ¿QUÉ QUIERES?

Autoevaluación

A In a bar, say what you want
   Ask how much something costs

B In a bar, ask what there is
   Say what there is

C Order in a restaurant
   Talk about a meal in a restaurant

D Ask where someone is from and say
   where you are from
   Ask where someone lives and say where
   you live
   Invite someone to have a drink

E Say and understand numbers 0–1000
   Say your phone number

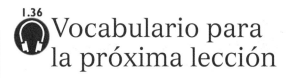

1.36
Vocabulario para la próxima lección

la capital	*capital (city)*
la ciudad	*city*
el pueblo	*town/village*
la provincia	*province*
el kilómetro	*kilometre*
los habitantes	*inhabitants*
el monumento	*monument*
la agricultura	*agriculture*
la industria	*industry*
el agua (f)	*water*

Gramática y ejercicios

Verbos *Verbs*

There are three types of infinitive verb endings: −ar (trabajar = *to work*); −er (comer = *to eat*); −ir (vivir = *to live*). *You will look at these in more detail in Lesson 5.*

Here are two examples of −er *and* −ir *verbs:*

	querer	**to want**	**vivir**	**to live**
(yo)	quiero	*I want*	vivo	*I live*
(tú)	quieres	*you want*	vives	*you live*
(él/ella/usted)	quiere	*he/she wants*	vive	*he/she lives*
		you (formal) want		*you (formal) live*
(nosotros/as)	queremos	*we want*	vivimos	*we live*
(vosotros/as)	queréis	*you want*	vivís	*you live*
(ellos/ellas/ ustedes)	quieren	*they want*	viven	*they live*
		you (formal) want		*you (formal) live*

Note that the verb querer *is used to say 'I'd like', 'What would you like?', etc.*

Quiero una tónica.	*I'd like a tonic*
¿(Tú) quieres un té?	*Would you like a tea?*
¿(Usted) quiere un café?	*Would you like a coffee?*
Vivo en Londres.	*I live in London.*
¿Dónde vives?	*Where do you live?*
¿Dónde vive (usted)?	*Where do you live?*

El artículo indefinido   *The indefinite article*
un/una/unos/unas

You saw examples of the definite article 'the' (el/la/los/las) in Lesson 1. Here are examples of the indefinite article 'a' or 'an'. Note that in the plural form, the indefinite article can be used for 'some'.

un	} a	un bocadillo	a sandwich
una		una tónica	a tonic
unos	} some	unos bocadillos	some sandwiches
unas		unas tónicas	some tonics

In some instances, the article can be omitted in the plural but is still translated as 'some'.
Quiero bocadillos.   *I'd like some sandwiches.*

Note what happens to the meaning when the article is dropped in the singular:
Quiero una cerveza.   *I'd like a beer.*
Quiero cerveza.   *I'd like beer.*

hay   *there is / there are*
Hay *is the only form of the verb* haber *used as an independent form in Spanish. It means 'there is' or 'there are' and is also easy to use as a question word or as a negative:*

Hay café.   *There's coffee.*
Hay bocadillos.   *There are sandwiches.*
¿Hay café?   *Is there (any) coffee?*
No hay bocadillos.   *There aren't (any) sandwiches.*

no
Remember that in Spanish it is very simple to make a negative. Simply add no *before the verb:*

No quiero café. *I don't want (any) coffee.*
No tengo café.   *I don't have (any) coffee.*

de
This word has many meanings; here, it is used to describe a type of something:

un bocadillo **de** jamón   *a ham sandwich (lit. 'a sandwich **of** ham')*

un zumo **de** naranja   *an orange juice (lit. 'a juice of orange')*

Verbo
tener   *to have (used to say your age)*
This verb is used to say what you have (e.g. Tengo dos hermanos), *but can also be used to ask and say someone's age.*

¿Cuántos años tienes?   *How old are you? (lit. 'How many years do you have?')*
Tengo 20 años.   *I am 20. (lit. 'I have 20 years.')*

EJERCICIOS

A   *Write the article – un, una, unos or unas – to complete the phrases.*
1 (   ) café
2 (   ) limonada
3 (   ) olivas
4 (   ) bocadillos
5 (   ) cerveza

B   *Complete the sentences with the correct form of the verb* querer.
1 ¿Qué (   ) tomar, Juan?
2 (   ) una cerveza.
3 ¿Y usted, qué (   )?
4 Yo (   ) un vino blanco.

C   *Write the article – el, la, los or las – to complete the sentences.*
1 ¿Dónde está (   ) café?
2 (   ) zumo es de naranja.
3 ¿Dónde tienes (   ) bocadillos?
4 (   ) tapas son buenas.

D   *Complete the sentences with the correct form of the verb* vivir.
1 ¿Dónde (   ), Juan?
2 (   ) en Madrid.
3 Mi hermano (   ) en Barcelona.

Vocabulario

A

En el bar — *In the bar*

agua (f) (mineral) (con/sin gas)	*(sparkling/non-sparkling) (mineral) water*
azúcar (m)	*sugar*
bebidas	*drinks*
café (m) con leche	*white coffee*
café (m) solo	*black coffee*
calamares (m pl)	*squid*
cerveza	*beer*
cortado	*coffee with a dash of milk*
empanadilla	*small meat/tuna pasty*
jamón (m)	*ham*
olivas/aceitunas	*olives*
pan (m)	*bread*
patata	*potato*
patatas fritas (m pl)	*crisps/chips*
queso	*cheese*
ración (f)	*portion*
refresco	*fizzy drink*
sardina	*sardine*
tapas	*bar snacks*
té (m)	*tea*
tortilla (de patata)	*(potato) omelette*
vino (blanco/rosado/tinto)	*(white/rosé/red) wine*
zumo (de naranja/manzana)	*(orange/apple) juice*

¿Algo más?	*Anything else?*
¿Cuánto es?	*How much is it?*
¿Hay . . .?	*Is there . . ./Are there . . .?*
¿Qué hay?	*What is there? / What have you got?*
¿Qué quiere (tomar)?	*What do you want (to have)?*
gracias	*thanks*
hay	*there is/there are*
nada más	*nothing else*
no hay	*there isn't/aren't*
por favor	*please*
pues	*well/in that case*
quiero	*I want/I'd like*
tomar	*to have (eat, drink)*

B

¿Hay patatas fritas? — *Are there any crisps?*

aperitivo	*aperitif*
cliente (m/f)	*customer*
comida	*food*
en	*in*
muy	*very*
pequeño/pequeña	*small*
plato	*dish*
por ejemplo	*for example*
preparar	*to prepare*
propietario/propietaria	*owner*
son	*(they) are*
también	*also/as well*
tipo	*type*
todos los días	*every day*

C

En el restaurante — *In the restaurant*

bueno/buena	*good*
con (patatas fritas)	*with (chips)*
cuenta	*bill*
ensalada (mixta)	*(mixed) salad*
Es bueno.	*It's good.*
flan	*crème caramel*
fruta (del tiempo)	*(fresh) fruit*
helado	*ice-cream*
macarrones (m pl)	*macaroni*
para mí	*for me*
pescado	*fish*
pollo	*chicken*
postre (m)	*dessert*
primer plato	*starter*
segundo plato	*main course*
sopa	*soup*
¡Salud!	*Cheers!*

D

La hora del café — *Coffee time*

aquí	*here*
beber	*to drink*
músico	*musician*

ocupado/ocupada	*occupied/taken*
oficina	*office*
pero	*but*
trabajo	*I work*

¿Dónde vives? — ***Where do you live?***

avenida	*avenue*
calle (f)	*street*
carretera	*main road*
paseo	*boulevard/promenade*
plaza	*square*

E

Los números — ***Numbers***

(For numbers, see page 28.)

¿Cómo se escribe?	*How is it spelt?*
¿Cuántos años tienes?	*How old are you?*
número de teléfono	*telephone number*
teléfono	*telephone*
tener	*to have*
Tengo veinticinco años.	*I am twenty-five.*

TRES

3 ¿Dónde está?

Topic areas	
A	Asking and saying where places are (*estar*) Asking and saying where you are from (*ser*)
B	Talking about distances: how far away Asking and saying what a place is like
C	Asking and saying where someone is
D	Asking for and giving directions

E Talking about where places are in relation to each other

Language focus

Verb: *estar* (to be (in a place))
Prepositions and expressions of place: *a, en, entre, al lado (de), delante (de), detrás (de), cerca (de), lejos (de)*

Prepárate

I.37

a Une los nombres de los países con los números.
Match the names of the countries with the numbers on the map.

a	Nicaragua	b	Venezuela	c	Perú
d	Uruguay	e	Chile	f	Bolivia
g	Guatemala	h	Colombia		

b Escucha y comprueba.

c ¿De qué países son éstas capitales?
Which countries are these the capitals of?

1	Lima	2	Buenos Aires	3	Quito
4	Caracas	5	La Paz	6	Montevideo
7	Managua	8	Ciudad de Guatemala		

d Escucha y comprueba.

A | ¿Dónde está?

1.38
  ## Actividad 1

Rosa y María Teresa

Lee las preguntas; escucha y contesta.

1 ¿De dónde es María Teresa?
2 ¿Cuántos habitantes tiene su ciudad?
3 ¿Dónde está la ciudad?
4 ¿Dónde vive ahora?

Rosa	No eres española, ¿verdad?
Mª Teresa	No. Soy colombiana, pero vivo en Madrid.
Rosa	¿Cuál es la capital de Colombia?
Mª Teresa	Bogotá. Yo soy de allí.
Rosa	¿Y dónde está exactamente?
Mª Teresa	Pues, está en el centro del país.
Rosa	¿Es muy grande?
Mª Teresa	Sí. Tiene cinco millones de habitantes.

✓ —— *Gramática* ——

*In Spanish, there are two verbs meaning 'to be':
ser and estar.
Estar is used to say where something or
someone is.
Bogotá está en Colombia.   Bogotá is in
Columbia.*

1.39

Actividad 2

a Mira los mapas de Latinoamérica y España y escucha los ejemplos.
Look at the maps of Latin America and Spain and listen to the examples.

1 Madrid está en el centro de España.
2 Bogotá está en el centro de Colombia.
3 Buenos Aires está en el este de Argentina.
4 Santiago está en el centro de Chile.
5 Montevideo está en el sur de Uruguay.
6 Lima está en el oeste de Perú.
7 Caracas está en el norte de Venezuela.
8 Barcelona está en el noreste de España.

B | ¿Cerca o lejos?

b Practica con los mapas.

Ejemplo:

A: ¿Dónde está Madrid?
B: Está en el centro de España.

1.40

 Actividad 4

A ⬭ B   C ⬭ D

A está cerca de B.   C está lejos de D.

Rosa María	¿Dónde está Mendoza?
Héctor	Está en el oeste de Argentina.
Rosa María	¿Está cerca de Buenos Aires?
Héctor	No, está muy lejos.
Rosa María	¿A cuántos kilómetros está?
Héctor	A mil kilómetros.

 Actividad 3

a Mira las preguntas.

1 ¿De dónde eres? (Soy de Madrid.)

2 ¿Dónde vives? (Vivo en Barcelona.)

3 ¿Dónde está (Está en el noreste
  (Barcelona)? de España.)

b Elige otras ciudades de los mapas y practica.
  Choose other cities from the maps and practise.

Ángeles	¿Dónde está Belchite?
Rosa María	Está en el noreste de España, en la provincia de Zaragoza.
Ángeles	¿Está cerca de Zaragoza?
Rosa María	Sí, está cerca.
Ángeles	¿A cuántos kilómetros está?
Rosa María	A cuarenta kilómetros.

Actividad 5

Estudiante A

a Pregunta a Estudiante B sobre Mendoza, Toledo y Riobamba.
Ask Student B about Mendoza, Toledo and Riobamba.

1 **Mendoza** / Buenos Aires
2 **Toledo** / Madrid
3 **Riobamba** / Quito

b Ahora contesta las preguntas de Estudiante B.
Now answer Student B's questions.

4 León / sur de México, 300 km → Ciudad de México
5 Terrassa / noreste de España, 30 km → Barcelona
6 Arequipa / sur de Perú, 800 km → Lima

Estudiante B

a Contesta las preguntas de Estudiante A.
Answer Student A's questions.

1 Mendoza / oeste de Argentina, 1,000 km → Buenos Aires
2 Toledo / centro de España, 80 km → Madrid
3 Riobamba / centro de Ecuador, 200 km → Quito

b Ahora pregunta a Estudiante A sobre León, Terrassa y Arequipa.
Now ask Student A about León, Terrassa and Arequipa.

4 **León** / Ciudad de México
5 **Terrassa** / Barcelona
6 **Arequipa** / Lima

 ## Actividad 6
1.41

En la oficina de turismo de Zaragoza

a El turista quiere visitar estos sitios.
The tourist wants to visit these places.

1 Sos del Rey Católico
2 Caspe
3 Ateca
4 Belchite
5 Alagón
6 Épila
7 Zuera

Escribe los números en los cuadros del mapa.
Put the numbers in the boxes on the map.

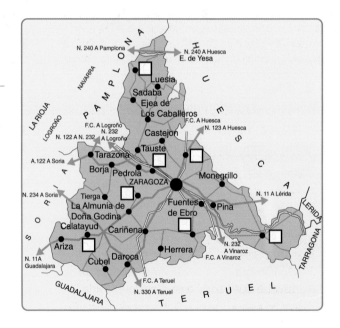

b Practica los diálogos.

✓ ── Gramática ──

¿**A** cuántos kilómetros está Lima?	*How many kilometres* **away** *is Lima?*
Está **a** treinta kilómetros.	*It's thirty kilometres* **away**.

Actividad 7

Estudiante A

a   Prepara cinco preguntas sobre este texto.

Ejemplo: ¿De dónde es?

Antonio Banderas

Antonio Banderas, el famoso actor español, es de Málaga, una ciudad grande que está en el sur de España a 600 kilómetros de la capital del país, Madrid. Málaga tiene 560.000 habitantes.

b   Contesta a las preguntas de Estudiante B.
Answer Student B's questions.

c   Haz tus preguntas a Estudiante B sobre Alejandro Amenábar.
Ask Student B your questions about Alejandro Amenábar.

Estudiante B

a   Prepara cinco preguntas sobre este texto.

Ejemplo: ¿De dónde es?

Alejandro Amenábar

Alejandro Amenábar, el famoso director de cine chileno, es de Santiago de Chile, la capital de Chile, que está en el centro del país, a 75 kilómetros de la frontera argentina. Santiago tiene 500.000 habitantes.

b   Haz tus preguntas a Estudiante A sobre Antonio Banderas.
Ask Student A your questions.

c   Contesta a las preguntas de Estudiante A.
Answer Student A's questions.

1.42

Actividad 8

a   Escribe dos textos como los de Actividad 7.
Write two paragraphs like the ones in Activity 7.

1   Amaya Arzuaga / diseñadora de moda / española / Lerma / pueblo pequeño / norte de España / a 40 km de Burgos / 2.500 habitantes.

2   Mari Pau Domínguez / periodista y escritora / catalana / Sabadell / noreste de España / a 30 km de Barcelona / 200.000 habitantes.

b   Escucha y comprueba.

Actividad 9

1.43

a Completa el diálogo con las preguntas.

Rosa María	Buenas tardes.
Sra Yuste	Hola, buenas tardes.
Rosa María	¿1 _____ ?
Sra Yuste	Yo soy de Belchite.
Rosa María	¿2 _____ ?
Sra Yuste	Está cerca de aquí, a cuarenta y cinco kilómetros, más o menos.
Rosa María	¿3 _____ ?
Sra Yuste	No, no. No vivo allí. Vivo aquí, en Zaragoza.
Rosa María	¿4 _____ ?
Sra Yuste	Grande no. No es grande. Hay más o menos mil quinientos habitantes. Es muy pequeño.
Rosa María	¿5 _____ ?
Sra Yuste	Pues, hay un pueblo viejo, monumental, destruido durante la guerra civil. Está cerca del pueblo nuevo. En el pueblo viejo hay muchos monumentos, pero en el pueblo nuevo no hay mucho. Hay una piscina, un campo de fútbol, hay bares, y mucha agricultura, sí mucha, pero no hay agua.

b Escucha y comprueba. ¿Qué hay en Belchite?

✓ Gramática

¿Cómo es?	What's it like?

 ¡Atención!

grande	big
una ciudad grande	a big city
pequeño/a	small
un pueblo pequeño	a small village
viejo/a	old
un pueblo viejo	an old village
nuevo/a	new
una ciudad nueva	a new town
habitante (m)	inhabitant
pueblo	town/village
piscina	swimming pool
más o menos	more or less
allí	there
aquí	here

C | ¿Dónde estás?

✓ Gramática

Verbo: **estar** *to be (place)*

(yo)	**estoy**	*I am*
(tú)	**estás**	*you are*
(él/ella/usted)	**está**	*he/she/it is, you are*

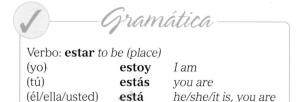 **Actividad 10**

1.44

A: Hola, María. ¿Dónde estás?

B: Estoy en Guadix.

A: ¿Dónde está Guadix?

B: Está cerca de Granada. Y tú, ¿dónde estás?

A: Estoy en casa.

Practica con otros lugares.
Practise with other places.

Actividad 11

Practica con tu amigo/a.

1 Lee tu email y prepara preguntas.
2 Cambia los emails con tu amigo/a
3 Haz las preguntas a tu amigo/a.
4 Compara las diferencias entre los emails.

Estudiante A

¡Hola Ana!

Estoy aquí, en Biescas. Es un pueblo muy bonito a 100 km de Huesca y a 25 de la frontera con Francia. Estoy en una casa cerca del pueblo. No hay muchos turistas y es muy tranquilo. Hay restaurantes muy buenos en el pueblo.

Un abrazo
Miguel

Estudiante B

¡Hola Luis!

Estoy aquí, en Blanes en la Costa Brava. Es un pueblo muy bonito que está a 43 km de Gerona y a 60 de Barcelona. Estoy en un hotel cerca de la playa. Hay muchos turistas y muchas discotecas. La comida es excelente y el vino también.

Un abrazo
Pilar

 Actividad 12

Escribe un email a tu amigo/a. Incluye esta información. *Write an email to your friend. Include this information.*

¿Dónde estás?	(en un camping, un hotel, una casa, un apartamento)
¿Dónde está el pueblo	(en ⬭, a ⬭ kilómetros de ⬭, cerca/lejos de ⬭, etc.)
¿Cómo es el pueblo?	(grande, bonito, etc., ⬭ habitantes)
¿Qué hay en el pueblo?	(una plaza, un hotel, etc.)

D | Direcciones

1.45

  Actividad 13

¿Dónde está?

Lee y escucha.

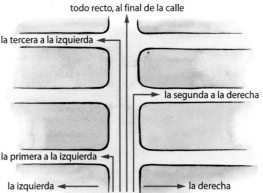

Actividad 14

1.46

Estás en el hotel. Escucha y marca en el plano.
¿Dónde está …

1 el museo de arte moderno?
2 la catedral?
3 la estación?
4 el restaurante Pepe?

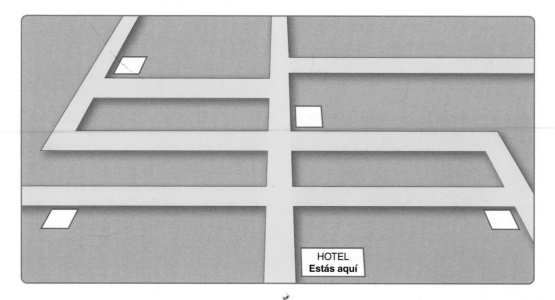

HOTEL
Estás aquí

Actividad 15

Practica con tu amigo/a. Tenéis el mismo plano.
Estudiante A tiene los nombres de algunas calles
y Estudiante B tiene otros.
*Practise with your friend. You both have the same
map. Student A has some of the streets named and
Student B has others.*

Estudiante A

a Estás en el hotel Oriente. Estudia el plano de
esta página. Pregunta a Estudiante B dónde
están las siguientes calles.
*You are at the Orient Hotel. Study the plan on this
page and ask Student B where the following
streets are.*

Ejemplo: *¿Dónde está la plaza Mayor?*

1 la plaza Mayor
2 la avenida de la Independencia.
3 la calle Trafalgar
4 la calle Alfonso

b Estudiante B te pregunta sobre otras calles.
Student B will ask you about other streets.

Estudiante B

a Estás en el hotel Oriente. Estudia el plano de esta página. Pregunta a Estudiante A dónde están las siguientes calles.
You are at the Orient Hotel. Study the plan on this page and ask Student A where the following streets are.

. Ejemplo: *¿Dónde está la calle Calderón?*

5 la calle Calderón
6 la calle Milagros
7 la calle Asalto
8 la calle Alta

b Estudiante A te pregunta sobre otras calles.
Student A will ask you about other streets.

 —————— *¡Atención!* ——————

Formal	
Siga *Carry on*	Tome *Take*

Informal	
Sigue *Carry on*	Toma *Take*
Sigue todo recto	*Carry straight on*
Toma la primera a la derecha	*Take the first on the right*

 Actividad 16

a Estudia el plano. Hay tres casas. Escucha la invitación. ¿Cuál es la casa?
Study the plan. There are three houses. Listen to the invitation. Which is the house?

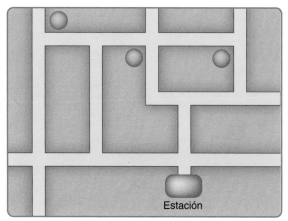

Estación

b Trabaja con tu compañero/a.
Work with your partner.

Estudiante A: Elige una casa. Da direcciones a Estudiante B.
Choose a house. Give directions to Student B.
Estudiante B: ¿Qué casa es?
Which house is it?

Actividad 17

Haz un plano para ir a tu casa desde una parada de autobús, una estación de trenes o un metro. Explica a tu compañero/a las direcciones a tu casa.
Draw a map to your house from a bus stop, train station or underground. Explain to your friend how to get to your house.

E | El restaurante está al lado del cine

1.48

 ## Actividad 18

Escucha y lee.

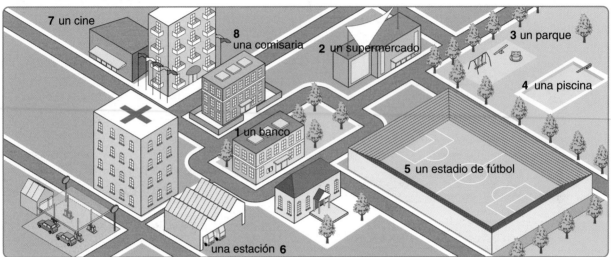

7 un cine

8 una comisaria

2 un supermercado

3 un parque

4 una piscina

1 un banco

5 un estadio de fútbol

una estación **6**

1.49

Actividad 19

¿Dónde está A? Lee y escucha.

A está en la esquina.

B está al lado de Y

C está enfrente de Z

D está en el semáforo.

E está sobre la mesa

F está debajo de la mesa.

G está delante de H

H está detrás de G

I está entre J y K

A: ¿Hay un hotel por aquí?
B: Sí, hay un hotel.
A: ¿Dónde está el hotel?
B: El hotel está al lado del cine.

A: ¿Hay un museo por aquí?
B: Sí, hay un museo.
A: ¿Dónde está el museo?
B: El museo está enfrente del banco.

A: ¿Hay un hospital por aquí?
B: Sí, el hospital está detrás de la estación.

A: ¿Hay una gasolinera por aquí?
B: Sí, la gasolinera está en la esquina.

1.50

Actividad 20

a Escucha e indica en el dibujo de la Actividad 18 el hotel, el museo, el hospital y la gasolinera.
Listen and indicate on the picture in Activity 18 where the hotel, museum, hospital and petrol station are.

b Practica más diálogos con más lugares de la ciudad (Actividad 18).
Practise more dialogues with more places from the city (Activity 18).

Actividad 21

Estudiante A

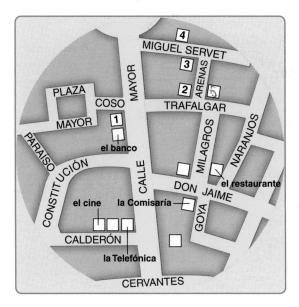

Estudiante B

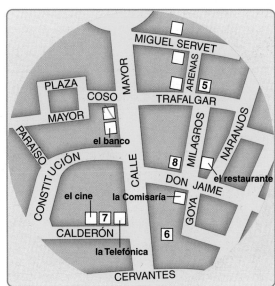

a Estudiante B te pregunta la situación de estos lugares.
Student B will ask you where these places are.

1 la discoteca
2 el parque
3 el supermercado
4 la piscina

b Ahora pregunta a Estudiante B la situación de estos lugares.
Now ask Student B where these places are.

5 la oficina de túrismo
6 el hotel
7 la farmacia
8 la gasolinera

a Estudiante A te pregunta la situación de estos lugares.
Student A will ask you where these places are.

5 la oficina de turismo
6 el hotel
7 la farmacia
8 la gasolinera

b Ahora pregunta a Estudiante A la situación de estos lugares.
Now ask Student A where these places are.

1 la discoteca
2 el parque
3 el supermercado
4 la piscina

En casa o en clase

  Actividad 22

Mira el mapa. Lee el texto. Completa la información.

Situación	
Superficie	
Habitantes	
Capital	
Otra información	

 Actividad 23

Mira la información sobre Argentina. Escribe un párrafo.

Look at the information about Argentina. Write a paragraph.

Situación	sur de Sudamérica
Superficie	2.780.000 km^2
Habitantes	25.000.000
Capital	Buenos Aires
Otra información	Buenos Aires es la capital más grande de Sudamérica, y la más internacional. Grandes contrastes entre las regiones.

Chile

Situado entre el Pacífico y los Andes, al oeste del continente americano, Chile con sus doce millones de habitantes, es una larga faja de tierra de sólo doscientos kilómetros de ancho y cuatro mil kilómetros de largo. Un país de contrastes, tiene el desierto más seco del mundo y también los icebergs de la Antártida. Su capital, Santiago, de cuatro millones de habitantes, tiene aspecto europeo y es moderna, limpia y ordenada, muy lejos del fin del mundo en el extremo sur del país llamado Patagonia.

📖 Rincón cultural

Venezuela está en la costa norte de América del sur. Está entre Guyana al este y Colombia al oeste. Brasil está al sur. Tiene mucho petróleo y tiene un lago enorme que se llama Lago Maracaibo. Más de 25 millones de personas viven en Venezuela. La capital es Caracas.

Tiene playas, llanuras, ríos muy grandes (especialmente el río Orinoco), selvas, cataratas (la catarata de Ángel es la más alta del mundo), y montañas (la cordillera de Mérida). Tiene una costa de 2.800 kilómetros.

En Caracas viven 3.500.000 habitantes.

Maracaibo también es una ciudad muy grande. Mucha gente trabaja con el petróleo. Es una ciudad con modernos edificios.

Simón Bolívar nació en Caracas en 1783. Se llama "El Libertador" y es un gran héroe de la independencia de América.

✓ Autoevaluación

A Say where you are from.
Say where you live.
Give the location of a city in a country.
Give the population of a town or city.

B Say whether a place is near or a long way from another place.
Say how far a place is from somewhere else.
Talk about a person, giving details about the place they are from.

C Ask where someone is and say where you are.
Describe the place you are in and give information about its location.

D Ask for and give street directions.
Give and follow street directions to someone's house.

E Say the names of things you find in a town: supermarket, cinema, park, etc.
Ask where different buildings are located.
Say where buildings are in relation to other buildings.

1.51

 Vocabulario en casa

el aeropuerto	airport
el ayuntamiento	town hall
el centro deportivo	sports centre
el instituto	secondary school
la oficina de turismo	tourist office
la parada de autobús	bus stop
la plaza de toros	bull ring
la universidad	university

1.52

Vocabulario para la próxima lección

¿Puedes adivinar lo que falta?
Can you guess the missing ones?

una casa	a house
un piso	a flat
un apartamento	FLAT
un chalé	CHATA
un garaje	
una piscina	a swimming pool
un jardín	a garden
una puerta	a door/gate
una terraza	
un balcón	
una ventana	a window
caro/a	expensive
barato/a	cheap
una casa cara	an expensive house
un piso barato	a cheap flat

Gramática y ejercicios

Verbo   *Verb*
estar   *to be (in a place)*
Use this form of the verb 'to be' to talk about where you are or where something is located.

(yo) estoy	*I am*
(tú) estás	*you are*
(él/ella/usted) está	*he/she is* *you (formal) are*

Estoy en Barcelona.	*I'm in Barcelona.*
¿Dónde **estás**?	*Where are you?*
Juan **está** en España.	*Juan is in Spain.*

Preposición *a*   **Preposition *a***

¿**A** cuántos kilómetros está Terrassa?	*How many kilometres **away** is Terrassa?*
Está **a** treinta kilómetros.	*It's thirty kilometres **away**.*

Preposiciones y expresiones de lugar   *Prepositions and expressions of place*

al lado de	next to
delante de	in front of
detrás de	behind
en	in, on
enfrente de	opposite
entre	between
sobre	on top of, above

Note that some of these prepositions use de *and others do not.*

La parada está delante **de** la casa.	*The bus stop is in front of the house.*
La tienda está en la esquina.	*The shop is on the corner.*

Note that a + el = al; de + el = del

El banco está **al** lado **del** cine.	*The bank is next to the cinema.*

Adverbios de lugar   *Adverbs of place*

cerca (de)	near (to)
lejos (de)	a long way (from)

Adverbios de cantidad   *Adverbs of quantity*

muy	very
bastante	quite

Mi casa está bastante lejos del centro.	*My house is quite a long way from the centre.*

EJERCICIOS

A *Complete the sentences with the correct form of ser or estar.*

1 ¡Hola! ⬭ Juan. ⬭ en Madrid.

2 Bilbao ⬭ en el norte de España.

3 Yo ⬭ de Madrid.

4 Buenos Aires ⬭ grande.

5 ¡Hola María! ¿ ⬭ en Sevilla?

B *Complete the sentences with the correct form of tener.*

1 ¡Hola! Soy María. ⬭ tres hermanos.

2 ¿Cuántos habitantes ⬭ Valencia?

3 Juan, ¿cuántos años ⬭ ?

C *Write out these sentences in full.*

1 Marbella/sur/España/cerca/Málaga/40 km

Marbella está en el sur de España. Está cerca de Málaga, a 40 km.

2 León/sur/México/lejos/Ciudad de México/ 300 km

3 Sabadell/noreste/España/cerca/Barcelona/ 30 km

4 Arequipa/sur/Perú/lejos/Lima/800 km

5 Madrid/centro/España/lejos/Sevilla/600 km

D *Complete the sentences.*

1 A está ⬭ .

2 B está ⬭ Y.

3 C está ⬭ Z.

4 D está ⬭ .

5 E está ⬭ la mesa y F está ⬭ la mesa.

6 G está ⬭ de H, y H está ⬭ de G.

7 I está ⬭ J y K.

Vocabulario

A

¿Dónde está?	**Where is it?**
ahora	now
allí	there
capital (f)	capital
centro	centre/middle
ciudad (f)	city
¿cuál?	which?
está	it is
exactamente	exactly
grande	big
habitante (m)	inhabitant
millón (m)	million
país (m)	country
su	his/her
en	in, on
este	east
noreste	north-east
noroeste	north-west
norte	north
oeste	west
sur	south
sureste	south-east
suroeste	south-west

B

¿Cerca o lejos?   *Near or far?*
cerca   *near*
diseñador/
diseñadora de moda   *fashion designer*
famoso/famosa   *famous*
frontera   *border*
lejos   *far/a long way away*
provincia   *province/region*

C

¿Dónde estás?   *Where are you?*
aquí   *here*
bonito/bonita   *pretty*
comida   *food*
con   *with*
¿Dónde está?   *Where is it?*
¿Dónde estás?   *Where are you?*
en casa   *at home*
estoy   *I'm*
excelente   *excellent*
muchos   *a lot/many*
turista (m/f)   *tourist*

D

Direcciones   *Directions*
derecha   *right*
izquierda   *left*
la primera (calle)   *the first (street)*
a la derecha   *on the right*
la segunda   *the second*
a la izquierda   *on the left*
la tercera   *the third*
la cuarta   *the fourth*
todo recto   *straight on*

catedral (f)   *cathedral*
estación (f)   *station*
museo de arte   *modern art gallery*
moderno
museo   *museum*

plano   *plan/map of town*
restaurante (m)   *restaurant*

E

El restaurante   *The restaurant*
está al lado   *is next to the*
del cine   *cinema*
banco   *bank*
cine (m)   *cinema*
comisaría   *police station*
estadio (de fútbol)   *(football) stadium*
gasolinera   *petrol station*
hospital (m)   *hospital*
hotel (m)   *hotel*
parque (m)   *park*
piscina   *swimming pool*
supermercado   *supermarket*

al lado de   *next to*
debajo de   *under*
delante de   *in front of*
detrás   *behind*
enfrente   *opposite*
entre   *between*
esquina   *corner*
por aquí   *around here*
sobre   *on/above*

aspecto   *appearance*
contraste (m)   *contrast*
(de) ancho   *wide*
(de) largo   *long*
desierto   *desert*
extremo   *extreme*
faja de tierra   *strip of land*
fin del mundo (m)   *end of the world*
limpio/limpia   *clean*
mundo   *world*
ordenado/ordenada   *tidy*
seco/seca   *dry*

CUATRO

4 ¿Cómo es?

Topic areas

A Booking into a hotel
   Saying days, dates, months
   Understanding a hotel bill
B Describing places
   Saying what something is like
   Saying what there is
C Describing houses
   Rooms and furniture
D Uses of *ser* and *estar*
   Describing changes
   Further description of houses and
   apartments in Spain.

Language focus

Prepositions: *para, con, sin*
Adjectives: *grande, pequeño/a*
Verbs: *hay*
Contrast between *ser* and *estar*

Prepárate

1.53

a Mira los símbolos de un folleto de hoteles. Une
los símbolos con los nombres.
*Look at the symbols from a hotel brochure. Match
the symbols with the names.*

h 1 una habitación doble h
d 2 una habitación individual d
g 3 desayuno
a 4 media pensión
b 5 pensión completa
f 6 calefacción
c 7 aire acondicionado
i 8 ascensor
e 9 baño
j 10 ducha e

b Escucha y comprueba.

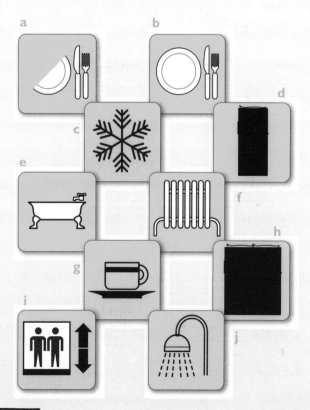

A | Una habitación, por favor

1.54

   Actividad 1

En el hotel

Escucha y completa el diálogo.

Recepcionista	Buenos días
Cliente	Buenos días. ¿Tiene habitaciones libres?
Recepcionista	Sí, señor.
Cliente	Quiero una habitación **1** *individual*, por favor.
Recepcionista	Sí, ¿para cuántas noches?
Cliente	Para **2** *3* noches. Desde hoy al **3** *desyuno* de junio. ¿Cuánto es la habitación?
Recepcionista	Son **4** *5* euros por noche. ¿Quiere desayunar en el hotel?
Cliente	Sí, por favor. ¿Está incluido el desayuno?
Recepcionista	Sí. Está incluido. Su documento de identidad, por favor.
Cliente	Sí, tengo mi pasaporte.

Recepcionista	Perfecto. Aquí tiene la llave. La habitación **5** ( ). Está en el quinto piso. El ascensor está al final del pasillo a la derecha.
Cliente	Muchas gracias.
Recepcionista	De nada.

 ¡*Atención!*

Está incluido.	It's included.
la llave	key
el pasillo	corridor
De nada.	You're welcome.
el desayuno	breakfast
desayunar	to have breakfast
la comida	lunch/meal/food
comer	to eat/to have lunch
la cena	supper / dinner
cenar	to have dinner
hoy	today

 Gramática

para	for
para una noche	for one night
para dos personas	for two people
de	from
de + el = del	from the
a	to
a + el = al	to the
del dos al cuatro de junio	from the 2nd to the 4th of June

1.55

 Actividad 2

Escucha los tres diálogos. Completa el cuadro.

	n° de habitaciones	individual/ doble	¿baño?	n° de noches	desayuno/media pensión/ pensión completa
1	1 una	doble		4	media pensión
2	1 dos	indi-doble	sí	1	desayuno
3	una	individl		5	complet

Actividad 3

Practica un diálogo como
el de Actividad 1.

Estudiante A: Eres el/la cliente.
Estudiante B: Eres el/la recepcionista.

Usa la información del cuadro de Actividad 2
o inventa.
*Use the information from the grid in Actividad 2
or make it up.*

1.56

 ## Actividad 4

El calendario

Los meses del año

enero	mayo	septiembre
January	*May*	*September*
febrero	junio	octubre
February	*June*	*October*
marzo	julio	noviembre
March	*July*	*November*
abril	agosto	diciembre
April	*August*	*December*

Los días de la semana

lunes	martes	miércoles	jueves
Monday	*Tuesday*	*Wednesday*	*Thursday*
viernes	sábado	domingo	
Friday	*Saturday*	*Sunday*	

! ——— *¡Atención!* ———

un año	*a year*
un mes	*a month*
una semana	*a week*
un día	*a day*
una hora	*an hour*
un minuto	*a minute*
la fecha	*the date*
1 enero = el uno de enero	*the first of January*
31 diciembre = el treinta y uno de diciembre	*the thirty-first of December*

 ## Actividad 5

Escribe las fechas con palabras.
Write the dates in words.

1 4/6 — el cuatro de junio
2 3/4 — el trés de abril
3 15/11 — el quince de noviembre
4 31/5 — el treinta y uno de mayo
5 10/8 — el diez de agosto
6 1/3 — el uno de marzo
7 23/10
8 19/12
9 12/9
10 1/1

1.57

 ## Actividad 6

Dos clientes hacen reservas para un hotel por
teléfono. Escucha y escribe la información.
*Two clients are making hotel reservations by phone.
Listen and write the information.*

	Día	Mes	Noches
Cliente 1	25	julio	3
Cliente 2	17	marzo	11

! ——— *¡Atención!* ———

There are two ways to say 'from . . . to'
desde . . . hasta
de . . . a

desde el dos de mayo **hasta el** cuatro de mayo
del dos de mayo **al** cuatro de mayo
from the 2nd of May to the 4th of May

Actividad 7

Haz diálogos. Llama al hotel y reserva una o más habitaciones.
Make up dialogues. Call the hotel and reserve one or more rooms.

Estudiante A: cliente
Estudiante B: recepcionista

1 1 habitación individual / 2 noches / viernes 3/3 a sábado 4/3
2 2 habitaciones / 1 doble, 1 individual / 3 personas / 4 noches / domingo 17/8 a miércoles 20/8
3 1 habitación / 3 personas / 3 noches / lunes 30/9 a miércoles 2/10

1.58

Actividad 8

Escucha las frases y pon los dibujos en orden.
Listen to the sentences and put the pictures in order.

1 Aquí tiene las llaves. La habitación está en el octavo piso.

2 Tenemos servicio de despertador.
3 Hay ascensor. Está al final del pasillo a la izquierda.
4 ¿Son éstas sus maletas?
5 El desayuno se sirve entre las ocho y las diez.
6 El aparcamiento está detrás del hotel.
7 También puede aparcar en la entrada del hotel.

Actividad 9

a   Lee el email que envía Juan al hotel reservando habitaciones y contesta las preguntas.
Read the email that Juan sends to the hotel to reserve rooms (p. 55) and answer the questions.

1 ¿Para cuándo quiere las habitaciones? 2 5 5 – 2. 6
2 ¿Para cuántas noches? 8
3 ¿Qué tipo de habitaciones quiere?
   1 para tres personas con terraza
   1 doble con una cama doble

Buenos días, son las siete.

b Traduce la sección "Consulta".
Translate the section headed 'Consulta'.

A: HOTEL SAN JORGE

Fecha de llegada: 25-5
Fecha de salida: 2-6
Número de habitaciones: 2
Tipo de habitación: 1 para tres personas
con terraza; 1 doble con una cama doble y
sin terraza

Consulta:
Queremos estar ocho noches, ¿es posible?
El día 25 llegamos a las nueve de la noche,
¿pueden guardar las habitaciones?
¿A qué hora cierra el restaurante?
¿Está incluido el desayuno en el precio?
¿Está abierta la piscina en mayo?
¿Se admiten perros en el hotel?
¿Hay garaje? Si hay, ¿hay que reservar la
plaza de garaje?

---

c El email no funciona. Escribe un fax al hotel,
usando la información de Juan.
*The email doesn't work. Write a fax to the hotel
using Juan's information.*

FAX

Estimado/a señor(a): habitacion *dos*
Quiero reservar **1** (⟋) para el día
2 (25.) para **3** (8) noches, desde el
4 (25.5) hasta el **5** (02.06).
Quiero una habitación **6** ( ) con **7** ( ),
y otra **8** ( ).
¿Está incluido **9** ( ) en el precio?¿Se
admiten **10** ( )? ¿A qué **11** ( ) cierra
el restaurante por la tarde?
(Añade otras preguntas: garaje, jardín, piscina)
Muchas gracias por su atención. Un saludo. . .

 ¡Atención!

Formal letters begin:
Estimado señor/Estimada señora
Dear Sir/Madam
and end:
Muchas gracias por su atención.
Thank you for your attention.
Un saludo + *your name*
(Best wishes)

 Actividad 10

**AGRUPACIÓN PROVINCIAL
DE EMPRESARIOS
DE HOSTELERIA
DE CUENCA**

Establecimiento _ _ _ _ _ _ _ _ _ _ _ _ _ _ _ _ _ _
_ _
_ _ _ _ _ _ _ _ _ _ _ _ _ _ _ _ Categoría _ _ _ _ _
Sr._ _ MARTIN _ _ _ _ _ _ _ _ _ _ _ _ _ _ _ _ _
Fecha llegada 26 / 7 Fecha salida 28 / 7 _ _ _ _
Habit. no. | 102 | No. Pers. _ _ _ _ 2 _ _ _ _ _

SERVICIOS SOLICITADOS   PRECIOS

Habitación _ _ _ _ _ _ _ _ _ _ _ 115 €
Desayuno _ _ _ _ _ _ _ _ _ _ _ _ 11 €
Almuerzo o cena _ _ _ _ _ _ _ _ _ _ _ _ _ _ _ _ _
Pensión Alimenticia _ _ _ _ _ _ _ _ _ _ _ _ _ _ _ _

FIRMA

---

1 ¿Cuánto cuesta la habitación?
2 ¿Qué número es?
3 ¿Para cuántas noches? ﹖
4 ¿Para cuántas personas? ﹖
5 ¿Está incluido el desayuno?

B | ¿Cómo es el hotel?

Gramática ✓

Masculino	Femenino
¿Cómo es el hotel?	¿Cómo es la habitación?
Es grande	Es grande
pequeño	pequeña
bonito	bonita
feo	fea
moderno	moderna
viejo	vieja
cómodo	cómoda
incómodo	incómoda
Hay piscina/restaurante/bar, etc.	

 Actividad 11

Lee la descripción del hotel. Mira las fotos y contesta las preguntas.

Read the description of the hotel. Look at the photos and answer the questions.

1 ¿Qué hay en el hotel?
2 ¿Cómo se llama?
3 ¿Dónde está?
4 ¿Cómo es?

TRYP MARBELLA DINAMAR
★ ★ ★ ★   EXCEL

Hotel

Situación

Situado junto a la playa, en la exclusiva zona de Puerto Banus, muy próximo a la ciudad de Marbella y a 60 km del aeropuerto de Málaga.

Habitaciones y servicios

211 habitaciones dobles y 5 suites, todas exteriores con terraza, con aire acondicionado y calefacción, cuarto de baño completo, teléfono, minibar, conexión a Internet, radio y TV parabólica e interactiva.

Otras instalaciones

- Salones para reuniones y banquetes.
- Amplios jardines tropicales.
- Piscinas cubierta y climatizada.
- Base náutica cercana.
- Tenis y paddel.
- Fitness center, jacuzzi y sauna.
- Bares y restaurante (cocina regional e internacional).
- Parking y garaje privado.

1.59

  ## Actividad 12

a Une los símbolos con los nombres.

1 2 3 10 11 12

4 5 6 13 14 15

7 8 9 16 17 18

a aire acondicionado	**b** aparcamiento	**c** auto-servicio	**d** bar/cafetería
e calefacción central	**f** cine	**g** discoteca	**h** jardín
i juegos niños	**j** peluquería	**k** piscina	**l** pistas de tenis
m primera línea playa	**n** restaurante	**o** sala de fiestas	**p** salón televisión
q terraza	**r** tiendas		

b Escucha y comprueba.

c Practica.

Estudiante A: Sin mirar las palabras, señala un dibujo y pregunta: **¿Qué hay?**
Without looking at the words, point to a picture and ask: ¿Qué hay?

Estudiante B: Contesta, por ejemplo **Hay piscina**.

Actividad 13

Estudiante A: Elige unos símbolos para el hotel Playa Dorada de Actividad 12. Estudiante B te pregunta sobre el hotel.
Choose some symbols for Hotel Playa Dorada from Activity 12. Student B asks you about the hotel.

Estudiante B: Pregunta a Estudiante A sobre el hotel Playa Dorada.
¿Es grande?
¿Es moderno?
¿Hay piscina?
etc.

Cambia para el hotel Gran Vía.

¿A qué hotel queréis ir? ¿Por qué?
Which hotel do you both want to go to? Why?

Actividad 14

a Lee el email y completa los espacios en blanco con las palabras del cuadro.
Read the email and fill in the gaps with the words from the box.

antiguo	bonito	calefacción	cama	cómodo
discoteca	doble	frigorífico	grande	jardín
pueblo	restaurante	terraza	tiendas	veinte

Querida Carmen:

Estoy de vacaciones con Ana en los Pirineos, en un hotel muy **1** (bonito), se llama hotel Miramar. El hotel no es muy **2** (grande), sólo hay **3** (veinte) habitaciones, pero es muy **4** (cómodo). Es un hotel **5** (antiguo) pero tiene **6** (calefacción) y aire acondicionado. Ana y yo estamos en una habitación **7** (doble) con baño completo. La habitación tiene televisión con satélite y **8** (frigorífico). La **9** (cama) es grande y cómoda. También tiene una **10** (terraza) muy bonita, con vistas a la montaña. El hotel tiene un **11** (jardín) grande con piscina y parque infantil, también hay bar y **12** (restaurante), la comida es excelente. Está cerca del **13** (pueblo). Al lado del hotel hay **14** (tiendas) y en el pueblo hay unas pistas de tenis y una **15** (discoteca)

Hasta pronto,
Isabel

b Contesta las preguntas.

1 ¿Quién está de vacaciones?
2 ¿Con quién está?
3 ¿Dónde está?
4 ¿Cómo es el hotel?
5 ¿Cuál es el nombre del hotel?
6 ¿Cuántas habitaciones hay?
7 ¿Cómo es su habitación?
8 ¿Qué hay en la habitación?
9 ¿Qué servicios tiene el hotel?
10 ¿Qué hay en el pueblo?

c Estás en uno de los hoteles de Actividad 12. Escribe un email similar a tu amigo/a.
You are in one of the hotels from Activity 12. Write a similar email to your friend.

C | El piso/La casa

1.60

Actividad 15

a Quieres comprar un apartamento en España. Mira el plano y une los nombres con las habitaciones.
You want to buy an apartment in Spain. Look at the plan and match the names with the rooms.

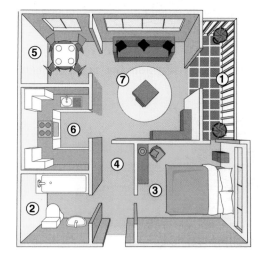

a dormitorio 3
b salón 7
c cocina 6
d pasillo 4
e cuarto de baño 2
f comedor 5
g terraza 1

b Escucha y comprueba.

1.61

Actividad 16

María Jesús describe su casa. Escucha y contesta las preguntas.

María Jesús describes her house. Listen and answer the questions.

1 ¿Cómo es la casa de María Jesús?
2 ¿Qué hay en la planta baja?
3 ¿Qué hay en la planta alta?
4 ¿Cuántos dormitorios tiene?

Rosa	María Jesús, dime cómo es tu casa.
María Jesús	Mi casa es bastante grande. En la planta baja está el taller mecánico dónde trabaja mi padre y en la planta alta está la vivienda. Es un piso. Tiene cuatro dormitorios, un salón comedor, un comedor, dos baños y la cocina.
Rosa	¿Tú tienes tu cuarto?
María Jesús	Tengo mi propio cuarto, ya que no tengo hermanas.

¡Atención!

la planta alta	
la primera planta	*first floor*
la planta baja	*ground floor*

1.62 1.63

Actividad 17

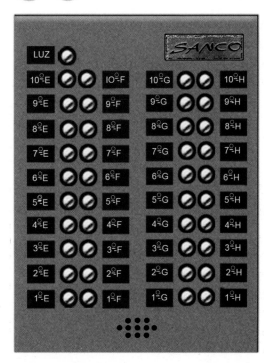

a Escucha y repite.

1er	primer piso	6°	sexto piso
2°	segundo piso	7°	séptimo piso
3°	tercer piso (tercero)	8°	octavo piso
4°	cuarto piso	9°	noveno piso
5°	quinto piso	10°	décimo piso

b Cuatro personas en un ascensor. ¿A qué piso van?
Four people in a lift. Which floor are they going to?

Actividad 18

Estudiante A: Dibuja un plano de tu casa o piso. Descríbelo a Estudiante B.
Draw a plan of your house or flat. Describe it to Student B.

Estudiante B: Escucha la descripción. Dibuja el plano de Estudiante A.
Listen to the description. Draw Student A's plan.

Compara y cambia.

D | Juan se cambia de casa

1.64

Actividad 19
Estudia la diferencia entre los verbos *ser* y *estar*.

La casa es   vieja.
                 grande.
                 bonita.

La casa está   sucia.
                  desordenada.
                  vacía.
                  fría.

La casa está   limpia.
                  ordenada.
                  llena (de muebles).
                  caliente.

Gramática

ser
La casa es grande.
(The state does not change.)

estar
La casa está sucia.
(The state can change or has changed.)

Actividad 20
Forma frases con es o *está*.

		grande.
		lleno.
		vacío.
El hotel	es/está	viejo.
		sucio.
		bonito.
		caro.

Actividad 21

a Lee los anuncios de pisos y casas y escribe la información en frases completas.
Read the adverts for flats and houses and write the information in complete sentences.

Ejemplo:

> VENDO piso. Zona Polígono de Levante. 4 dormitorios. Muebles. Zona tranquila. 300.000€

El piso está en la zona Polígono de Levante. Tiene cuatro dormitorios. Tiene muebles. Está en una zona tranquila. El precio es 300.000€.

1 VENDO piso grande céntrico, 130 m², C/**Diario de Córdoba. 350.000€. 976 48 95 21**

2 SE ALQUILA piso amueblado zona Santa Rosa, 3 dormitorios, salón grande, cocina, lavadero y patio. Precio: 750€ al mes.

3 SE VENDE piso pequeño de 2 dormitorios, salón-comedor, c. de baño. Todo exterior. Completamente nuevo. 250.000€. Llamar a partir de 7 tarde. 976 41 27 09

 ## ¡Atención!

vender	to sell
vendo	I sell/I'm selling
se vende	for sale
alquilar	to rent
alquilo	I rent
se alquila	for rent
muebles	furniture
amueblado/a	furnished
lavadero	utility room

b Escribe un anuncio para tu piso o casa.

"No tengo hogar, tengo casas, casas, casas . . ."
Julio Iglesias

Actividad 22

Lee las descripciones y contesta las preguntas.

1 ¿Cuál es la casa más …
   a grande?
   b pequeña?
   c cara?
   d barata?
2 ¿Cuál está cerca de la playa?
3 ¿Cuál es la casa noble?
4 ¿Qué casas tienen …
   a apartamentos?
   b piscina?
5 ¿Cuál está cerca de la autopista?

CASAS EN VENTA

Arenys d'Emporda (Gerona)
390.000€

Casa de piedra situada dentro del núcleo urbano. Tiene 500 m² de jardín. Consta de un semi-sótano para rehabilitar, con volta ampurdanesa, planta baja y un piso. Tiene instalación de agua y de electricidad. Está construida en piedra y la puerta de entrada es de madera. Se encuentra a 19 km de L'Escala y a 8 km de la autopista de Gerona, salida L'Escala.
Teléfono: 93-257 52 04

Alicante 390.000€

Chalé con dos apartamentos independientes, situado muy cerca del mar. Está rodeado de un bonito jardín. También posee un garaje. En el piso superior las ventanas están protegidas por contraventanas.
Teléfono: 96-525 61 76

Madriguera (Segovia)
900.000€

Cerca de Riaza, casa de pueblo de 200 m² dentro de una parcela de 500 m². Consta de seis dormitorios, salón-comedor con el techo acristalado, cocina, baños y piscina. Está construida en piedra.
Teléfono: 91-259 34 21

Costa d'en Blanes (Mallorca)
1.500.000€

Junto al Puerto Portals, chalé a estrenar en un solar de 780 m². Consta de tres dormitorios, dos baños, un aseo, garaje con amplia capacidad y piscina. Las ventanas están protegidas con toldos.
Teléfono: 971-67 58 62

Guernica (Vizcaya)
1.200.000€

Antigua casa señorial de unos 500 m² habitables. Está situada en el centro de Guernica dentro de una parcela de 1.000 m². En la fachada de piedra tiene un escudo. También tiene dos balcones.
Teléfono: 94-424 73 18

Campello (Alicante)
900.000€

Chalé de 398 m² construidos. Tiene seis dormitorios, baños, aseos, terrazas, estudio y solarium. Consta de dos apartamentos independientes. Las ventanas del piso inferior están protegidas con rejas.
Teléfono: 96-563 3613

Playa de San Juan (Alicante) 1.800.000€

Chalé de 240 m² construido dentro de una parcela de 3.710 m². Consta de ocho dormitorios, dos baños, cocina, oficina, salón-comedor, trastero, calefacción.
Teléfono: 96-563 24 78

 ——— ¡Atención! ———

la casa más grande   the biggest house
¿cuál?   which (one)?

 # Actividad 23

Escribe una descripción de tu casa para una revista de intercambio de casas de vacaciones.
Write a description of your house for a magazine for exchanging holiday homes.

En casa o en clase

  Actividad 24

Mira la casa y di dónde están estas personas. Haz preguntas.

Ejemplo:

A: ¿Dónde está Raúl?
B: Está en el estudio.

 Actividad 25

1.65

Los muebles

a Mira la casa de Actividad 24. Escucha los nombres (sin leer) de los muebles y repite.
Look at the house in Activity 24. Listen to the names of the furniture (without reading) and repeat.

b Lee y une los nombres con los dibujos.

Ejemplo: *1j*

a	la cama	k	el sofá
b	el armario	l	la escalera
c	la mesilla	m	el frigorífico
d	el lavabo	n	el sillón
e	el espejo	o	la cómoda
f	la mesa	p	la silla
g	la ducha	q	la cocina
h	la taza	r	la televisión
i	la bañera	s	la estantería
j	el escritorio		

c Escucha y comprueba.

d Practica sin mirar los nombres de los muebles.
Practise without looking at the names of the furniture.

Estudiante A: Señala una habitación y haz preguntas.
Point at a room and ask questions.

Estudiante B: Contesta.

Ejemplo:

A: *¿Qué hay en la habitación de Pedro?*
B: *Hay un armario y una cama.*

Rincón cultural

Los paradores de España

Si vas de viaje por España, puedes **parar** en **un parador**. Un parador es  un hotel y restaurante situado en un sitio muy especial, generalmente en **un castillo** o **palacio** y normalmente con **vistas** espectaculares. Puedes dormir allí o simplemente comer en su restaurante de **alta categoría**.

 —— Autoevaluación ——

A   Reserve a room in a hotel.
Talk about different kinds of rooms.
Say days, dates and months.
Understand a hotel bill.

B   Describe what a hotel is like.
Talk about hotel facilities.

C   Name the different rooms in a house or a flat.
Describe the layout of your house to a friend.
Draw a plan of a house or a flat from a description.
Say ordinal numbers; say which floor you live on.

D   Describe the temporary state of houses using *estar*.
Compare temporary and permanent states using *ser* and *estar*.
Read and understand details about properties for sale.
Name different items of furniture.

 1.66 Vocabulario para la próxima lección

Verbos

vivir (Vivo en Madrid.)	to live (I live in Madrid.)
trabajar (Trabajo en una tienda.)	to work (I work in a shop.)
comer (Como a las dos.)	to eat, to have lunch (I have lunch at two.)
levantarse (Me levanto.)	to get up (I get up.)
salir (Salgo de casa.)	to leave (I leave home.)
llegar (Llego a mi trabajo.)	to arrive (I arrive at work.)
volver (Vuelvo por la tarde.)	to return (I return in the evening.)

Gramática y ejercicios

Preposiciones	**Prepositions**
para, con, sin	para, con, sin
for (a period of time)	
una habitación **para** dos noches	a room **for** two nights
for (people)	
una habitación **para** dos personas	a room **for** two people
with	
una habitación **con** terraza	a room **with** a terrace
without	
una habitación **sin** desayuno	a room **without** breakfast

Fechas	**Dates**
Dates are given with cardinal numbers, not ordinal:	
el dos de julio	the 2nd of July
el quince de agosto	the 15th of August

Adjetivos   Adjectives
Adjectives always agree with the gender (masculine or feminine) and the number (singular or plural) of the nouns they describe.

Masculino	Femenino	
pequeño	pequeña	*o changes to a*
grande	grande	*adjectives ending in other vowels or consonants do not change*
pequeños	pequeñas	
grandes	grandes	

El hotel es grand**e**.
Los hoteles son grand**es**.
El bar es pequeñ**o**.
Los bares son pequeñ**os**.

La habitación es grand**e**.
Las habitaciones son grand**es**.
La piscina es pequeñ**a**.
Las piscinas son pequeñ**as**.

Verbos — *Verbs*

ser/estar

For descriptions, you can use two verbs which mean 'to be': ser *and* estar.

* *Use* ser *for permanent state.*

La casa **es** vieja. *The house is old. (permanent state – doesn't change)*

* *Use* estar *for temporary state, when something has changed or may change.*

La casa **está** sucia. *The house is dirty. (temporary state – it can be cleaned)*

La casa **está** limpia. *The house is clean. (change of state)*

EJERCICIOS

A *Complete the sentences with* para, con *or* sin.

1 Quiero una habitación ⬭ baño, ⬭ tres personas.
2 Una habitación ⬭ tres noches, por favor.
3 En el hotel hay cinco habitaciones ⬭ baño, sólo ⬭ lavabo.

4 Quiero la habitación ⬭ desayuno sólo.
5 ¿Quiere media pensión ⬭ comida o ⬭ cena?
6 Quiero una reserva ⬭ el doce de abril.
7 La habitación es ⬭ cuatro personas.
8 No quiero desayunar. Quiero sólo la habitación, ⬭ desayuno.

B *Write these dates in words.*

1 10/2 ⬭
2 3/3 ⬭
3 21/11 ⬭
4 30/6 ⬭
5 12/12 ⬭

C *Complete the adjectives with the correct endings.*

1 El piso es viej⬭.
2 La piscina es grand⬭.
3 La habitación es bonit⬭.
4 El hotel es modern⬭.
5 Mi casa es muy cómod⬭.

D *Complete the sentences with* el, la, los *or* las.

1 ⬭ habitación es cómoda.
2 ⬭ baños son grandes.
3 ⬭ cocina es bonita.
4 ⬭ habitaciones están en ⬭ primer piso.
5 Veo ⬭ televisión en ⬭ salón.

E *Complete the sentences using the correct form of* ser *or* estar.

1 Mi piso ⬭ moderno.
2 El restaurante ⬭ bueno.
3 La oficina ⬭ ordenada.
4 La habitación ⬭ sucia.
5 La cama ⬭ cómoda.

Vocabulario

A

Una habitación, por favor / *A room, please*

el hotel	hotel
abierto/abierta	open
aire (m) acondicionado	air conditioning
al fondo	at the end
aparcamiento	parking
ascensor (m)	lift
baño	bathroom
calefacción (f)	heating
cama	bed
céntrico/céntrica	central
cuenta	bill
desayunar	to have breakfast
desayuno	breakfast
documento de identidad	identity document
ducha	shower
garaje (m)	garage
habitación (f) (individual/doble)	(single/double) room
incluido/incluida	included
llave (f)	key
llegada	arrival
media pensión	half board
pasaporte (m)	passport
pensión (f) completa	full board
pista (de tenis)	(tennis) court
precio	price
primera línea de playa	on the seafront/ beside the beach
quedarse	to stay (in a hotel)
reserva	reservation
reservar	to reserve

B

¿Cómo es el hotel? / *What is the hotel like?*

bonito/bonita	pretty, nice
cómodo/cómoda	comfortable
feo/fea	ugly
grande	big
incómodo/incómoda	uncomfortable
moderno/moderna	modern
pequeño/pequeña	small
viejo/vieja	old

C

El piso/La casa / *The flat/The house*

cocina	kitchen
comedor (m)	dining room
cuarto de baño	bathroom
dormitorio	bedroom
pasillo	hallway, corridor
salón (m)	lounge
taller (m) (mecánico)	(mechanics') workshop
terraza	terrace

D

Juan se cambia de casa / *Juan moves house*

barato/barata	cheap
caliente	warm, hot
caro/cara	expensive
desordenado/desordenada	untidy
frío/fría	cold
limpio/limpia	clean
lleno/llena	full
ordenado/ordenada	tidy
sucio/sucia	dirty
vacío/vacía	empty

Los muebles / *Furniture*

armario	wardrobe
bañera	bath
cama	bed
cocina	cooker
escritorio	(writing) desk
espejo	mirror
estantería	bookshelves
frigorífico	fridge
mesa	table
mesilla	bedside table
silla	chair
sillón (m)	armchair
taza	toilet

5 ¿Qué haces?

Topic areas	Language focus	
A Talking about what you do and the working day	Verbs:	trabajar, vivir, comer, estudiar, leer, escuchar
B Asking and saying the time		hacer, ir, salir, volver
C Talking about what you do every day and in your free time		levantarse, acostarse
D Describing a person's character	Adverbs:	generalmente, normalmente
	Time:	Es la una, Son las dos, Son las cuatro y media
	Adjectives:	¿Cómo es?
		simpático/a, sincero/a, optimista, inteligente

Prepárate

1.67

  La vida de Tatiana

a Une las frases con los dibujos.
Match the sentences with the pictures.

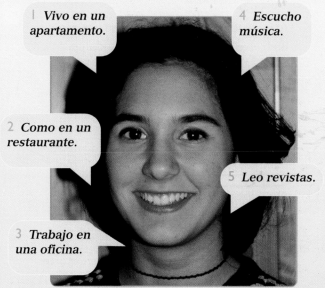

1 **Vivo en un apartamento.**

4 **Escucho música.**

2 **Como en un restaurante.**

5 **Leo revistas.**

3 **Trabajo en una oficina.**

b Ahora une las preguntas con las frases.
Now match the questions with the sentences.

A ¿Dónde comes?
B ¿Qué lees?
C ¿Dónde trabajas?
D ¿Dónde vives?
E ¿Qué haces en casa?

c Escucha y comprueba.

A | Y tú, ¿trabajas?

1.68

  Actividad 1

Alicia habla de su trabajo. Lee las preguntas, escucha y contesta.

Alicia talks about her work. Read the questions, listen and answer.

1 ¿Dónde trabaja?
2 ¿Cuántas horas trabaja?
3 ¿Cuántas horas libres tiene a mediodía?
4 ¿Dónde come?

Rosa ¿Qué haces, Alicia? ¿Trabajas?
Alicia Sí, trabajo en una tienda, es una papelería.
Rosa Y ¿qué horario tienes?
Alicia Trabajo de nueve a una y de cuatro a ocho por la tarde.
Rosa Trabajas mucho, ¿no?
Alicia Sí, pero tengo tres horas libres a mediodía para comer.
Rosa ¿Vives cerca de la tienda?
Alicia Sí, vivo muy cerca.
Rosa Y ¿vas a casa a mediodía?
Alicia Generalmente, sí. Como en casa a las dos, más o menos.

 ✓ ——— *Gramática* ———

● Many adverbs in Spanish finish in –mente.
This is the equivalent of –ly in English.
general**mente** general**ly**
normal**mente** normal**ly**
final**mente** final**ly**

● Regular verbs (–ar, –er, –ir)

	trabajar	comer	vivir
yo	trabaj –**o**	com –**o**	viv –**o**
tú	–**as**	–**es**	–**es**
él/ella/usted	–**a**	–**e**	–**e**

Alicia **trabaja** en una tienda.
Alicia **come** en casa.
Alicia **vive** en Zaragoza.

See plurals on page 243.

Actividad 2

a Completa las conversaciones con los verbos **trabajar, vivir, comer, estudiar, leer** o **escuchar**.

1 **A:** ¡Hola Juan! ¿ ⬭ con tu familia?
  B: Sí. ⬭ con mi familia en Madrid.

2 **A:** ¿Tú ⬭ en una oficina?
  B: Sí, ⬭ en una oficina en el centro de Madrid.

3 **A:** Y tu hermana, ¿ ⬭ en una oficina?
  B: No, ella no ⬭ . Es estudiante.
  ⬭ en la universidad.

4 **A:** ¿Tú ⬭ en un restaurante?
  B: No. ⬭ en casa.
  A: ¿Y tu hermana?
  B: Mi hermana ⬭ en un restaurante en la universidad.

5 **A:** Juan, ¿qué música ⬭ en casa?
  B: ⬭ música moderna.

6 **A:** ¿Tú ⬭ revistas?
  B: Sí. ⬭ muchas revistas de deportes.

b Practica las conversaciones con tu compañero/a.

1.69

Actividad 3

a Escucha a estas personas. Completa el cuadro.

	Charo	Luisa	Ana	Tomás
Trabaja				
Estudia				
Come en . . .				
Tiene ( ) hermanos				
Escucha . . .				
Compra / Lee . . .				

¡Atención!

comprar	to buy
la revista	magazine
la academia	academy, school
enseñar	to teach
sobre	about
la peluquería	hairdresser's
la empresa	company

b Escribe las preguntas.

Actividad 4

Pregunta a varias personas y completa un cuadro
como el de Actividad 3.

*Ask several people the same questions and complete
a grid like the one in Activity 3.*

B | ¿Qué hora es?

1.70

 ## Actividad 5

Lee y escucha.

¿Qué hora es?

Es la una

Son las dos

Son las nueve

Son las doce.

¡Atención!

Es la una.
Son las dos/tres/cuatro/cinco . . .

06.00	Son las seis **de la mañana.**
18.00	Son las seis **de la tarde.**
10.00	Son las diez **de la mañana.**
22.00	Son las diez **de la noche.**

Actividad 6

Practica con un compañero/a.

Ejemplo:

A: ¿Qué hora es?
B: Son las seis (de la tarde).

1	18.00	5	13.00
2	15.00	6	07.00
3	05.00	7	23.00
4	19.00	8	08.00

Actividad 7
1.71

Lee y escucha las horas.

Actividad 8
1.72

a ¿Qué hora es? Practica y escribe.

Ejemplo: *1 Son las dos menos cuarto de la tarde.*

1	13.45	6	08.40
2	18.30	7	09.50
3	23.45	8	22.35
4	08.10	9	00.30
5	17.25	10	06.00

b Escucha y comprueba.

Actividad 9
1.73

Escucha y escribe la hora.

1	14.30	5	
2		6	
3		7	
4		8	

C | ¿Qué haces cada día?

son las seis

en punto
menos cinco 11 12 1 y cinco
menos diez 10 2 y diez
menos cuarto 9 3 y cuarto
menos veinte 8 4 y veinte
menos veinticinco 7 6 5 y veinticinco
y media

Gramática

Verbos irregulares

	hacer *(to do/ to make)*	ir *(to go)*
(yo)	hago	voy
(tú)	haces	vas
(él/ella/usted)	hace	va

See plurals on page 243–4.

1.74

Actividad 10

Escucha y lee.

¿Adónde vas?

Voy al *gimnasio*.

¿Qué haces en el gimnasio

Hago *gimnasia*

d Ahora lee la conversación.

Rosa	¿Qué haces todos los días, Virginia?
Virginia	Me levanto a las siete de la mañana. **Voy** a clase. Las clases **empiezan** a las ocho. **Salgo** de las clases a las dos. Llego a casa y como a las tres, más o menos. Por las tardes, a las cinco, **voy** a un gimnasio porque soy profesora y **doy** clases de gimnasia y aerobic. Llego a casa sobre las ocho, ceno un poco, **hago** mis deberes y **me acuesto** sobre las once o las doce de la noche.

1.75

Actividad 11

¿Cómo es el día de Virginia?

a Mira los dibujos. ¿Qué hace Virginia cada día?

b Escucha y escribe la hora.

c Escucha y escribe los verbos.

Gramática

Verbos reflexivos

levantarse	*to get up*
acostarse	*to go to bed*

Verbos irregulares

ir	*to go*	**Voy** a clase.	*I go to class.*
salir	*to leave, to come out*	**Salgo** de las clases.	*I come out of class.*
dar	*to give*	**Doy** clases de gimnasia.	*I give gym classes.*
hacer	*to do*	**Hago** mis deberes.	*I do my homework.*
volver	*to return, to go back*	**Vuelvo** a casa.	*I go back home.*

Radical changing verbs

empezar	Las clases emp**ie**zan.	*The classes begin.*
acostarse	Me ac**ue**sto.	*I go to bed.*

For full conjugation, see page 141.

1.76

Actividad 12

a Rellena el cuadro con la información de Virginia.
Complete the grid with Virginia's information.

b Escucha el día de Charo y rellena el cuadro.
¿Hay diferencias?
Listen to Charo's day and complete the grid. Are there any differences?

	Virginia	Charo
07.00	*Se levanta*	
08.00	*Empiezan las clases*	
09.00		
13.00		
14.00		
17.00		
20.00		
21.00		
23.00		
24.00		

 ¡Atención!

a	at
¿**A** qué hora te levantas?	*(At) what time do you get up?*
Me levanto **a** las siete.	*I get up at seven.*
acabar } terminar }	*to finish*

c Lee la conversación con Charo y comprueba.

Rosa Charo, ¿puedes decirme qué haces en un día normal?

Charo Sí. Me levanto a las ocho de la mañana. A las nueve de la mañana salgo de casa y voy a la universidad. Acabo a la una y vuelvo a casa para comer. A las cinco de la tarde voy a trabajar a la academia de inglés y termino a las nueve de la noche. Entonces vuelvo a casa, ceno y estudio o me voy a la cama.

Rosa Es un día muy largo, ¿no?

Charo Sí, muy largo.

Actividad 13
Pregunta a un(a) compañero/a.

¿Qué haces durante la semana?
¿Y los fines de semana?

 ### ¡Atención!

durante la semana	during the week/on weekdays
los fines de semana	the weekends
Los lunes voy a clase.	On Mondays I go to class.
Los martes voy a trabajar.	On Tuesdays I go to work.
You can also say: El lunes.	

  ## Actividad 14

Juego de memoria

a Lee la agenda completa de Luis durante un minuto.
Read the completed version of Luis's diary for a minute.

b Cubre la agenda completa y escribe las actividades que recuerdas en la agenda vacía. Usa la tercera persona (ej **él, Luis**).
Cover it and write the activities you remember in the empty diary. Use the third person.

Domingo	
9.00 mañana	*levantarme*
9.30 mañana	*desayunar*
11.00 mañana	*jugar al fútbol*
2.00 tarde	*comer en casa*
4.00 tarde	*ir a casa de Javier a escuchar música*
6.00 tarde	*ir de compras con Javier*
7.30 tarde	*tomar un café con mis amigos*
9.00 tarde	*cenar con mi hermano*
10.30 noche	*ir al cine*
12.30 noche	*ir a la discoteca*

Domingo	
9.00 mañana	*se levanta*
9.30 mañana	
11.00 mañana	
2.00 tarde	
4.00 tarde	
6.00 tarde	
7.30 tarde	
9.00 tarde	
10.30 noche	
12.30 noche	

D | ¿Cómo eres?

  ## Actividad 15

a Lee las palabras que describen el carácter de una persona. ¿Qué significan?
Read the words that describe a person's character. What do they mean?

un chico	responsable	nervioso
	inteligente	tímido
	sincero	optimista
	simpático	sensible
	trabajador	

b Ahora completa una lista para una chica.

1.77

  ## Actividad 16

a Busca los antónimos de Actividad 15.

1 extrovertido
2 insensible
3 mentiroso
4 irresponsable
5 perezoso
6 pesimista
7 tonto
8 tranquilo
9 antipático`

b Escucha y comprueba.

Actividad 17

María Teresa describe a sus dos amigos, Tomás y Virginia. Escucha e indica las palabras que usa de las listas de Actividades 15 y 16.

Actividad 18

Virginia trabaja como "au pair" en Inglaterra. Escribe un email a su amiga Charo, en España. Lee el email y contesta.

1 ¿Cómo es la familia?
2 ¿Cómo es el perro?
3 ¿Cómo es su profesor?
4 ¿En qué aspectos es su vida en Inglaterra diferente a su vida en España? (Ver Actividad 11)

A: Charo<clatorre@educa.es>
De: Virginia<virginia 1985@telefonica.es>
Fecha: 26 de marzo

Querida Charo:

¿Qué tal estás? Espero que bien. Yo estoy muy bien. Londres es muy bonito y la gente es muy simpática. La vida es muy diferente aquí, pero me gusta mucho.

Vivo con una familia inglesa; son el padre, la madre, una niña y el perro, y trabajo como au pair. Toda la familia es muy simpática y generosa, la niña es muy buena, pero el perro es un poco antipático y nervioso. Todos los días voy al parque con la niña y el perro.

Voy a clases de inglés por las tardes, a una academia, y tengo un profesor excelente. Los horarios son muy diferentes, por ejemplo sólo tengo una hora para comer y como a las doce. La cena es muy pronto también, a las seis y media. Es un problema para mí, que en España ceno a las diez. Aquí también voy a la cama muy pronto. Las distancias son enormes y no puedo salir todas las tardes como en España, pero salgo los fines de semana con mis amigos y hablo mucho inglés.

Escríbeme pronto
Un abrazo
Virginia

Actividad 19

Escribe un email a tu amigo/a español(a). ¿Cómo es tu vida en tu país? ¿Es diferente de la vida de Virginia?

Actividad 20

¿Cómo eres? Adivina el carácter de otras personas.

On a piece of paper, write a short paragraph about yourself. Write about what you do and a short description of your character. Write down three good things and two not so good things about your character. Don't write your name.
Mix the papers with your classmates and take a friend's paper. Read the description and guess whose it is. Repeat.

Ejemplo:

Trabajo en una oficina en el centro de la ciudad. Empiezo mi trabajo a las nueve y termino a las cinco. Tengo una hora libre a mediodía para comer. Como un bocadillo en la oficina. Por la tarde preparo la cena, veo la televisión o leo el periódico. Me acuesto a las once y media. Soy trabajador, inteligente y sincero, pero también soy un poco nervioso y tímido. ¿Quién soy?

En casa o en clase

  Actividad 21

24 horas con Corín Tellado

a   Lee el texto y contesta las preguntas.

1 ¿Cómo es?

2 ¿Cómo es su casa?

3 ¿Cómo es su vida?

b   ¿Sí o no? Si pones "no", corrige la frase.

1 Vive en la ciudad.

2 Tiene dos hijos.

3 Normalmente come en casa.

4 Vive sola.

5 Escribe por la noche.

6 Sus libros son muy populares.

c   ¿Qué significan estos números en el artículo?

1 3.500

2 80

3 5

4 47

5 7

d   ¿Qué más puedes decir sobre su familia, su trabajo y su casa?

 Rincón cultural

El horario

En España el horario laboral tradicional es de las nueve a la una o la una y media, y por la tarde de las cuatro o cuatro y media hasta las siete o las ocho. Las tiendas y las oficinas cierran a mediodía y hay tres horas para comer. En algunas compañías y grandes almacenes no cierran a mediodía. Muchas tiendas cierran a las 9 de la noche.

Es una mujer fuerte y enérgica. Tiene ochenta años. Dicen que es la escritora española más leída después de Cervantes. Tiene más de tres mil quinientas novelas traducidas a siete idiomas. Escribe historias de amor.

Vive a cinco kilómetros de Gijón, la capital asturiana. Desde su casa de dos plantas se ve a un lado la ciudad y al otro lado el campo. Tiene una piscina, una pista de tenis, y un jardín muy grande. En el garaje, en una pequeña habitación, tiene todos sus libros.

Corín dice que no es millonaria y que trabaja para vivir. Está separada de su marido. Todo es para sus hijos, Begoña de cuarenta y siete años, periodista, casada, y Txomín, de cuarenta y seis años, que es abogado.

Escribe desde los diecisiete años y no corrige ni repite nada. A veces escribe una novela en menos de una semana. Se levanta a las siete de la mañana y no desayuna. Trabaja toda la mañana y toma un café a las nueve. Generalmente come en casa a las dos pero hoy va a un restaurante con su hija y su nieto.

No trabaja después de comer. Por la tarde hace unas compras o da un paseo. Después trabaja en su jardín. Por la noche, cena muy poco y después de cenar, lee. Prefiere la buena literatura.

——— Autoevaluación ———

A Talk about what you do and your daily timetable
   Describe where you live, how long you have for lunch, where you eat, where you work, what you do at home.

B Ask and say the time

C Describe your typical day
   Talk about what you do in your free time
   Ask and say at what time you do things

D Describe a person's character

I.79

Vocabulario para la próxima lección

Los colores

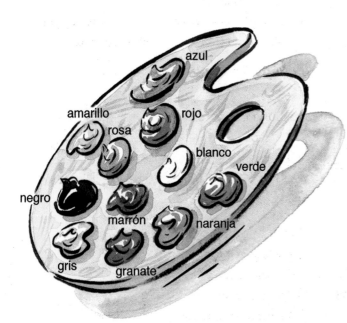

azul
amarillo   rojo
rosa
blanco
verde
negro
marrón   naranja
gris   granate

Gramática y ejercicios

Interrogativos	**Question words**
¿Dónde (vives)?	*Where (do you live)?*
¿Adónde (vas)?	*Where (are you going)?*
¿Qué (haces)?	*What (do you do)?*

Verbos	**Verbs**
Verbos regulares	**Regular verbs**

There are three types of regular verbs in Spanish, ending in –ar, –er and –ir in the infinitive. Each one follows its own pattern.

–ar
trabaj**ar** (*to work*)

yo	trabaj**o**
tú	trabaj**as**
él/ella/usted	trabaj**a**
nosotros/as	trabaj**amos**
vosotros/as	trabaj**áis**
ellos/ellas/ustedes	trabaj**an**

Other –ar verbs:
compr**ar**, tom**ar**, termin**ar**, cen**ar**, escuch**ar**

–er
com**er** (*to eat/to have lunch*)

yo	com**o**
tú	com**es**
él/ella/usted	com**e**
nosotros/as	com**emos**
vosotros/as	com**éis**
ellos/ellas/ustedes	com**en**

Other –er verbs:
le**er**

–ir
viv**ir** (*to live*)

yo	viv**o**
tú	viv**es**
él/ella/usted	viv**e**
nosotros/as	viv**imos**

| vosotros/as | viv**ís** |
| ellos/ellas/ustedes | viv**en** |

Other –ir verbs:
escrib**ir**

Verbos irregulares	**Irregular verbs**
hacer (*to make/to do*)	ir (*to go*)
hago	voy
haces	vas
hace	va
hacemos	vamos
hacéis	vais
hacen	van

Other irregular verbs:
dar (*to give*): **doy**, das, da, damos, dais, dan
salir (*to leave/to go out*): **salgo**, sales, sale, salimos, salís, salen
empezar (*to begin, to start*): emp**ie**zo, emp**ie**zas, emp**ie**za, empezamos, empezáis, emp**ie**zan
ver (*to see*): veo, ves, ve, vemos, veis, ven

Verbos reflexivos	**Reflexive verbs**

These verbs need a reflexive pronoun, as follows:

levantarse (*to get (oneself) up*)
yo | **me** levanto | *I get up*
tú | **te** levantas |
él/ella/usted | **se** levanta |
nosotros/as | **nos** levantamos |
vosotros/as | **os** levantáis |
ellos/ellas/ustedes | **se** levantan |

Other reflexive verbs:
acostarse (*to go to bed*): me ac**ue**sto, te ac**ue**stas, se ac**ue**sta, nos acostamos, os acostáis, se ac**ue**stan

Adjetivos		**Adjectives**
M	**F**
optim**ista**	optim**ista**	*optimistic*
pacien**te**	pacien**te**	*patient*
simpátic**o**	simpátic**a**	*nice, friendly*
trabajad**or**	trabajad**ora**	*hard-working*

Note word order:
un chico simpático | | *a nice boy*

La hora	**Time**
Es la una de la tarde.	*It's one o'clock in the afternoon.*
Son las ocho de la mañana.	*It's eight o'clock in the morning.*
Son las nueve **y** media.	*It's half past nine.*
Son las diez **menos** cuarto.	*It's quarter **to** ten.*
Voy a clase a las ocho.	*I go to class at eight.*

Ejercicios

A *Complete the dialogue by adding the correct form of the correct verb:* hacer, ir, trabajar, vivir *or* comer.

A: ¡Hola! Me llamo Lola y **1** ⬭ en Madrid. ¿Dónde **2** ⬭ tú?

B: Yo **3** ⬭ en Madrid también. Mis padres **4** ⬭ en Barcelona.

A: ¡Ah! Mi hermano **5** ⬭ en Barcelona, en una oficina. ¿Qué **6** ⬭ tú?

B: Yo **7** ⬭ en una tienda de ropa.

A: ¿A qué hora **8** ⬭ a mediodía?

B: **9** ⬭ a las dos. Normalmente **10** ⬭ en casa pero hoy **11** ⬭ en un restaurante.

A: ¡Ah! ¿Por qué no **12** ⬭ juntos tú y yo?

B: ¡Buena idea! **13** ⬭ al restaurante.

B *Write the times in words.*

1 6.45 p.m. ⬭
2 7.30 a.m. ⬭
3 10.15 p.m. ⬭
4 1 p.m. ⬭
5 2.35 p.m. ⬭
6 8.40 a.m. ⬭

C *Complete the adjectives.*

1 El chico es sincer⬭.
2 Las chicas son tímid⬭.
3 Mis hermanos son inteligent⬭.
4 Mi padre es optimist⬭.
5 Mi madre es simpátic⬭.

Vocabulario

A

Y tú, ¿trabajas?	**And you, do you work?**
comer	to eat, to have lunch
¿Cuántas (horas trabajas)?	How many (hours do you work)?
de nueve a una	from nine to one
dónde	where
en casa	at home
escuchar	to listen
generalmente	generally
hacer	to do, to make
horario	timetable
leer	to read
mediodía (m)	midday
música	music
normalmente	normally
oficina	office
por la mañana	in the morning
por la noche	at night
por la tarde	in the afternoon/ evening
qué	what
revista	magazine
tienda	shop
trabajar	to work
trabajo	work, job
vivir	to live

B

¿Qué hora es?	**What time is it?**
a las (nueve)	at (nine)
a	at
de . . . a	from . . . to
de la mañana	in the morning
Es la una.	It's one o'clock.
la una	one o'clock
las dos	two o'clock
(las nueve) menos cuarto	a quarter to (nine)
(las nueve) y media	half past (nine)
media	half
menos	less
Son las dos.	It's two o'clock.

Son las siete de la mañana.	It's seven in the morning.
y	and

C

¿Qué haces cada día?	**What do you do every day?**
acabar	to finish
acostarse	to go to bed
cada día	every day
cenar	to have dinner
clase (f)	class
comer	to have lunch
dar	to give
deberes (m pl)	homework
desayunar	to have breakfast
ducharse	to shower
gimnasio	gym
hacer los deberes	do homework
levantarse	to get up
llegar	to arrive
más o menos	more or less
salir (de casa)	to leave (home)
terminar	to finish
volver	to return

D

¿Cómo eres?	**What are you like?**
extrovertido/a	extrovert, outgoing
insensible	insensitive
inteligente	intelligent
irresponsable	irresponsible
mentiroso/a	insincere, lying
nervioso/a	nervous, excitable
optimista	optimistic
perezoso/a	lazy
pesimista	pessimistic
responsable	responsible
sensible	sensitive
simpático/a	nice, friendly
sincero/a	sincere
tímido/a	shy
tonto/a	stupid
trabajador(a)	hard-working
tranquilo/a	calm

SEIS
6 ¿Algo más?

Topic areas

A Shopping: types of shop; what you can buy; weights and measures
B Asking and saying how much something is
C Describing and buying clothes
D Describing people
E Asking and saying what time things open/close/begin/end

Language focus

Definite article: *el/la/los/las*
Indefinite article: *un/una/unos/unas*
Revision of numbers: 100–1,000. Time
Adjectives of quantity: *¿cuánto / cuánta / cuántos / cuántas?*
Colour adjectives: *una falda negra*
Verbs: *llevar, empezar, terminar, abrir, cerrar*
Demonstrative adjectives: *este / esta / estos / estas* and pronouns *éste / ésta / éstos / éstas*

Prepárate

2.1

a Mira los productos. ¿Cómo se llaman? Escribe una lista de los productos.
Look at the products. What are they called? Write a list of the products.

b Escucha y repite.

A | De compras

  Actividad 1

2.2

En la tienda

a Escucha la conversación en la tienda. Contesta las preguntas.

1 ¿Qué compra?

2 ¿Cuánto compra?

3 ¿Cuánto es?

b Escucha otra vez.

1 *How does the customer ask for things?*

2 *How does the assistant ask her if she wants anything else?*

verdulería   **carnicería**   **pastelería**

Cliente	Buenos días. Deme leche, por favor.
Dependienta	¿Un litro?
Cliente	Sí, un litro.
Dependienta	¿Algo más?
Cliente	Sí. Quiero un kilo de tomates y aceite.
Dependienta	¿Quiere algo más?
Cliente	No, nada más.
Dependienta	Aquí tiene.
Cliente	¿Cuánto es?
Dependienta	Son nueve euros.

! ——— *¡Atención!* ———

deme   give me (formal)
Deme un kilo   Give me a kilo of tomatoes.
de tomates.

Actividad 2
Practica diálogos similares.

  Actividad 3

2.3

a Une los productos con las tiendas.

a el pescado   **b los pasteles**

c el pan   **d la fruta**

e la carne   **f la verdura**

panadería

pescadería

frutería

b Escucha y comprueba.

Actividad 4

2.4

a Escribe estos productos en la lista correcta.

| bacalao | cordero | lomo | merluza | patatas | plátanos | salchichas | tomates |
| cebollas | lechuga | manzanas | naranjas | peras | pollo | sardinas | trucha |

verdura	fruta	pescado	carne
		bacalao	

b Escucha y comprueba.

c Escribe el artículo para cada palabra.

Ejemplo: *el bacalao*

Gramática

el pollo	*chicken*	**los** pollos	*chickens*
la manzana	*apple*	**las** manzanas	*apples*
el/la/los/las	*the*		

But:
Quiero manzanas.   *I'd like (some) apples.*

Actividad 5

Practica diálogos.

Ejemplo:

A: ¿Dónde compro los plátanos?

B: En la frutería.

¡Atención!

un kilo de (plátanos)	*a kilo of (bananas)*
medio (kilo) de ...	*half (a kilo) of ...*
cuarto (kilo) de ...	*a quarter (kilo) of ...*
cien gramos de ...	*a hundred grammes of ...*
un litro de (aceite)	*a litre of (oil)*
medio litro de ...	*half a litre of ...*
una docena de (huevos)	*a dozen (eggs)*
media docena de ...	*half a dozen ...*

Actividad 6

2.5

a   ¿Cuánto quiere? Une las cantidades con los productos.

1   100 gramos de . . .

2   un cuarto (kilo) de (=250 gramos) . . .

3   medio kilo de . . .

4   un kilo de . . .

5   un litro de . . .

6   media docena de . . .

a leche   **b** plátanos   **c** queso

d jamón   **e** zanahorias   **f** huevos

b   Escucha y comprueba.

¡Atención!

Remember that numbers from 200 to 900 have a masculine and feminine form:

200   doscientos euros/doscientas libras

350   trescientos cincuenta euros/trescientas cincuenta libras

2.6 Actividad 7

a Completa los diálogos en las tiendas con frases completas.

Diálogo 1: en la tienda de comestibles

A: Buenos días, ¿qué desea?

B: Deme 150 g y ¼ kg. *de queso*
de jamón

A: ¿Algo más?

B: Sí, y ½ l.
una botella de leche   *medio litro*

A: ¿Alguna cosa más?

B: No, gracias.

Diálogo 2: en la verdulería–frutería
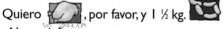

C: Buenos días, ¿qué le pongo?

D: Deme 2 kg y ½ kg
de patatas   *de tomate*

C: ¿Quiere algo más?

D: Sí, póngame ¾ kg y 1 kg

C: ¿Algo más?

D: Nada más, ¿cuánto es?

Diálogo 3: en la carnicería

E: Buenos días, ¿qué desea?

F: Quiero , por favor, y 1 ½ kg.
un pollo

E: ¿Algo más?

F: Sí, deme ½ kg *de c°*

E: ¿Qué más quiere?

F: Nada más, gracias.

b Escucha y comprueba.

Actividad 8

Haz diálogos similares. Usa las comidas de Actividad 4.

✓ ── *Gramática* ──

Masculino	Femenino	
¿Cuánto?	¿Cuánta?	How much?
¿Cuántos?	¿Cuántas?	How many?
¿Cuánto vino?		How much wine?
	¿Cuánta leche?	How much milk?
¿Cuántos huevos?		How many eggs?
	¿Cuántas patatas?	How many potatoes?

2.7 Actividad 9

a Une las listas.

1 una lata   c   a mermelada

2 media docena e   b patatas fritas

3 una caja   a   de   c olivas

4 un bote   a   d galletas

5 un paquete b   e huevos

b Escucha y comprueba.

c Estudia esta foto y la foto de la página 79.

1 ¿Cuántas latas hay?

2 ¿Cuántas botellas?

3 ¿Cuántos botes?

4 ¿Cuántos paquetes?

5 ¿Cuántas cajas?

B | ¿Cuánto es?

¡Atención!

¿Cuánto vale?	How much is that?
¿Cuánto vale la leche?	How much is the milk?
¿Cuánto valen las patatas?	How much are the potatoes?
valer	(lit.) to be worth

1,50€ = un euro, cincuenta céntimos/un euro con cincuenta.

2.8

Actividad 10

Escucha el anuncio. Añade el precio de cada cosa.

Frutas y verduras

- uvas **1** 1,60
- melón **2**
- manzanas **3** 1,30

Carnes

- salchichas frescas **4** 4,50
- lomo de cerdo **5** 6,58 6,80
- ternera **6** 9,70

Charcutería

- jamón **7**
- queso **8**

¡Atención!

el lomo	pork
la ternera	veal

Actividad 11

Practica. Pregunta y escribe los precios en tu lista.

1

Estudiante A:

```
69341220   7554870023  2376

001  QUESOS        6,75
002  PESCADO      14,50
003  NARANJAS      5,85
004  LIMONES       1,20
005  LECHUGA       0,95

       TOTAL COMPRA   29,25

4270   77420         7409

MUCHAS GRACIAS POR SU VISITA
```

Estudiante B:

queso
pescado
naranjas
limones
lechuga

2 **Estudiante A:**

carne
piña
patatas
lentejas
pan

Estudiante B:

```
698300416  4 4600983  59972

0001  CARNE        11,55

0002  PIÑA          3,25

0003  PATATAS       2,28

0004  LENTEJAS      1,87

0005  PAN           0,55
      TOTAL COMPRA   19,50
   196823
   698300416  4 4600983  59972
       19,50
MUCHAS GRACIAS POR SU VISITA
```

Ejemplo:

B: ¿Cuánto vale la lechuga?

A: La lechuga vale noventa y cinco céntimos.

B: ¿Cuánto valen las naranjas?

A: Las naranjas valen cinco euros con ochenta y cinco.

¡Atención!

To ask how much one thing costs or to ask for the overall bill, say:

¿Cuánto es?/¿Cuánto cuesta?/ ¿Cuánto vale? — How much is it?

To ask how much a number of things cost, say:
¿Cuánto son/cuestan/valen (las manzanas)?

Actividad 12
Lee y contesta.

Lo que comemos en España

(euros por ciudadano al año)

pescado	76,83
frutas frescas	88,27
leche y derivados	143,37
carne	287,89
patatas y hortalizas	75,94
pan	65,39
aceite	52,92
huevos	31,09
resto alimentos	217,30
total	**1.039,00**

- La carne es el producto en el que más se gasta.
- Barcelona es la capital española en la que se gasta más dinero en alimentación.
- Cada año aumenta el consumo de frutas, leche y pescado, mientras disminuye el de pan y azúcar.

Cada ciudadano de este país gasta en productos alimenticios 1.039 euros al año. En conjunto, la población española gasta al año en alimentación más de 40 millones de euros.

El gasto en alimentación varía por regiones. Los ciudadanos que más se gastan en comer son, en general, los que residen en el noroeste y el noreste del país.

El mayor gasto corresponde a la carne; cada español come 57 kilos de carne al año. El consumo per cápita de leche está actualmente en 121 litros. Compramos al año 16 kilos de productos lácteos, como yogur, aunque comemos muy poca mantequilla y menos queso que en el resto de Europa.

Las frutas son el tercer producto en orden de importancia. Cada español come al año 103 kilos de frutas frescas – de los que 30 kilos corresponden sólo a naranjas.

España es el tercer país de Europa por consumo de pescado, detrás de Dinamarca e Irlanda.

En general, se consume mucha más fruta y verdura que en el resto de Europa.

1 ¿Qué significan estos números?
   a 57   b 121   c 16   d 3°(tercero)   e 103   f 30
2 ¿Dónde compran más comida en España?
3 Escribe una lista de los productos mencionados en el artículo (en orden).
4 Los españoles son diferentes del resto de Europa, ¿en qué?

Actividad 13

Más tiendas

a ¿Qué necesitas comprar en España? Escucha.
What do you need to buy in Spain? Listen.

una papelería

una farmacia

una perfumería

un estanco

1 un mapa
2 medicinas
3 bronceador
4 sellos

b Practica.

Ejemplo:
A: Quiero un bronceador.
B: ¿Donde hay una farmacia?

c ¿Qué otras cosas puedes comprar en estas tiendas?
What other things can you buy in these shops?

C | La ropa

Actividad 14

a Mira el escaparate y escucha.
Look at the shop window and listen.

A

1 una chaqueta
2 una camisa
3 una corbata
4 un pantalón
5 unos zapatos

B

6 una blusa
7 una falda

8 unas sandalias
9 un cinturón
10 un bolso

C

11 un abrigo
12 una bufanda
13 un jersey
14 unos vaqueros
15 unas botas

D

16 una camiseta
17 una gorra
18 unos pantalones cortos
19 unas zapatillas de deporte
20 unos calcetines

E

21 un vestido
22 unas botas
23 unos guantes
24 unas medias
25 un pañuelo

b Tapa los nombres. Pregunta y contesta.

Ejemplo:

A: ¿Qué es el número uno?
B: Es una chaqueta.

c Escribe los nombres de la ropa. Mira sólo los dibujos.
Write the names of the clothes. Only look at the pictures.

2.11

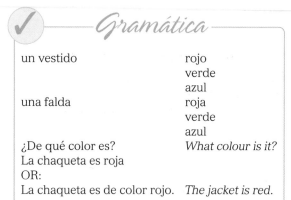

Actividad 15

Los colores

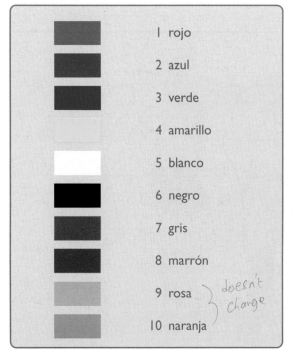

1 rojo

2 azul

3 verde

4 amarillo

5 blanco

6 negro

7 gris

8 marrón

9 rosa } doesn't change

10 naranja

a Escucha y repite los colores.

✔ ── *Gramática* ──

un vestido   rojo
                    verde
                    azul

una falda   roja
                    verde
                    azul

¿De qué color es?   *What colour is it?*
La chaqueta es roja
OR:
La chaqueta es de color rojo.   *The jacket is red.*

b Tapa las palabras y escribe los colores.

c Practica con la ropa de Actividad 14.

Ejemplo:

A: ¿De qué color es la chaqueta?
B: La chaqueta es gris.

! ── *¡Atención!* ──

Otros colores:
azul marino   *navy blue*
azul cielo   *sky blue*
granate   *maroon*
beige   *beige*
crema   *cream*
morado   *purple*
(verde) oscuro   *dark (green)*
(verde) claro   *light (green)*

Actividad 16

Estudiante A: Describe a uno de los modelos en el escaparate (Actividad 14), sin decir qué modelo es.
Describe one of the the models in the shop window (Activity 14), without saying which model it is.

Estudiante B: Di qué modelo es.
Say what model it is.

Cambia.

Ejemplo:

A: Lleva una chaqueta gris. ¿Quién es?
B: Es A.
A: ¿Qué lleva B?
B: B lleva una falda morada y una blusa verde.

✓ —— *Gramática* ——

llevar   to wear
(yo) llevo
(tú) llevas
(él/ella/usted) lleva

(nosotros/as) llevamos
(vosotros/as) lleváis
(ellos/ellas/ustedes) llevan

¿Qué lleva el chico? *What is the boy wearing?*
Lleva una chaqueta   *He's wearing a grey*
gris.   *jacket.*

 ## Actividad 17

Elige a un(a) compañero/a. Mira lo que lleva. Después, sin mirar, intenta describirle.

Ejemplo:

A: Llevas un jersey.
B: ¿De qué color es?
A: Negro.
B: Sí.

  2.12 ## Actividad 18

En una tienda de ropa

a Lee y escucha. Escribe la información en el cuadro (Tienda 1).

Cliente	¿Puedo probarme esta falda, por favor?
Dependienta	Sí, a ver. ¿Cuál es su talla?
Cliente	La cuarenta.
Dependienta	Ésta es muy grande. Mire, ésta es su talla.
Cliente	Sí, pero la quiero negra y ésta es azul.
Dependienta	Sí, un momento . . . Ésta . . .
Cliente	¿Cuánto es ésta?
Dependienta	Treinta y seis euros.
Cliente	Sí, ésta me gusta.

b Ahora escucha otros dos diálogos y completa los detalles.

	artículo	color	talla	precio	¿sí o no?
Tienda 1					
Tienda 2					
Tienda 3					

 ! —— *¡Atención!* ——

talla   *size (clothes)*
número   *size (shoes)*
caro/a   *expensive*
barato/a   *cheap*

A: ¿Qué talla?/¿Cuál es su talla?   *What size?*
B: Media./La 44.   *What is your size? Medium./44.*

A: ¿Qué número?/ ¿Cuál es su número?   *What size? What is your size?*
B: El 42.   *42.*

Actividad 19

Practica los diálogos de la Actividad 18.

¡Atención!

Me lo/la quedo.	*I'll take it.*
Es muy grande/pequeño/a.	*It's very big/small.*
Es muy caro/a.	*It's very expensive.*
¿Tiene otros colores?	*Do you have other colours?*
¿Puedo probarme esto?	*Can I try this on?*

✓ Gramática

Singular Masculino	Femenino	
este (jersey)	esta (camisa)	*this*

Plural Masculino	Femenino	
estos (zapatos)	estas (chaquetas)	*these*

Note that pronouns have an accent.
Ej. No quiero esta camisa. Quiero ésta.

If you don't know the name of an item, or don't want to name it, say Quiero esto.

D | ¿Cómo es físicamente?

2.13

Actividad 20

Escucha y repite.

rubia

moreno

delgada

gordo

La chica es alta.   El chico es bajo.

alto/alta	bajo/baja
delgado/delgada	gordo/gorda
rubio/rubia	moreno/morena

Actividad 21

Describe a un(a) compañero/a de clase, sin decir quién es: ¿Cómo es? ¿Qué lleva? Los/Las compañeros/as adivinan quién es.

Describe a classmate, without saying who it is. What are they wearing? The others guess who it is.

Actividad 22

a Describe a estas personas famosas.

b Busca una foto de una persona en una revista. Con un(a) compañero/a, escribe una descripción de la persona en un papel. Mezcla las fotos y las descripciones de toda la clase. Une las fotos con las descripciones.

Find a photo of a person in a magazine. With a partner, write a description of the person on a piece of paper. Mix all the photos and descriptions. Match them up again.

E | ¿A qué hora abre?

2.14

  Actividad 23

a Escucha y completa el diálogo.

A: ¿A qué hora abre el museo?

B: Abre a las _____ .

A: ¿Y a qué hora cierra?

B: Cierra a las _____ .

b Practica el mismo diálogo con estos lugares.
Practise the same dialogue with these places.

BIBLIOTECA
09.00–13.00 y16.00–21.00

Farmacia
09.00–20.00

Piscina
12.00 – 19.00

2.15

  Actividad 24

Mira el horario de la oficina de turismo. Escucha el diálogo e indica las diferencias.
Look at the opening hours for the tourist office. Listen to the dialogue and note the differences.

HORARIO
Lunes a Sabado:
Mañana: de 10,30 a 13,30h.
Tarde: de 17.00 a 20,00h.

Domingos y Festivos:
Mañana: de 10,30 a 14,00h.
Tarde: Cerrado

  Gramática

Cuatro verbos nuevos

abrir	*to open*
cerrar	*to close*
empezar	*to begin*
terminar	*to finish*
abierto/a	*open*
cerrado/a	*closed*

¿A qué hora abre/cierra la tienda? *What time does the shop open/close?*
La tienda abre/cierra a las nueve. *The shop opens/closes at nine.*

¿A qué hora empieza/termina la película? *What time does the film start/finish?*
La película empieza/termina a las cuatro. *The film starts finishes at four.*

2.16

  Actividad 25

a Escucha y completa el dialogo.

A: Buenos días. ¿A qué hora empieza la película?

B: Empieza a las _____ .

A: ¿Y a qué hora termina?

B: Termina a las _____ .

A: Deme dos entradas para la sesión de las _____ , por favor.

b Practica diálogos similares.

	Empieza	Termina
La ópera	20.00	23.00
La clase	18.00	20.00
El fútbol	14.00	16.00
La fiesta	22.30	1.30

En casa o en clase

Actividad 26

a   Lee y contesta las preguntas.

1 ¿En qué parte de América está Guatemala?
2 ¿Qué país está al norte de Guatemala?
3 ¿Cuántos habitantes son mayas?
4 ¿Dónde están los centros comerciales?
5 ¿Qué es Tikal-Futura?
6 ¿Qué mercados famosos hay en Ciudad de Guatemala?
7 ¿Cómo es Chichicastenango?
8 ¿Qué es el "huipil"?
9 ¿Qué pasa los jueves y domingos en Chichicastenango?
10 ¿Qué ciudad es famosa por sus joyerías?

De compras en Guatemala

Guatemala es un país que está en Centroamérica, al sur de México. Es uno de los países más interesantes y bonitos del mundo. No es muy grande, pero es muy diverso. Es un país tradicional y moderno al mismo tiempo. Más de la mitad de sus habitantes son indios mayas que hacen una artesanía tradicional muy original y de gran calidad y valor artístico.

En las ciudades, especialmente en Ciudad de Guatemala, la capital, hay modernos centros comerciales como los de las Zonas 10 y 11, Megacentro, Géminis, La Pradera y el más moderno, Tikal-Futura, con muchas tiendas, cines y restaurantes. En estos centros se puede encontrar la última moda y tecnología internacional.

Los mercados populares, en las calles son los más interesantes y baratos. Allí se puede encontrar comida, frutas, flores y otros objetos pintorescos y especiales.

Los mercados más famosos de la capital son el Central y el de Artesanía.

En el noreste del país hay una ciudad pequeña, pero muy interesante, que tiene el mercado más famoso del país: Chichicastenango. Los jueves y domingos la gente de los pueblos que están cerca va al mercado a vender productos de todo tipo.

Las telas son fantásticas, de muchos colores, con bordados hechos a mano; hay mantelerías, colchas, cojines, hamacas, muñecos, etc. La ropa tradicional de los mayas es muy bonita. Las mujeres llevan una blusa bordada que se llama "huipil" y una falda que se llama "pollera". Hay también cerámica, jarrones, máscaras y pequeñas estatuas y muñecos de barro. También hay máscaras y esculturas de madera, cestas y objetos de hierro.

La joyería es magnífica, se encuentran objetos de plata y jade especialmente en las tiendas de la ciudad Antigua Guatemala.

¡Toda una tentación para el turista!

---

b   Mira las fotos de los objetos de artesanía y señala en el texto las palabras correspondientes.
Look at the photos of craftwork and find the corresponding words in the text.

Actividad 27

Escribe sobre tu ciudad y las compras. Usa las preguntas como ayuda.

Write about your town and shopping. Use the questions to help.

- ¿Qué tiendas hay en tu pueblo/ciudad?
- ¿Qué horarios tienen las tiendas en tu país/ciudad?
- ¿Dónde compras la comida?
- ¿Cuándo haces las compras?
- ¿Qué comida compras para la semana?
- ¿Dónde compras la ropa?
- ¿Qué ropa compras?
- ¿Qué otras cosas compras para tu familia y tu casa?

Ejemplo: *En mi ciudad hay muchas tiendas y supermercados ...*

Rincón cultural

Productos típicos españoles

En España hay muchos productos típicos. En la charcutería se puede comprar chorizo, salchichón y jamón serrano; todos son productos del cerdo. Otro producto típico español, de gran calidad, es el aceite de oliva. El vino de España, sobre todo el de la región de Rioja, es muy bueno y famoso. También el "cava", vino espumoso de Cataluña, similar al champán, es excelente.

A Ask for different kinds of food and drink in shops
Ask for different quantities, weights and containers of food and drink
Name different kinds of shops or supermarket sections

B Ask the price
Talk about different kinds of meat, fruit, vegetables and other kinds of food
Describe what you need to buy when you travel to Spain

C Name different kinds of clothes and describe their colours
Say what people are wearing
Ask about sizes, colours, etc. when buying clothes

D Describe a person's physical appearance

E Say what time shops and other places open and close
Say what time films and other events start and finish

2.17
Vocabulario en casa

primera planta	*first floor*
segunda planta	*second floor*
sótano	*basement*
garaje	*garage*

Gramática y ejercicios

El artículo definido   The definite article

Remember that Spanish has four different words for 'the': el / la / los / las

el pollo	the chicken	los pollos	the chickens
la manzana	the apple	las manzanas	the apples

Note:

Quiero manzanas.   I want apples.

Adjetivos de cantidad   Adjectives of quantity

There are two words for 'how much' in Spanish (one for masculine and one for feminine) and also two words for 'how many'.

¿cuánto/cuánta/   How much?/
cuántos/cuántas?   How many?

¿Cuánto vino?	How much wine?
¿Cuánta leche?	How much milk?
¿Cuántos huevos?	How many eggs?
¿Cuántas patatas?	How many potatoes?

Los colores   Colours

The words for colours work in the same way as adjectives. They agree with masculine and feminine nouns and also with singular and plural.

un vestido rojo   a red dress
una falda roja   a red skirt

There is another way of saying the colour of something, where the name of the colour is always masculine.

una falda de color   a red skirt (lit. a skirt
  rojo   of colour red)

Adjetivos demostrativos   Demonstrative
este/esta/estos/estas   adjectives
                                          this/these

When you want to say 'this' or 'these' in Spanish, the word must agree with masculine and feminine nouns and also with singular and plural.

Quiero **este** jersey. (m)	I want this sweater.
Quiero **esta** falda. (f)	I want this skirt.
Quiero **estos** zapatos.	I want these shoes.
Quiero **estas** zapatillas.	I want these trainers.

Note that the corresponding demonstrative pronouns take an accent:

Quiero **este** abrigo.	I want this overcoat.
Quiero **éste**.	I want this one. (indicating an overcoat)

but

Quiero **esto**.	I want this one. (in general)

Verbos   Verbs

abrir: abro, abres, abre abrimos, abrís, abren	to open
cerrar: cierro, cierras, cierra cerramos, cerráis, cierran	to close
empezar: empiezo, empiezas, empieza, empezamos, empezáis, empiezan	to begin
terminar: termino, terminas, termina, terminamos, termináis, terminan	to finish, to end

* Note that the verbs cerrar and empezar are radical changing verbs, which means that the root of the verb changes in some persons:
  ci**e**rro, emp**ie**zo
  ¿A qué hora **cierra** la tienda?
* Note word order. The noun usually follows the verb, unlike in English.

EJERCICIOS

A Add el, la, los or las to these items.

1 ⟨_____⟩ manzana
2 ⟨_____⟩ patatas
3 ⟨_____⟩ agua
4 ⟨_____⟩ tomates
5 ⟨_____⟩ jamón

B Add cuánto, cuánta, cuántos or cuántas to complete the questions.

1 ¿ ⟨_____⟩ manzanas quiere?
2 ¿ ⟨_____⟩ leche quiere?
3 ¿ ⟨_____⟩ vino quiere?

4 ¿ ⬭⬭⬭ huevos quiere?

5 ¿ ⬭⬭⬭ es?

C Describe each item of clothing by writing the correct form of the colour in brackets.

1 una chaqueta (*negro*) *negra*

2 una camiseta (*blanco*) ⬭⬭⬭

3 unos pantalones cortos (*azul*) ⬭⬭⬭

4 unas zapatillas (*rojo*) ⬭⬭⬭

5 un jersey (*verde*) ⬭⬭⬭

6 unos zapatos (*amarillo*) ⬭⬭⬭

D Add este, esta, estos or estas to complete the sentences.

1 Quiero ⬭⬭⬭ chaqueta.

2 ¿Cuánto es ⬭⬭⬭ abrigo?

3 ¿Tienes ⬭⬭⬭ pantalón en negro?

4 Quiero ⬭⬭⬭ zapatos en marrón.

5 ⬭⬭⬭ zapatillas son muy bonitas.

E Complete the sentences with the correct form of empezar, terminar, abrir or cerrar.

1 Por la mañana mi trabajo ⬭⬭⬭ a las nueve.

2 Yo ⬭⬭⬭ mis clases a las nueve de la tarde.

3 ¿A qué hora ⬭⬭⬭ la tienda por la mañana?

4 En el pueblo todas las tiendas ⬭⬭⬭ a las siete y media de la tarde.

5 El propietario ⬭⬭⬭ el bar a las ocho de la mañana.

Vocabulario

A

De compras	*Shopping*
aceite (m)	*oil*
arroz (m)	*rice*
bacalao	*cod*
carne (f)	*meat*
cebolla	*onion*
cordero	*lamb*
fruta	*fruit*
galleta	*biscuit*
jamón (m)	*ham*
leche (f)	*milk*
lechuga	*lettuce*
limón (m)	*lemon*
lomo	*pork*
manzana	*apple*
melón (m)	*melon*
merluza	*hake*
mermelada	*marmalade, jam*
naranja	*orange*
pan (m)	*bread*
pasta	*pasta*
pastel (m)	*cake*
patatas fritas	*crisps*
pera	*pear*
pescado	*fish*
plátano	*banana*
pollo	*chicken*
queso	*cheese*
salchicha	*sausage*
sardinas	*sardines*
tomate (m)	*tomato*
trucha	*trout*
uva	*grape*
verdura	*vegetables*
zanahoria	*carrot*
bote (m)	*jar*
caja	*box*
cuarto (kilo)	*quarter (of a kilo)*
docena	*dozen*
gramo	*gram*
kilo	*kilo*
lata	*can, tin*
litro	*litre*
media docena	*half a dozen*
medio kilo	*half a kilo*
paquete (m)	*packet*
¿Algo más?	*Anything else?*
Aquí tiene.	*Here you are.*
Deme . . . (dar)	*Give me . . . (to give)*
Nada más.	*Nothing else.*

B

¿Cuánto es?	*How much is it?*
¿Cuánto vale?	*How much is it?*
¿Cuánto valen?	*How much are they?*
cuesta …	*it costs …*
recibo	*receipt*
valer, costar	*to be worth, to cost*
cerdo	*pig, pork*
charcutería	*delicatessen*
chorizo	*spicy cooked sausage*
cocido/cocida	*cooked*
fresco/fresca	*fresh*
lentejas	*lentils*
piña	*pineapple*
ternera	*veal*
artículo	*article, material*
bronceador (m)	*suntan cream*
droguería	*general store, drugstore, hardware store*
estanco	*kiosk*
farmacia	*pharmacy*
limpieza	*cleaning*
medicinas	*medicines*
papelería	*stationer's*
sello	*stamp*

C

La ropa	*Clothes*
abrigo	*overcoat*
blusa	*blouse*
bolso	*bag*
botas	*boots*
bufanda	*(woollen) scarf*
calcetines (m)	*socks*
camisa	*shirt*
camiseta	*T-shirt*
chaqueta	*jacket, cardigan*
cinturón (m)	*belt*
corbata	*tie*
falda	*skirt*
gorra	*cap*
guantes (m pl)	*gloves*
jersey (m)	*sweater*
medias	*tights*

pantalón/pantolones (m)	*trousers*
pantalones cortos	*shorts*
pañuelo	*handkerchief, headscarf*
sandalias	*sandals*
vaqueros	*jeans*
vestido	*dress*
zapatillas de deporte	*trainers, sports shoes*
zapatos	*shoes*

Los colores	*Colours*
amarillo	*yellow*
azul	*blue*
azul cielo	*sky blue*
azul marino	*navy blue*
beige	*beige*
blanco	*white*
granate	*maroon*
gris	*grey*
marrón	*brown*
morado	*purple*
naranja	*orange*
negro	*black*
rojo	*red*
rosa	*pink*
verde	*green*
claro/a	*light*
oscuro/a	*dark*

D

¿Cómo es físicamente?	*What does he/she look like?*
alto/a	*tall*
bajo/a	*short*
delgado/a	*slim*
gordo/a	*fat*
moreno/a	*dark*
rubio/a	*blonde*

E

¿A qué hora abre?	*What time does it open?*
abierto	*open*
abrir	*to open*
cerrado	*closed*
cerrar	*to close*
empezar	*to begin*
terminar	*to end, to finish*

7 Repaso y ampliación

Prepárate

2.18

a Escribe la palabra correspondiente de la familia debajo de los nombres del árbol familiar.
Write the corresponding 'family' word under the names of the family tree.

9 Clara

8 Antonia **7** Rafael **6** Sara **5** José **YO:JAVIER**

12 David **13** Conchita

3 Marisol **4** Enrique **10** Luis **11** Ana

1 Francisca **2** Jorge

a hermano mayor
b madre
c abuela
d sobrina
e primo
f tía
g abuelo
h hermano menor
i prima
j tío
k cuñada
l padre
m hermana mayor

b Escucha y comprueba.

 — ¡Atención!

hijo/hija	son/daughter
abuelo/abuela	grandfather/grandmother
tío/tía	uncle/aunt
primo/prima	cousin
sobrino/sobrina	nephew/niece
nieto/nieta	grandson/granddaughter
cuñado/cuñada	brother-in-law/ sister-in-law
padrastro/madrastra	stepfather/stepmother
hermanastro/ hermanastra	stepbrother/stepsister
novio/novia	boyfriend/girlfriend (fiancé/fiancée)
mayor	older
menor	younger

A | Así somos

2.19

  Actividad 1

Escucha a seis personas que nos presentan a su familia. Indica qué familia corresponde
a cada una y escribe sus nombres.
*Listen to six people who introduce their family. Indicate which family corresponds to each
one and write their names.*

1   Eduardo

2   Teresa

3   Luisa

4   Isabel

5   Ana

6   Manuel

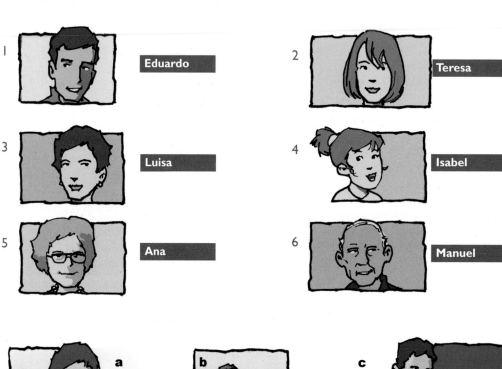

a

b

c

d

e

f

Actividad 2

Practica. Presenta a tres de las familias a tu compañero/a.
Practise. Introduce three of the families to your classmate.

Ejemplo:

Ésta es Isabel. Ésta es su madrastra, se llama Beatriz, y éste es el hermanastro de Isabel, que se llama Pablo.

 ── Gramática ──

Recuerda
Remember that the plural is formed with the masculine form:
abuelo + abuela = abuelos (*grandparents*)
primo + prima = primos (*cousins*)

Demonstrative pronouns
Éste/Ésta es . . .   **This** is . . .
Éstos/Éstas son . . .   **These** are . . .

Possessive adjectives
mi/mis   *my*
tu/tus   *your*
su/sus   *his/her*
de   *of*
el padre **de** Isabel   *Isabel's father (lit. the father of Isabel)*

Verb: ser
(yo) soy   (nosotros/as) somos
(tú) eres   (vosotros/as) sois
(él/ella/usted) es   (ellos/ellas/ustedes) son

! ── ¡Atención! ──

casado/a   *married*
viudo/a   *widower/widow*
divorciado/a   *divorced*
muerto/a   *dead*
soltero/a   *single*
jubilado/a   *retired*
separado/a   *separated*

   2.20 Actividad 3

a María Jesús (Chus) habla de su vida, su familia y sus amigos.
Antes de escuchar, escribe preguntas para María Jesús.
María Jesús (Chus) talks about her life, her family and her friends.
Before you listen, write some questions for María Jesús.

Ejemplo: *¿Cuántos hermanos tienes?*

b Compara tus preguntas con éstas. Escucha y contesta las preguntas.

María Jesús

Preguntas para María Jesús

1 ¿Cómo te llamas?
2 ¿De dónde eres?
3 ¿Cuál es tu profesión?
4 ¿Dónde vives?
5 ¿Dónde está (   )?
6 ¿Puedes hablarme de tu familia?
7 ¿Cómo se llama tu (   )?
8 ¿Cuántos años tienen tus (   )?
9 ¿Tienes novio?
10 ¿Cómo se llama tu mejor amiga?
11 ¿Cómo es?
12 ¿Cómo es su carácter?

Actividad 4
a Completa el texto.

La familia Domínguez

María Asunción Domínguez **1** ( ) de Belchite, en **2** ( ) provincia de Zaragoza.
3 ( ) treinta y cinco años y vive **4** ( ) un pueblo cerca **5** ( ) Barcelona.
6 ( ) casada y **7** ( ) dos niñas de seis años y dos años de edad. **8** ( ) bastante
alta, delgada **9** ( ) morena. **10** ( ) ojos azules. **11** ( ) profesora de español.
Tiene un hermano que se **12** ( ) José Luis, de treinta y un años. El **13** ( ) profesor de
español también. Vive y trabaja en Zaragoza, en **14** ( ) universidad. **15** ( ) alto, muy
delgado, moreno y **16** ( ) ojos verdes.

Sus padres **17** ( ) Miguel y Alicia, y viven en Zaragoza también. Su padre **18** ( )
una pequeña empresa de construcción y su madre **19** ( ) ama de casa. Miguel **20** ( )
gordo y moreno. Alicia **21** ( ) morena y baja. Los dos **22** ( ) muy simpáticos.

---

b Contesta.

¿Quién …

l es delgado?

2 es morena y baja?

3 es profesor de español?

4 vive en un pueblo?

5 tiene ojos verdes?

6 es delgada?

7 está casada?

8 trabaja en casa?

9 tiene dos hijos?

l0 tiene una hermana?

 —— ¡Atención! ——

bastante	quite
bastante alta	quite tall
también	also, as well
una empresa	a business

Actividad 5
Habla de tu familia; usa fotos.

Ejemplo:

A: ¿Eres tú?   **B:** Sí, soy yo.

A: ¿Son tus padres?   **B:** Ésta es mi madre,
                  pero éste es mi
                  tío.

A: ¿Cómo se llama tu   **B:** Se llama Jorge.
     tío?

A: ¿De dónde es?   **B:** Es de Sevilla, pero
                  vive en Italia.

A: ¿Está casado?   **B:** No, está
                  divorciado.

A: Tengo una sobrina. **B:** ¿Cómo es tu
                  sobrina?

A: Tiene cinco años, es rubia
     y muy simpática.

Actividad 6

¿Quién es quién en la playa?

Cada sombrilla tiene un dueño. Averigua quién es quién en esta simpática pandilla y coloca su nombre bajo la sombrilla correspondiente. Usa las pistas.
Each sun umbrella has an owner. Guess who is who in this happy group and write their name under the corresponding umbrella. Use the clues.

a   Carolina no usa bikini, tiene dos hamacas y un lazo igual que el de Susana.

b   Jaime es rubio, su sombrilla es pequeña.

c   Pedro es tan alto como Jaime y no lleva flotador.

d   Daniel no lleva gafas, pero sí camiseta. Se pone lejos de la orilla.

e   Susana tiene el pelo corto, su sombrilla tiene cinco colores.

f   Luis tiene una sombrilla azul y blanca.

g   Ana pone su sombrilla entre la de Pedro y la de Carolina.

B | De viaje

2.21
 ## Actividad 7

a   Escucha la conversación en la oficina de turismo de Zaragoza. Elige la respuesta correcta.

1 ¿Dónde está el Monasterio de Piedra?
   a En la ciudad   **b** Cerca de la ciudad
   c Lejos de la ciudad

2 ¿Qué es Calatayud?
   a Una ciudad pequeña   **b** Una ciudad grande
   c Un pueblo

3 ¿A cuántos kilómetros está el Monasterio de Zaragoza?
   a 115   **b** 150   **c** 15

4 ¿A qué hora abre el Monasterio?
   a 7.30   **b** 8.30   **c** 9.30

5 ¿A qué hora cierra?
   a 19.30   **b** 18.30   **c** 20.30

6 ¿Cuántos meses cierra el Monasterio?
   a 2   **b** 3   **c** 4

7 ¿Cuántos restaurantes hay?
   a 3   **b** 4   **c** 2

b ¿Cuál es el mapa correcto?
Which is the correct map?

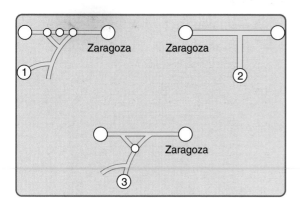

c Lee y completa el diálogo.

María	Por favor, ¿**1** ⬭ un plano de la ciudad?
Empleada	Sí, aquí tiene.
María	Gracias. ¿Dónde **2** ⬭ el Monasterio de Piedra? ¿Está **3** ⬭, en la ciudad?
Empleada	Pues no, no está aquí en Zaragoza.
María	¡Ah! ¿Está **4** ⬭?
Empleada	No, está **5** ⬭. Está **6** ⬭ de Calatayud, una ciudad **7** ⬭, muy bonita, al **8** ⬭ de Zaragoza.
María	¿A **9** ⬭ kilómetros está de aquí?
Empleada	**10** ⬭ ciento quince. Mire, aquí tiene un mapa de la provincia.
María	¿**11** ⬭ se va?
Empleada	¿Tiene usted coche?
María	Sí, sí, **12** ⬭ coche.
Empleada	Bueno, pues va por la carretera de Madrid, y en Calatayud toma a la **13** ⬭ la carretera que va a Molina de Aragón, y es el segundo desvío a la **14** ⬭.

María	Ya . . . Y ¿a qué hora **15** ⬭ el Monasterio?
Empleada	Pues . . . a ver . . . **16** ⬭ a las nueve y media.
María	¿Y a qué hora **17** ⬭?
Empleada	Pues, **18** ⬭ a las siete y media de la tarde.
María	¿Está **19** ⬭ todos los días?
Empleada	Sí, ahora en junio sí, pero está **20** ⬭ del uno de diciembre al uno de marzo.
María	¿**21** ⬭ restaurante en el Monasterio?
Empleada	Sí, **22** ⬭ un restaurante muy **23** ⬭ con comida típica de la zona. También **24** ⬭ un restaurante de comida rápida y dos bares.

d Escucha otra vez y comprueba.

> ! ——— *¡Atención!* ———
>
> | | |
> |---|---|
> | la gasolina (sin plomo) | *(unleaded) petrol* |
> | el recibo | *receipt* |
> | el taller (de reparaciones) | *(repair) workshop* |
> | la gasolinera | *filling/petrol station* |
> | alquiler de coches | *car hire* |
> | el carnet/el permiso de conducir | *driving licence* |
> | el depósito (de gasolina) | *(petrol) tank* |
> | la avería | *breakdown* |
> | la carretera | *(main) road* |
> | la autopista | *motorway* |
> | la matrícula | *registration number* |
> | la grúa | *breakdown truck* |

2.22 Actividad 8

María va en el coche

a Escucha los cuatro diálogos. Di en qué lugar está: señala la foto correspondiente.
Listen to the four dialogues. Say where she is: point to the corresponding photo.

a

b

c

d

b Contesta las preguntas.

Diálogo 1

1 ¿Qué tipo de coche quiere María?
2 ¿Para cuántos días?
3 ¿El coche tiene gasolina?
4 ¿Cómo tiene que devolver el coche?
  How must she bring the car back?

Diálogo 2

5 ¿Dónde está la gasolina sin plomo?
6 ¿Cuánto cuesta?
7 ¿Qué pide María cuando paga?
  What does María ask for when she pays?

Diálogo 3

8 ¿Qué problema tiene María?
9 ¿Qué problema hay en el taller?
10 ¿Dónde hay un taller?

Diálogo 4

11 ¿Qué problema tiene María?
12 ¿Dónde está?
13 ¿Cómo es el coche y cuál es la matrícula?

c Lee y completa el diálogo 1.

María	Por favor, quiero un **1** ⬭.
Empleada	Pues, tengo un Citroen de **2** ⬭ puertas.
María	¿Cuánto cuesta?
Empleada	**3** ⬭ euros por día.
María	Bueno, sí, quiero el Citroen.
Empleada	¿Para cuántos días lo quiere?
María	Para **4** ⬭.
Empleada	¿Su carnet de conducir y el documento de identidad, por favor?
María	Sí, aquí tiene. ¿Está **5** ⬭ el depósito de gasolina?
Empleada	Sí, pero no es gasolina, es diesel. Tiene que traer el depósito **6** ⬭.
María	Bien, gracias.

d Escucha y comprueba.

e Lee lo que dicen los empleados en los diálogos 2, 3 y 4. Escribe las frases de María (del cuadro) en el espacio correcto.

Read what the employees say in dialogues 2, 3 and 4. Write Maria's sentences (from the box) in the gaps.

a	¿Cuánto es, por favor?
b	¿Dónde está la gasolina sin plomo, por favor?
c	¿Hay otro taller en el pueblo?
d	Deme un recibo, por favor.
e	En el kilómetro doscientos veinte.
f	Es un Citroen de color verde.
g	Estoy en la carretera de Madrid.
h	Matrícula 9771 BDF.
i	Oiga . . . Mi coche tiene una avería.
j	Tengo un problema, el coche no funciona . . . Es el motor . . .

Diálogo 2

María	1
Empleado	Mire, está allá, a la izquierda.
María	2
Empleado	Son cincuenta euros.
María	3
Empleado	Sí, aquí tiene.

Diálogo 3

María	4
Empleada	Lo siento, el taller está cerrado. El mecánico no está.
María	5
Empleada	No, pero hay un taller en un pueblo cerca, a quince kilómetros.

Diálogo 4

Mecánico	¿Dígame?
María	6
Mecánico	¿Dónde está?
María	7
Mecánico	Sí, pero ¿dónde exactamente?
María	8
Mecánico	¿Qué coche es?
María	9
Mecánico	¿Qué matrícula es?
María	10
Mecánico	El mecánico va ahora mismo con la grúa.

f Escucha y comprueba.

Actividad 9

Practica diálogos similares.

C | ¿Dónde te alojas?

  Actividad 10

a Mira las fotos y el mapa de la urbanización y escribe la información sin leer el texto.
Look at the photos and the map of the development and write the information without reading the text.

1 ¿Dónde está?   2 ¿Qué hay?   3 ¿Cómo es?

b Compara con tu compañero/a.

URBANIZACIÓN "LA RESERVA DE MARBELLA II"
Apartamentos en venta en la mejor zona de la Costa del Sol

La Zona Residencial "La Reserva de Marbella II" está en la Costa del Sol, a 12 kilómetros de Marbella, a 2 kilómetros del Puerto Deportivo Cabo Pino y a 30 del aeropuerto. Está en una colina, con fantásticas vistas al mar. Está cerca de la playa, a cinco minutos en coche, y también está cerca de las montañas. Las playas son tranquilas y

el agua está muy limpia. Las vistas al mar son espectaculares. Tiene un clima fantástico todo el año, con muchas horas de sol.

Al lado de la urbanización hay un campo de golf con 18 hoyos, club, bares y restaurantes.

Hay apartamentos y duplex con grandes terrazas, garaje y trastero.

Zonas comunes con piscinas para adultos y para niños, jacuzzis y fanstásticos jardines tropicales.

Es un lugar perfecto para vivir o para sus vacaciones.

"La Reserva de Marbella" . . . Calidad de vida.

  Actividad 11

Lee y traduce el folleto para obtener más información. Usa el diccionario.
Read and translate the brochure to get more information. Use a dictionary.

Actividad 12

Mira el plano y las fotos de un apartamento. Escribe una descripción para el folleto.
Look at the plan and the photos of an apartment. Write a description for the brochure.

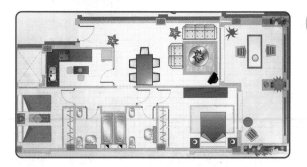

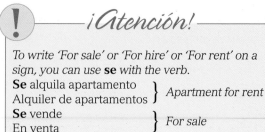

! ——— ¡*Atención!* ———

To write 'For sale' or 'For hire' or 'For rent' on a sign, you can use **se** *with the verb.*

Se alquila apartamento
Alquiler de apartamentos } *Apartment for rent*

Se vende
En venta } *For sale*

2.23

  Actividad 13

María quiere alquilar un apartamento en Cambrils, en el este de España.

a Escucha y completa el anuncio.

b ¿Qué diferencias hay con los apartamentos de "La Reserva"?

CAMBRILS PLAYA

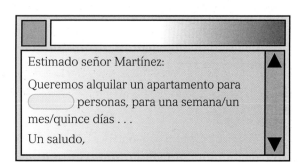

Se alquila apartamento de lujo para **1** ⬭ personas, para el mes de **2** ⬭. El apartamento es **3** ⬭ y muy **4** ⬭. Tiene **5** ⬭ dormitorios, **6** ⬭ baños, cocina-comedor y gran salón. Completamente equipado con lavadora y **7** ⬭. **8** ⬭ terrazas y **9** ⬭ ascensores. Televisión con **10** ⬭, teléfono y conexión para **11** ⬭. Zonas comunes con **12** ⬭ piscinas para mayores y dos para niños. Jardines **13** ⬭ y zona de **14** ⬭ para los niños. Está en el **15** ⬭, pero es muy **16** ⬭. Está **17** ⬭ del puerto deportivo y a **18** ⬭ minutos de la playa a pie.

Situación ideal para familias: A **19** ⬭ km del parque de atracciones.

Precio mes de agosto: 5.500 €   Llamar al señor Martínez al 975 7654321

 Actividad 14

a Haz un diálogo similar para alquilar un apartamento (usa la información de La Reserva).

b Después escribe un email para reservar el apartamento.

Estimado señor Martínez:

Queremos alquilar un apartamento para ⬭ personas, para una semana/un mes/quince días . . .

Un saludo,

D | Un email desde la playa

  Actividad 15

Toni está de vacaciones. Lee su email y rellena los espacios en blanco con las palabras del cuadro.

Toni is on holiday. Read his postcard and fill the gaps with words from the box.

Hola, María

¡Estoy de vacaciones! **1** ⟨_____⟩ en un apartamento de "La Reserva" que **2** ⟨_____⟩ en una urbanización, cerca de Marbella. **3** ⟨_____⟩ una zona muy bonita. En los apartamentos **4** ⟨_____⟩ una piscina muy grande. Nuestro apartamento no **5** ⟨_____⟩ muy grande, pero **6** ⟨_____⟩ muy cómodo y **7** ⟨_____⟩ muy limpio. También **8** ⟨_____⟩ una terraza muy grande que **9** ⟨_____⟩ enfrente de la piscina. **10** ⟨_____⟩ una ciudad muy bonita, muy cerca, que se llama Marbella. La ciudad tiene dos zonas, una zona **11** ⟨_____⟩ moderna y otra antigua. Las casitas de la ciudad antigua **12** ⟨_____⟩ muy viejas, **13** ⟨_____⟩ pintadas de color blanco y **14** ⟨_____⟩ muchas flores. La zona antigua **15** ⟨_____⟩ muy tranquila porque no **16** ⟨_____⟩ coches. Todos los días **17** ⟨_____⟩ tarde y **18** ⟨_____⟩ en la terraza, después **19** ⟨_____⟩ la comida en el supermercado y **20** ⟨_____⟩ a la playa. **21** ⟨_____⟩ en el mar, **22** ⟨_____⟩ el sol (¡pero no mucho!) y **23** ⟨_____⟩ un aperitivo en el chiringuito (un bar de la playa). **24** ⟨_____⟩ a casa y **25** ⟨_____⟩. Después **26** ⟨_____⟩ la siesta y **27** ⟨_____⟩ un café con hielo. Por la noche **28** ⟨_____⟩ a la discoteca con mis amigos. ¡**29** ⟨_____⟩ a la cama muy tarde! ¡Qué vida!

Hasta pronto.
Toni

---

como   compro   desayuno   duermo   es (x5)   está (x3)   están   estoy   hay (x3)   me baño
me levanto   son   tiene   tienen   tomo (x2)   voy (x3)   bebo   vuelvo

---

 Actividad 16

Escribe un email a tus amigos desde tu lugar de vacaciones.

Write an email to your friends from your holiday resort.

2.24

Actividad 17

Toni pasa el día en Marbella y va a estos lugares

Banco de Europa
GRUPO "LA CAIXA"

a Escucha los dialogos y di en qué lugar está Toni y qué quiere.

b Decide en cuál de los tres sitios se dicen estas frases.

a	¿Dónde está el cajero automático, por favor?
b	¿Dónde está el probador?
c	¿Tiene bocadillos?
d	Bien. Quiero la camiseta. ¿Cuánto cuesta?
e	Bueno, pues, quiero cambiar 100 libras en euros.
f	La cuenta, por favor.
g	Los pantalones son muy grandes.
h	No, con dinero.
i	Perdone, pero no funciona.
j	Pues, una ración de calamares.
k	Quiero probarme la camiseta y estos pantalones.
l	Una cerveza, por favor.

c Escribe las frases en los diálogos.

Diálogo 1

A: ¿Qué va a tomar?

B: 1

A: ¿Algo más?

B: 2

A: No, pero tenemos raciones y tapas.

B: 3

A: Aquí tiene.

B: 4

A: Son diez euros.

Diálogo 2

B: 5

A: Sí, claro.

B: 6

A: Al final del pasillo a la izquierda. ¿Qué tal?

B: 7

A: ¿Y la camiseta?

B: 8

A: Son treinta euros. ¿Paga con tarjeta?

B: 9

Diálogo 3

B: 10

A: Está allí, a la derecha.

B: 11

A: Pues lo siento, hay otro, pero está lejos.

B: 12

d Escucha y comprueba.

Actividad 18

Haz diálogos similares. Usa las frases de los diálogos anteriores.

Cambia comida, bebida, ropa y cantidad de dinero.

Make up similar dialogues. Use the sentences from the previous dialogues. Change the food, drink, clothes and amount of money.

E | Test

 Actividad 19

Completa el test. Tiene 100 puntos. Al final, repasa los que no sabes.

1 Escribe cuatro saludos. (*2 puntos*)
Ejemplo: *Buenos días.*

2 Escribe las preguntas. (*5 puntos*)
Ejemplo: Soy Ana. → *¿Quién es usted?/*
¿Quién eres?
a Me llamo Teresa. b Soy profesora.
c Soy de España. d Tengo 30 años.
e Tengo un hermano.

3 Escribe la nacionalidad (masculino y femenino).
(*2 puntos*)
Ejemplo: México → *mexicano/mexicana*
a Chile b Irlanda c Brasil d Venezuela

4 Escribe seis personas de la familia. (*3 puntos*)
Ejemplo: *la hermana*

5 Escribe los números de teléfono siguientes.
(*9 puntos*)
Ejemplo: 49 22 10 → *cuarenta y nueve,*
veintidós, diez
a 38 10 27 b 55 00 68 c 23 35 43

6 Escribe seis comidas. (*3 puntos*)

7 Escribe seis bebidas. (*3 puntos*)

8 Escribe las palabras que faltan. (*5 puntos*)
A: 1 ¿( ) patatas fritas?
B: No, no 2 ( ) patatas fritas.
A: ¿Qué 3 ( )?
B: Yo 4 ( ) jamón.
A: Pero no 5 ( ) jamón.

9 Escribe las palabras que corresponden. (*3 puntos*)
Ejemplo: Sr. → *señor*
a Sra. b 2° c Pza. d C/ e Srta. f Avda.

10 Escribe tres datos de Zaragoza. (*3 puntos*)
a ¿Dónde está? (NE España)
b ¿Habitantes? (800.000)
c ¿Distancia de Madrid? (300 km)

11 Escribe seis frases que indican dirección y
posición. (*6 puntos*)
Ejemplo: *a la derecha*

12 Completa el diálogo en un hotel. (*2 puntos*)
Quiero una 1 ( ) individual con
2 ( ) para cinco 3 ( ). No
quiero media pensión, quiero 4 ( ) sólo.

13 Escribe las fechas. (*6 puntos*)
Ejemplo: 8/5 → *el ocho de mayo*
a 13/4 b 25/12 c 15/1 d 30/7
e 12/11 f 11/5

14 Escribe seis servicios que hay en un hotel.
(*3 puntos*)
Ejemplo: *bar–restaurante*

15 Escribe cuatro habitaciones de la casa. (*2 puntos*)

16 Escribe cuatro adjetivos para contestar estas
preguntas. (*2 puntos*)
a ¿Cómo es la casa?
b ¿Cómo está la casa?

17 Escribe seis actividades de la vida diaria. (*6 puntos*)

18 Escribe las horas. (*3 puntos*)
Ejemplo: 16.00 → *Son las cuatro de la tarde.*
a 15.30 b 10.45 c 07.40 d 19.15
e 13.05 f 22.25

19 Escribe seis cualidades de una persona. (*3 puntos*)
Ejemplo: *tranquilo*

20 Escribe seis colores. (*3 puntos*)

21 Escribe seis nombres de tiendas. (*3 puntos*)

22 Completa las frases. (*3 puntos*)
Ejemplo: un **paquete** de azúcar
a una ( ) de sardinas
b una ( ) de leche
c media ( ) de huevos
d un ( ) de mermelada
e una ( ) de galletas
f un ( ) (= 250 g) de jamón

23 Escribe estos números en cifras. (*6 puntos*)
Ejemplo: cinco mil setecientos → *5,700*
a dos mil ochocientos diez
b trescientos cuarenta
c cinco mil quinientos noventa y cinco
d seiscientos setenta
e tres mil ciento dos
f siete mil novecientos cincuenta y tres

24 Escribe dos objetos que compras en cada
tienda. (*4 puntos*)
a farmacia b estanco c papelería
d perfumería

25 Escribe seis artículos de ropa. (*3 puntos*)

26 Escribe seis adjetivos que describen físicamente
a una persona. (*3 puntos*)

27 Completa las frases. (*4 puntos*)
a La tienda ( ) a las nueve de la
mañana y ( ) a las ocho de la tarde.
b La película ( ) a las siete y
( ) a las nueve.

Total: ( )/100 puntos

2.25 Vocabulario para la próxima lección

Actividades del tiempo libre

bailar

viajar

leer

cocinar

ver la televisión

ir al cine

hacer deporte

pasear

mirar escaparates

salir con amigos

pasarlo bien

no hacer nada

Vocabulario

La familia	**The family**
abuelo/abuela	grandfather/grandmother
casado/a	married
cuñado/cuñada	brother-in-law/sister-in-law
divorciado/a	divorced
hermanastro/hermanastra	stepbrother/stepsister
hijo/hija	son/daughter
jubilado/a	retired
madrastra	stepmother
mayor	older
menor	younger
muerto/a	dead
nieto/nieta	grandson/granddaughter
novio/novia	boyfriend/girlfriend (fiancé/fiancée)
padrastro	stepfather
primo/prima	cousin
separado/a	separated
sobrino/sobrina	nephew/niece
soltero/a	single
tío/tía	uncle/aunt
viudo/a	widower/widow

En la carretera	**On the road**
alquiler (m) de coches	car hire
autopista	motorway
avería	breakdown
carnet (m)/permiso de conducir	driving licence

carretera	(main) road
colina	hill
depósito (de gasolina)	(petrol) tank
gasolina (sin plomo)	(unleaded) petrol
gasolinera	filling/petrol station
grúa	breakdown truck
matrícula	registration number
recibo	receipt
taller (m) (de reparaciones)	(repair) workshop

Apartamentos de vacaciones	**Holiday apartments**
apartamento de lujo	luxury apartment
cajero automático	cash point
campo de golf	golf course
clima (m)	climate
dúplex (m)	two-storey apartment
equipado/a	equipped
espectacular	spectacular
hoyo	hole (of golf)
lavadora	washing machine
probador (m)	changing room (in a clothes shop)
probarse	to try on
puerto deportivo	marina
se alquila	for rent
tranquilo/a	calm, quiet
trastero	store room
vista	view

8 ¿Qué te gusta?

Topic areas

A Likes and dislikes: pastimes, activities, food
B Personal details
C Opinions: what you think of your town
D Describing what you do in your free time

Language focus

Verbs: *gustar/encantar* + noun: *Me gusta el cine.*
+ verb: *Me gusta bailar.*
preferir, nadar, cocinar, bailar, viajar.
Verbs in the plural: *salimos, tomamos, nos reunimos, vamos*
Object pronouns: *me, te, le, nos, os, les; me gusta, le encanta*
Vocabulary: pastimes

Prepárate

  2.26

a Une las palabras con los dibujos.

1 la música	5 la televisión	9 el chocolate
2 los deportes	6 las fiestas	10 la cerveza
3 el parque	7 el cine	11 las hamburguesas
4 el teatro	8 la fruta	

b Escucha.

A | Me gusta la música

  2.27

Actividad 1

a Lee los ejemplos.

Me gusta la música; me gustan las fiestas.
No me gusta el teatro; no me gustan los deportes.

b Escucha y marca los dibujos de **Prepárate** con
✓ o ✗.

 ## Actividad 2

Practica. ¿Qué te gusta? ¿Qué no te gusta? Habla y
escribe frases.
*Practise. What do you like? What don't you like? Say
and write sentences.*

Ejemplo
Me gusta la música.
No me gustan los deportes.

 ── *Gramática* ──

(No) me gust**a** la música.   *singular*
(No) me gust**an** los deportes.   *plural*

  2.28

Actividad 3

Rosa habla de su tiempo libre

Escucha y marca con ✓.

	Le gusta(n) ☺	No le gusta(n) ☹
la música		
los libros		
el fútbol		
la bicicleta		
la familia		
las películas		

María Teresa	¿Qué haces en tu tiempo libre?
Rosa	No tengo mucho tiempo libre pero me gusta la música y me gusta leer, me gustan las novelas españolas.
María Teresa	¿Te gustan los deportes?
Rosa	No me gustan los deportes; me gusta el ciclismo pero en la ciudad hay mucho tráfico.
María Teresa	¿Qué más te gusta?
Rosa	Me gusta estar con mi familia. Me gusta salir al parque con mis hijas. Me gusta pasear.
María Teresa	¿Te gustan los restaurantes?
Rosa	Sí, mucho. Me gustan los restaurantes, y me gusta el teatro también. A veces mi marido y yo vamos al teatro y después cenamos en un restaurante.
María	¿Te gusta el cine?
Rosa	No mucho. Prefiero el teatro.

¡Atención!

leer	*to read*
la novela	*novel*
pasear	*to go for a walk*
preferir	*to prefer*
salir	*to go out*

 ## Gramática

Me gusta el cine.	*I like the cinema.*
Me gusta **ir** al cine.	*I like **going** to the cinema.*
Me gusta la música.	*I like music.*
Me gusta **escuchar** música.	*I like **listening** to music.*

 ## Actividad 4

Haz frases. Practica.

	la fruta.
	comer en restaurantes.
	los deportes.
	practicar el ciclismo.
	ir a las fiestas.
(No) me gusta	el cine.
(No) me gustan	leer.
	salir.
	la música.
	ver la televisión.

2.29

 ## Actividad 5

a Escucha y practica.

¿Te gusta la televisión?

No mucho. Me gusta el cine.

¿Te gusta viajar?

Sí. Me gusta mucho viajar.

Continúa.

b Busca a alguien a quien le gusta …
Find someone who likes …

• nadar • cocinar • comer en restaurantes • bailar
• la playa • viajar • leer • estudiar • la televisión
• el cine • el teatro • las montañas

¿Qué actividades son más populares en tu clase?

 ## ¡Atención!

nadar	*to swim*
cocinar	*to cook*
bailar	*to dance*
viajar	*to travel*

Actividad 6

Lee el texto y completa la información.

1 A Inés y a Marisa les gusta . . .

2 A Inés le gusta . . .

3 A Marisa le gusta . . .

> Me gusta sentarme y no hacer nada, sólo descansar. También me gusta leer, escuchar música – me encanta la música clásica, me encantan las orquestas grandes. Me gusta pintar, ir al cine o al teatro y salir con mis amigos. Me encanta bailar. El problema es que estoy siempre muy ocupada y no tengo tiempo libre.

> Los fines de semana me gusta cocinar. Me gusta mucho hacer platos especiales e invitar a mis amigos a cenar en casa. Leo todo lo que puedo. También me encanta pasear por la ciudad, mirar escaparates y salir con mis amigos. Pero lo que más me gusta es ir al cine. Lo que ocurre es que casi nunca tengo tiempo libre.

Marisa tiene 19 años y es de Madrid, España. Es actriz.

Ines tiene 18 años y es de Buenos Aires, Argentina. Es modelo.

Gramática

me gusta	*I like*
te gusta	*you like*
le gusta	*he/she likes, you like*
nos gusta	*we like*
os gusta	*you like*
les gusta	*they like, you like*

Me gusta mucho. *I like it very much.*
Me encanta pasear. *I love walking.*
(Encantar *acts like* gustar.)

B | Los datos personales

  ### Actividad 7

Mira la información de Alex y escribe un párrafo sobre él.

Usa frases con **se llama, es de, tiene, le gusta, no le gusta**, etc.

DATOS PERSONALES

Nombre	**Alejandro**
Fecha de nacimiento	**12-5-90**
Lugar de nacimiento	**Salamanca**
Signo	**Tauro**
Talla	**1,83m**
Ojos	**marrones**
Aficiones	**coches antiguos, boxeo, correr, hablar, salir con amigos**
Profesión	**mecánico de automóviles**
Adora	**la naturalidad, la sinceridad**
Detesta	**la superficialidad, la vanidad**

2.30

Actividad 8

a Mira la foto de esta actriz y artista de televisión. ¿Cómo es? Adivina. Completa la información y compara con un(a) compañero/a.

LYDIA BOSCH

Signo zodiacal:
Lugar de nacimiento (España):
Color favorito:
Bebida:
Comida:
Ropa:
Deporte:
Tipo de hombre:
Animal:

b Ahora escucha y comprueba.

   ### Actividad 9

Trabaja en grupos. Usa la ficha de Actividad 8. Adivina la información sobre una persona de la clase. Pregunta a la persona.

Work in groups. Use the same form as Activity 8. Guess the personal details of someone in the class. Then ask the person to check the information.

Ejemplo

A: ¿Te gusta el café?

B: No, no me gusta el café. Prefiero el té.

Actividad 10

Estas personas quieren compartir piso. Lee los detalles y une a las personas que tienen algo en común.

These people want to share a flat. Read the details and match the people who have something in common.

Ejemplo:

A + D – Ana y Javier, porque les gusta bailar.

A Ana Ramírez
- Le gusta mucho bailar.
- Le gusta ir de compras.
- Hace ejercicio pero no hace deportes.
- Tiene un gato.

B María Soto
- Le encanta leer novelas clásicas.
- Hace mucho deporte.
- Le encanta el cine comercial.
- Sale mucho.

C Lola Martín
- Le gusta la música rock pero sólo cuando está sola.
- Le gusta el cine, pero no va mucho.
- Le gusta leer novelas.
- No le gusta bailar.

D Javier García
- No le gustan los deportes.
- No le gusta ir de compras.
- No tiene animales pero le gustan.
- Le encantan las discotecas.

E Juan Domínguez
- Le gusta el cine y la televisión.
- Le encanta la música pop pero no la música clásica.
- Odia las discotecas.
- Le gusta leer las noticias.

F Fernando Gil
- No sale mucho; le gusta estar solo.
- Le gusta hacer ejercicio.
- Le gusta el teatro; le gusta actuar.
- Le gusta leer novelas policíacas.

Actividad 11

Trabaja en grupos. Usa la información de una de las personas de Actividad 10 y encuentra a la persona con quien quieres compartir piso. Haz preguntas.

Work in groups. Use the information about one of the people in Activity 10 and find the person with whom you want to share the flat. Ask questions.

Ejemplo

Ana: ¿Te gusta bailar?
Lola: No, no me gusta bailar.

Actividad 12

a Tú eres María Soto de Actividad 10. Escribe un email con tus datos.

>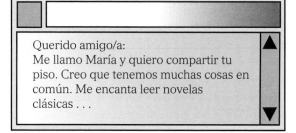
>
> Querido amigo/a:
> Me llamo María y quiero compartir tu piso. Creo que tenemos muchas cosas en común. Me encanta leer novelas clásicas . . .

b Elige a otra persona y escribe un email.

C | ¿Qué opinas de tu ciudad?

  2.31

Actividad 13

a Lee las opiniones y las frases sobre la ciudad. Marca si son positivas (✓) o negativas (✗).

1 El ambiente y la gente que hay
2 El parque grande
3 El tráfico, los humos y la contaminación
4 Es una ciudad moderna.
5 Las pastelerías y los cines
6 Los autobuses urbanos
7 Los bares con mucho ruido
8 Los edificios y el tráfico
9 Siempre está el sol en el cielo.
10 Tiene muchos cines y teatros y sitios para poder divertirte.

b Escucha y marca quién dice cada frase.

c Comprueba si las opiniones son positivas o negativas.

 ¡Atención!

el ambiente	*the atmosphere*
los humos	*smoke and fumes*
la contaminación	*pollution*
el ruido	*noise*
el cielo	*sky*
divertirse	*to enjoy oneself*

Charo

Luisa

Virginia

Yolanda

2.32

Actividad 14

a Escucha y lee lo que dicen estas personas sobre sus ciudades. Busca cuatro cosas positivas y cuatro cosas negativas de ellas y completa el cuadro.

I Ciudad de México

Vivo en Ciudad de México. Me gusta mucho porque es una ciudad muy interesante, pero lo malo es que es demasiado grande y viajar por la ciudad es difícil. El transporte no es muy bueno y hay muchísimo tráfico. Lo bueno de Ciudad de México es el ambiente y la gente, que es muy simpática. Hay muchas tiendas modernas y monumentos muy interesantes. El problema es que hay mucha contaminación. El teatro de Bellas Artes es magnífico y el parque de la Alameda Central me encanta. El Museo Nacional de las Culturas es fantástico.

2 Barcelona

Vivo en Barcelona. Me encanta Barcelona porque está al lado del mar y me gusta la playa. Me gusta también la vida cosmopolita y las galerías de arte. Me encanta la ciudad antigua y los edificios del arquitecto Gaudí, como la Sagrada Familia. Los parques son muy bonitos, el Tibidabo y Monjuicht, desde allí las vistas al mar y a la ciudad son fantásticas. Pero hay mucha gente en Barcelona, hay demasiados turistas y yo prefiero una ciudad más tranquila. También hay mucha contaminación y es una ciudad muy cara.

3 Madrid

Vivo en Madrid. Es una ciudad moderna con muchas tiendas estupendas. Me gusta mucho la vida nocturna. Hay mucho ambiente en la ciudad. La gente es muy simpática. Es una capital muy bonita y aunque hay mucho tráfico, el transporte es bueno, el metro es muy rápido y cómodo, y tiene aire acondicionado en verano, lo que es muy importante porque en Madrid hace demasiado calor. No me gusta mucho el clima y la contaminación en verano, las temperaturas son muy altas. Lo malo es que está lejos del mar y me encanta el mar.

	Lo bueno	Lo malo
Ciudad de México		
Barcelona		
Madrid		

b Elige una ciudad y habla sobre ella.

Ejemplo

Lo bueno de Barcelona es . . .

Actividad 15

Escribe una carta a tu amiga mexicana sobre tu ciudad/pueblo. Contesta sus preguntas.

1 ¿Cómo se llama tu ciudad/pueblo?
2 ¿Dónde está?
3 ¿Cómo es?
4 ¿Te gusta?
5 ¿Qué te gusta más de tu ciudad?
6 ¿Qué te gusta menos de tu ciudad?
7 ¿Qué hay en tu ciudad? ¿Hay mercados, museos, tiendas, parques, monumentos, etc.?
8 ¿Cómo son las tiendas, los parques, los museos, los mercados, los monumentos?
9 ¿Qué hay en estos lugares?
10 ¿Cómo es la gente?

D | ¿Qué haces en tu tiempo libre?

2.33

  Actividad 16

a Antes de escuchar, escribe los verbos del cuadro en los espacios adecuados.

| empieza   nos reunimos   salgo   salimos (×3) |
| tomamos   trabajo   vamos (×2) |

María Los fines de semana 1 ⬭ por ahí.
Jesús Para mí, el fin de semana 2 ⬭ el sábado por la tarde ya que el sábado por la mañana 3 ⬭. Por la tarde 4 ⬭ todos los amigos en un bar y 5 ⬭ por ahí, 6 ⬭ copas en los bares, 7 ⬭ a la discoteca y después 8 ⬭ a dormir a casa a las seis o las seis y media de la mañana. El domingo 9 ⬭ por la mañana a tomar vermut y por las tardes también 10 ⬭ de bares, a la discoteca o al cine.

 ¡Atención!

reunirse	to meet
nos reunimos	we meet
por ahí	out, around

b Escucha y comprueba. Haz una lista de las cosas que hace María Jesús con sus amigos.

Ejemplos

Nos reunimos en un bar, vamos al cine ...

 Gramática

Plurales

tomar	Tom**amos** algo.	*We have something to drink.*
	¿Qué tom**áis**?	*What do **you have**?*
	Tom**an** vino.	*They **have** wine.*
comer	com**emos**	*we eat*
	¿Qué com**éis**?	*What do **you eat**?*
	com**en** tapas	*They **eat** tapas.*
salir	sali**mos**	*we go out*
	¿Adónde sal**ís**?	*Where do **you go out**?*
	Sal**en** a los bares.	*They **go out** to bars.*

  Actividad 17

Cuando sales con tus amigos, ¿qué hacéis? Habla y escribe. Usa el texto de María Jesús como ayuda.

Ejemplo

Mis amigos y yo (nosotros) vamos al centro ...

2.34

  ## Actividad 18

a Escribe lo que hace María Jesús en tercera persona.

Los fines de semana María Jesús **sale** por ahí. Para ella, el fin de semana empieza el sábado por la tarde ya que el sábado por la mañana trabaja. Por la tarde se reunen todos los amigos en un bar y …

Continúa

b Escucha y comprueba.

2.35

  ## Actividad 19

a María y Ana son gemelas. Escucha y completa los detalles.

¿Qué hacen María y Ana juntas?
¿Qué hace María?
¿Qué hace Ana?

	María y Ana	María	Ana
1			
2			
3			
4			
5			

b Haz preguntas a María y Ana para conocerlas mejor.

En casa o en clase

 ## Actividad 20

Lee la carta de unos amigos que están de vacaciones. Indica si las frases son verdaderas (✓) o falsas (✗).

> ¡Hola!
>
> Estamos de vacaciones en la montaña. ¡Es estupendo! Todos los días vamos de excursión. Subimos a la montaña, llevamos la comida y comemos en el campo. Visitamos los pueblos de la zona y hacemos muchas fotos porque los monumentos son fantásticos, hay muchas iglesias y castillos. Tenemos muchos amigos y salimos con ellos por las tardes – cenamos juntos, tomamos copas y vamos a la discoteca del pueblo. Los niños están muy contentos, también tienen muchos amigos, juegan mucho y van con ellos en bicicleta por el campo. En el pueblo hay una piscina y nos bañamos a veces, pero el agua está muy fría. La comida es excelente, generalmente cenamos en un restaurante pequeño que tienen unos amigos y cocinan muy bien. No queremos volver a la ciudad, preferimos vivir aquí, pero tenemos que volver pronto a la oficina. ¡Qué pena!
>
> Hasta pronto,
> Jorge, Ana y los niños

1 Están en la playa.
2 Les gusta estar de vacaciones.
3 Durante las excursiones, llevan comida.
4 Visitan los monumentos.
5 No hay nada que hacer en el pueblo.
6 A los niños no les gustan las vacaciones.
7 Los niños van en bicicleta en el pueblo.
8 El agua de la piscina no está caliente.
9 La comida no es buena.
10 Tienen que volver para trabajar.

Actividad 21

Marta Domínguez es una actriz infantil y ha aparecido en muchos programas de televisión y en muchas películas para niños. Pero ya cumple dieciocho años.

Marta Domínguez prefiere el mar a las salidas nocturnas por Mallorca

Ya es una mujer. Tras años de hacer papeles de niña en los programas de la tele y de sus muchas películas, Marta Domínguez ha cumplido los dieciocho años. Ya no es una niña. En sus vacaciones en Mallorca, sus aficiones son salir a tomar copas, escuchar música rock y hablar de política.

Marta Domínguez ha empezado en Mallorca sus vacaciones, donde tiene un apartamento. A la ex-actriz infantil le gusta salir a navegar en el yate Estrella, propiedad de sus padres, tomar el sol en su cubierta y bañarse en el mar o en la piscina. Unas cuantas noches a las semana sale hasta la madrugada a tomar copas, muchas veces acompañada de su hermana mayor, la también actriz, Sara, y de sus primas, o de amigas que ha traído invitadas desde Madrid. El lugar que más frecuenta en sus salidas nocturnas es la terraza del bar El Sol, situado en la playa.

A Marta le gusta mucho la música y tiene en el apartamento mucha música de grupos de rock españoles y extranjeros, aunque en sus momentos de relax a veces prefiere la música clásica. Prefiere la ropa informal a la de vestir, y todo el verano lleva puestos una gorra de sol y pantalones cortos de distintos colores.

a Lee el texto y escribe dos frases sobre el tiempo libre, la ropa y su familia.

b Completa el texto.

Marta Domínguez **1** (⬭⬭⬭) el sol en el yate Estrella y **2** (⬭⬭⬭) en el mar. Le gusta **3** (⬭⬭⬭) por la noche. **4** (⬭⬭⬭) a un bar que **5** (⬭⬭⬭) El Sol. Marta **6** (⬭⬭⬭) coca cola o tónica y a veces **7** (⬭⬭⬭) copas.

c Una entrevista con Marta Domínguez. Haz las preguntas – éstas son las respuestas.

1 Me gusta el zumo de naranja.

2 Mis amigos y yo vamos a un bar.

3 Me gusta la música clásica.

4 Tengo dieciocho años.

5 Sara.

6 Informal.

d ¿Qué significan estas palabras? (Usa el diccionario.)

1 la madrugada

2 el/la invitado/a

3 el lugar

4 frecuentar

5 extranjero

6 la ropa de vestir

7 la gorra de sol

Rincón cultural

Salir de juerga

A los españoles les gusta mucho salir de casa a divertirse. Los bares y las cafeterías son muy populares en España; hay muchísimos y la mayoría están llenos de gente durante todo el día y gran parte de la noche, los siete días de la semana. Se puede tomar café, refrescos o alcohol, se puede comer. Allí pasan las tardes familias enteras, con niños incluidos. Mucha gente sale de paseo y a tomar algo casi todas las tardes. Los bares y las cafeterías abren durante la mayor parte del día y hasta muy tarde por la noche.

Y después podemos ir a las discotecas. Las discotecas abren a la una o las dos de la mañana y cierran a las seis de la madrugada o más tarde.

A los españoles les encanta salir de juerga por la noche, a veces hasta el día siguiente.

Autoevaluación

A   Say what you like and what you like doing in your spare time
Say what other people like and like doing in their spare time
Ask if someone likes something or likes doing something

B   Give information about yourself and other people
Ask other people about themselves

C   Give opinions about your city
Understand people's opinions about their city

D   Talk about what you do with your friends in your spare time

2.36

 # Vocabulario en casa

Los deportes

Une las fotos y los deportes. Sigue las líneas para comprobar.
Match the photos and the sports. Follow the lines to check.

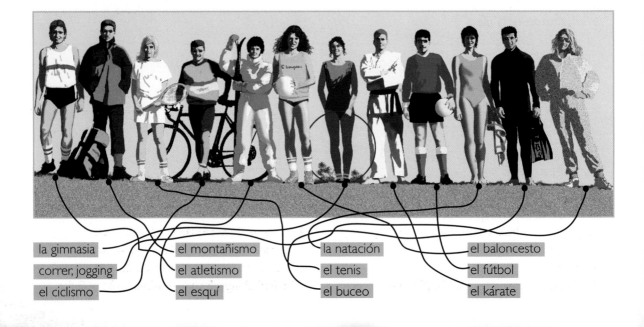

la gimnasia	el montañismo	la natación	el baloncesto
correr, jogging	el atletismo	el tenis	el fútbol
el ciclismo	el esquí	el buceo	el kárate

2.37

Vocabulario para la próxima lección

enamorado/a	in love
enfadado/a	angry
triste	sad
preocupado/a	worried
contento/a	happy, content, pleased
bien	well, all right
regular	OK, all right, not bad, average
mal	ill, fed up
enfermo/a	ill
estar resfriado/a	to have a cold

Gramática y ejercicios

Verbos

gustar

The verb gustar is used to describe things you like and things you like doing. But it works in a slightly different way from the English verb 'to like'.

Me gust**a** la música. (singular)	I like music. (lit. Music pleases me.)
Me gust**an** los deportes. (plural)	I like sports. (lit. Sports please me.)

So, for singular things, use the third person singular of the verb (gusta), and for plural things, use the third person plural of the verb (gustan).

When you talk about something you like, use the object pronoun me:

Me gusta el cine.   I like the cinema.

When you talk about something someone else likes, use the object pronoun le:

Le gusta el cine.   He/She likes the cinema.

The full list is as follows:

me gusta	I like
te gusta	you like
le gusta	he/she likes, you like (formal)
nos gusta	we like
os gusta	you like
les gusta	they like, you like (formal)

You can also use gustar followed by a verb in the infinitive to talk about what you like doing.

Me gusta **bailar.**	I like dancing.
¿Te gusta **jugar** al fútbol?	Do you like playing football?

Other verbs that work in this way are encantar and interesar.

Me encanta el teatro.	I love the theatre.
Me interesa la historia.	I'm interested in history.

Formas plurales   *Plural forms*

You have already seen the complete conjugations of many verbs. Here are some of the plural forms.

tomar

(nosotros/as) tom**amos**	we have (something to eat or drink)
(vosotros/as) tom**áis**	you have (" ")
(ellos/ellas/ustedes) tom**an**	they/you have (" ")

comer

(nosotros/as) com**emos**	we eat / have lunch
(vosotros/as) com**éis**	you eat
(ellos/ellas/ustedes) com**en**	they/you eat

salir

(nosotros/as) sal**imos**	we go out / leave
(vosotros/as) sal**ís**	you go out / leave
(ellos/ellas/ustedes) sal**en**	they/you go out / leave

ir

(nosotros/as) **vamos**	we go
(vosotros/as) **vais**	you go
(ellos/ellas/ustedes) **van**	they/you go

Notice that, even with irregular verbs like salir, the first and second person plurals are in the regular form.

Lo + adjetivo + **de**   *Lo + adjective + de*

Lo, *when used with an adjective followed by* de *means 'the _____ thing about'.*

Look at these examples of this structure:

Lo bueno **de** la ciudad es el ambiente.

***The** good **thing about** the city is its atmosphere.*

Lo malo **de** Barcelona es la contaminación.

***The** bad **thing about** Barcelona is the pollution.*

Ejercicios

A Complete the sentences with the correct form of gustar.

1 Me gust (____) la música.
2 ¿Te gust (____) leer?
3 Le gust (____) las discotecas.
4 No me gust (____) el teatro.
5 No me gust (____) los deportes.

B Write the following sentences in Spanish.

1 She likes cooking.
2 We like going out.
3 They don't like sports.
4 I like dancing.
5 Do you like studying?

C Complete these sentences with lo bueno or lo malo.

1 (____) de París es el río tan bonito.
2 (____) de mi ciudad es el tráfico.
3 (____) del libro es la historia tan interesante.
4 (____) de Barcelona es la contaminación.
5 (____) de Londres son los parques.

D Complete the story with the correct form of the verbs in brackets.

Los fines de semana mis amigos y yo **1** (____) (salir) por la noche y **2** (____) (ir) al centro de la ciudad. **3** (____) (cenar) en un restaurante y **4** (____) (tomar) unas copas. Después **5** (____) (bailar) en una discoteca o **6** (____) (ver) una película.

Vocabulario

A

Me gusta la música	*I like music*
ciclismo	cycling
deportes (m pl)	sports
descansar	to relax, to rest
fiesta	party
gustar	to please (like)
hamburguesa	hamburger
mirar escaparates	to go window shopping
nunca	never
ocupado/a	busy
plato especial	special dish
practicar (el ciclismo)	to practise (cycling)
sentarse	to sit down
tiempo libre	free time

B

Los datos personales	**Personal details**
adorar	to adore
afición (f)	hobby, pastime
boxeo	boxing
detestar	to detest
fecha de nacimiento	date of birth
lugar (m) de nacimiento	place of birth
odiar	to hate
signo	(astrological) sign
talla	(clothes) size
vanidad (f)	vanity

C

¿Qué opinas de tu ciudad?	**What do you think of your city?**
aunque	although, even though
como	like
demasiado (grande)	too (big)
estupendo/a	great, wonderful
gente (f)	people
lo malo	the bad thing
magnífico/a	magnificent
mar (m)	sea
muchísimo	a lot, very much
poder	to be able
sitio	place, location
vida nocturna	night life

D

¿Qué haces en tu tiempo libre?	**What do you do in your spare time?**
extranjero/a	foreign
frecuentar	to frequent
gorra de sol	sunhat
invitado/a	guest
lugar (m)	place
madrugada	early hours of the morning
vermut (m)	vermouth
ya que	as, because of the fact that

NUEVE
9 ¿Quieres salir?

Topic areas

A Inviting people
   Accepting and refusing invitations, giving reasons; saying how you feel
B Explaining problems and giving advice
C Future plans: explaining what you are going to do
D Arranging to go to the cinema, asking about times, buying tickets
   Describing different types of film

Language focus

Verbs: *querer* + infinitive: *¿Quieres ir al cine?*
         poder + infinitive: *No puedo ir.*
         estar + adjectives of temporary state
Adjectives of feelings: *cansado/a, enfermo/a, resfriado/a, triste, enfadado/a, ocupado/a*
Personal pronouns + preposition *con: conmigo, contigo, con él, con ella*
Advice: *tener que* + verb infinitive: *Tienes que ir al médico.*
Future: *ir + a* + verb infinitive: *Voy a cenar en el restaurante.*
Types of film: *una película de aventuras*

Prepárate

  2.38

a ¿Cómo está cada persona? Une las palabras con los dibujos.

a cansado/a   **c** resfriado/a   **e** enfadado/a
b enfermo/a   **d** triste   **f** preocupado/a

| 1 | 2 | 3 | 4 | 5 | 6 |

b Escucha y comprueba.

A | ¿Quieres venir al cine?

2.39

  Actividad 1

Tomás invita a Luisa al cine

Escucha el diálogo y contesta las preguntas.

1 ¿Dónde quiere ir Tomás?
2 ¿Quiere ir Luisa?
3 ¿Cuáles son los problemas? (Hay dos.)
4 ¿Cuándo van al cine?

Luisa	Dígame.
Tomás	Hola, Luisa. Soy Tomás.
Luisa	Hola, Tomás. ¿Qué tal estás?
Tomás	Estoy muy bien. ¿Quieres venir al cine esta tarde?
Luisa	Pues, lo siento, pero mi madre está enferma.
Tomás	¿Está enferma? ¿Qué es lo que tiene?
Luisa	Está resfriada y tiene mucha fiebre.
Tomás	Entonces, ¿no puedes venir esta tarde?
Luisa	No, y además estoy muy cansada. Si quieres, podemos ir el domingo.
Tomás	Entonces, te llamo entonces el domingo.

 Gramática

Verbo: estar

¿Cómo estás?   *How are you?*
¿Cómo está (usted)?

Estoy bien.   *I'm fine/well.*
Estoy regular.   *I'm OK (average).*
Estoy mal.   *I'm not well.*

Estar is used for changes of state and for feelings.
Pedro es simpático pero hoy **está** enfadado.
In this case, estar means 'to feel'.
See also Lesson 4 and the Grammar section on page 245.

2.40

  Actividad 2

a   Une las frases.

1	Estoy triste	porque	a salgo por la noche.
2	Estoy enfadado/a		b estoy resfriado/a.
3	Estoy cansado/a		c tengo mucho trabajo.
4	Estoy enfermo/a		d mi madre está enferma.
5	Estoy preocupado/a		e mi novio/a sale con mi amigo/a.

b   Escucha y comprueba.

 ——— *¡Atención!* ———

¿por qué?	*why?*
porque	*because*

A: ¿Por qué no vas a trabajar?
          Why aren't you going to work?
B: Porque estoy enfermo.
          Because I'm sick.

2.41

Actividad 3
Escucha y aprende.

Invitar

¿Quieres	}	Do you want to		
¿Te gustaría	}	Would you like to	ir al cine (conmigo)? }	go to the cinema (with me)?
¿Puedes	}	Can you		

Aceptar

Sí, vale.   Yes, OK.
De acuerdo.   OK.
Sí, me gustaría.   Yes, I'd like to.
¡Estupendo!   Great! / Wonderful!
¡Claro!   Of course.

Negar

No, lo siento.   No, I'm sorry.
No puedo.   I can't.
No es posible.   It's not possible.
No, gracias.   No, thanks.

Excusas/Problemas

Estoy   cansado / a.   I'm   tired.
           ocupado / a.   busy.
Tengo que (estudiar).   I have to (study).
Mi madre está enferma.   My mother is ill.
No me apetece.   I don't feel like it.
No me gusta (el cine).   I don't like (the cinema).
No quiero ir (al cine).   I don't want to go (to the cinema).

> ✓ ——— *Gramática* ———
>
> | conmigo | with me |
> | contigo | with you |
> | con él/ella | with him/her |
> | con nosotros | with us |

2.42

Actividad 4
Escucha las invitaciones y completa la información.

	lugar	aceptar/negar	excusa/problema
1			
2			
3			
4			

Actividad 5
Practica. Inventa diálogos.

Ejemplo:
el fútbol

A: ¿Quieres ir al fútbol conmigo?
B: No, gracias.
A: ¿Por qué no?
B: Porque no me gusta el fútbol.

1 la playa   2 la discoteca   3 un concierto de rock
4 las tiendas   5 una fiesta

Actividad 6

a Uno de los tres mensajes es para ti. Estás buscando la siguiente información:

Lugar: el cine
Hora: las 7
Día: hoy

Busca tu mensaje.

A

> No me apetece ir al cine hoy. Si quieres, vamos mañana a las siete en vez de hoy. ¿Vale? Te esperaré en la puerta. Llámame si no puedes ir.
>
> Javier

B

> Voy al médico con mi hermano. No puedo ir al cine hoy contigo. Si vas tú, llámame y podemos quedar en la puerta del cine a las siete cuando salgas para tomar un café los tres.
>
> Ana

C

> Tengo que ir de compras con mi madre. No puedo ir al cine a las cinco. Te esperaré en la puerta del cine para la próxima sesión. No tardes; la película empieza a las siete.
>
> Yolanda

b Completa el cuadro para los tres mensajes.

	mensaje A	mensaje B	mensaje C
nuevo plan			
plan original			
¿por qué cambian?			

B|Consejos

  2.43 ## Actividad 7

a Hay un programa de radio que se llama "Consejos". La gente con problemas de relaciones o personalidad escribe al programa y una experta responde con su consejo. Pon la forma correcta de **ser** o **estar** en la carta.

> Estimada Sra:
>
> Le escribo porque 1 ⬭ desesperado. Mi novia me abandonó. Prefiere a mi amigo, y yo 2 ⬭ enamorado terriblemente de ella. ¿Por qué? No lo comprendo. Yo 3 ⬭ inteligente y serio, pero también 4 ⬭ tímido y no 5 ⬭ atractivo. 6 ⬭ un poco gordo y bajo, pero 7 ⬭ muy simpático. Mi amigo 8 ⬭ alto y delgado, 9 ⬭ rubio, 10 ⬭ rico; pero 11 ⬭ loco y siempre 12 ⬭ enfadado. Su carácter 13 ⬭ terrible. No sé qué hacer. Mi corazón 14 ⬭ roto y 15 ⬭ solo. ¿Qué puedo hacer? Agradeciendo su atención, le saluda atentamente.
>
> Corazón roto

b Escucha y comprueba.

tienes que + *infinitive you have to . . .*

A: Estoy cansado.
B: Tienes que tomar unas vacaciones.

   Actividad 8

Lee la carta de "Corazón roto" otra vez. Inventa unos consejos.

Ejemplo: *Tienes que salir con otras chicas.*

2.44
  Actividad 9

Los consejos de la radio

a Escucha. ¿Qué consejos da la presentadora del programa?

Ejemplo: *Tiene que encontrar otros amigos.*

b Compara los consejos de la presentadora con tus consejos (Actividad 8).

c ¿Qué dice la presentadora sobre las tres personas de la carta?

! ——— *¡Atención!* ———

olvidar   *to forget*
pensar   *to think*

   Actividad 10

a Practica.

Estudiante A: Explica tus problemas a tu compañero/a.
- Tienes un examen la próxima semana.
- Tu coche está estropeado (*broken down*).
- Tienes fiebre, no comes.

Estudiante B: Da consejos.

b Cambia.

Estudiante B: Explica tus problemas a tu compañero/a.
- No tienes piso.
- No te gusta tu trabajo.
- Todos tus amigos tienen novio/a y tú no.

Estudiante A: Da consejos.

  Actividad 11

a Escribe una carta corta al programa "Consejos".

b Recoge y mezcla todas las cartas. Cada estudiante elige una carta y responde con consejos.
Collect and mix up all the letters. Each student chooses a letter and replies, giving advice.

c Haced un programa de "Consejos" con las cartas.
Make up an 'advice' programme with the cards.

C|Voy a cenar en un restaurante

  2.45 Actividad 12

a Une las frases con los dibujos.

a ¿Quieres venir a la piscina esta tarde?
No puedo. Voy a estudiar.

b ¿Quieres venir al cine esta noche?
No puedo. Voy a cenar en el restaurante con mi familia.

c ¿Quieres jugar al tenis el sábado?
No puedo. Voy a visitar a mis abuelos.

d Bueno. Y ¿qué vas a hacer el domingo por la tarde?
Voy a salir con mi novio.

b Escucha y comprueba.

c Practica el diálogo con tu compañero/a

 Gramática

ir a + *infinitive*

(Yo) voy a comer.	*I'm going to have lunch.*
(Tú) vas a cenar.	*You're going to have dinner.*
(Él/Ella/Usted) va a salir.	*He/She is going to go out. / You're going to go out.*

A:	¿Qué vas a hacer esta noche?	*What are you going to do tonight?*
B:	Voy a cenar en un restaurante.	*I'm going to have dinner in a restaurant.*
A:	¿Vas a ir a la piscina mañana?	*Are you going to the swimming pool tomorrow?*
B:	No. Voy a ver a mis padres.	*No. I'm going to see my parents.*

Actividad 13

2.46

Hoy es miércoles. María quiere invitar a Alfonso.

a Escucha y completa la agenda de María.

lunes 16 mayo	
martes 17 mayo	
miércoles 18 mayo	*¿cine?*
jueves 19 mayo	
viernes 20 mayo	
sábado 21 mayo	
domingo 22 mayo	

b Escucha otra vez y completa la agenda de Alfonso.

lunes 16 mayo
martes 17 mayo
miércoles 18 mayo
jueves 19 mayo
viernes 20 mayo
sábado 21 mayo
domingo 22 mayo

c Contesta las preguntas.

1 ¿Qué día van a salir juntos?
2 ¿Adónde van a ir?

 Actividad 14

¿Qué vas a hacer este fin de semana? Pregunta a tus compañeros/as de clase.

  Actividad 15

a Lee el email sobre lo que hace Miguel en sus vacaciones.

> Hola,
>
> Estoy de vacaciones en la playa. Esto es fantástico. Me levanto tarde y desayuno en la terraza del apartamento. Después voy a la playa y me baño en el mar. Como con mis amigos en un bar de la playa y por la tarde duermo la siesta. Por la tarde hago deporte, juego al tenis, y hago windsurf en el mar o nado en la piscina. Por la noche mis amigos y yo bailamos en la discoteca y nos acostamos tarde.
>
> Hasta pronto
> Miguel

b Escribe el mismo email en el futuro usando **voy a . . .** y **vamos a . . .**

Ejemplo:

> Hola,
>
> Voy a ir a la playa de vacaciones. Va a ser fantástico. Voy a levantarme tarde . . .

D | Vamos al cine

2.47

Actividad 16

¿Hay entradas para las siete?

Sí, hay.

Escucha el diálogo y contesta.

1 ¿A qué hora empieza la sesión?
2 ¿Cuántas entradas quiere?
3 ¿Son numeradas las entradas?
4 ¿Dónde están los asientos?
5 ¿Cuánto cuesta una entrada?

Cliente	¿Hay entradas para la sesión de las siete, por favor?
Empleado	No. No hay, pero hay entradas para la sesión de las nueve.
Cliente	Bueno. Deme dos para las nueve. ¿Son numeradas?
Empleado	Sí, son numeradas.
Cliente	Bueno, quiero una fila de atrás.
Empleado	Muy bien, aquí tiene. Dos entradas para la sesión de las nueve.
Cliente	¿Cuánto es?
Empleado	Dieciocho euros.
Cliente	Aquí tiene. Gracias.

 Actividad 17

Practica. Haz diálogos similares con esta información.

	Cliente	**Empleado**
1	Sesión – 9 3 entradas	9 ✗ 11 ✓ 21€
2	Sesión – 7 1 entrada	7 ✗ 5 ✓ 7,50€
3	Sesión – 9 2 entradas	9 ✓ 15€

2.48 Actividad 18

¿Vamos al cine?

a Une los símbolos con las palabras.

I	una película	de aventuras
2		de terror
3		de dibujos animados
4		de ciencia ficción
5		del oeste
6		policíaca
7		romántica
8		cómica

b Escucha y comprueba.

  2.49 Actividad 19

Escucha y lee las descripciones de cinco películas.
¿Qué tipo de película es cada una?

I Es una historia de amor muy triste. Están
enamorados pero no pueden estar juntos.

2 Está muy bien, pero da mucho miedo.

3 No me gustó, era demasiado complicada, y
como cogen al asesino demasiado pronto,
pierde interés.

4 No sé, todas estas películas de viajes espaciales
son iguales.

5 Es divertidísima, me reí muchísimo.

a

b

c

d

e

f

g

h

2.50

Actividad 20

a Une las frases con los dibujos correspondientes.

1 | ¿cine? | 2

3 | 4

5 | 6 | ¿9 o 11? | 9

7 | ¿cuándo? | CINE | 845

a **María** ¡Ah! Aquí hay una. *Perdidas en la selva.*

  Javier ¡Estupendo! Hace mucho que la quiero ver. Dicen que es muy buena.

b **Javier** Sí, ponen una película de terror muy buena. Se llama *Vampiros.*

  María ¡Oh no! No me apetece. No me gustan las películas de terror. Tengo miedo.

c **Javier** ¿Quieres venir al cine? Te invito.

  María Sí, vale. ¿Hay alguna película interesante?

d **María** Bueno. ¿Dónde quedamos?

  Javier Voy a sacar las entradas antes. ¿Quedamos en la puerta del cine a las nueve menos cuarto?

  María Vale.

e **María** Mira, echan *El amante.*

  Javier ¡Uf! ¡Qué aburrida! No me gustan las películas románticas.

f **María** ¿A qué sesión vamos, a la de las nueve o a la de las once?

  Javier A las once es muy tarde, mejor a las nueve.

g **María** Mira. Echan *Viaje al espacio.*

  Javier Ah, la vi ayer.

b Escucha y comprueba.

c Contesta las preguntas.

1 ¿Qué película van a ver?
2 ¿Por qué no quieren ver las otras tres?
3 ¿A qué sesión van?
4 ¿A qué hora quedan?
5 ¿Dónde quedan?

> **!** ────── *¡Atención!* ──────
>
> | quedar (con alguien) | to arrange to meet (someone) |
> | Quedamos a las nueve. | Let's meet at nine. |
> | ¡Qué aburrido/a! | How boring! |

Actividad 21

Haz un diálogo similar. Invita a tu compañero/a al cine.

Actividad 22

a Trabaja con un(a) compañero/a.

Estudiante A: Elige una película. Lee la información de las películas y contesta las preguntas.

Estudiante B: Haz las preguntas.

b Cambiad.

Martes 22.20 La 2 TP

Los Otros

Película de misterio y suspense que cuenta la historia de Grace (Nicole Kidman), quien sola en un aislado caserón victoriano en la isla de Jersey, en 1945, educa

a sus hijos dentro de estrictas normas religiosas. Éstos sufren una extraña enfermedad: no pueden recibir directamente la luz del día. En la casa comienzan hechos paranormales.

The Others Misterio España 2001 Color 104m
Director: Alejandro Amenábar
Con: Nicole Kidman, Christopher Eccleston

Miércoles 23.05 TVE I 13+

Picnic en Hanging Rock

El día de San Valentín de 1900, las estudiantes de la Escuela Appleyard marchan de excursión a Hanging Rock, una región montañosa de Australia. Durante el picnic ocurren una serie de fenómenos sobrenaturales, el tiempo se detiene, las estudiantes y maestras duermen, y tres chicas y una de sus profesoras desaparecen entre las rocas ...

Picnic at Hanging Rock Misterio Australia 1975 Color 115m
Director: Peter Weir
Con: Rachel Roberts, Anne Lambert

Jueves 22.30 Antena 3 13+

Volver

Raimunda trabaja y vive en Madrid, con su marido y su hija adolescente. Ella y su hermana Sole son de un pueblo manchego donde todavía vive la tía Paula y donde murieron sus padres. Un día, el fantasma de la abuela Irene, madre de Raimunda y Sole, aparece para poner orden en la familia y sus secretos.

Volver Intriga España 2005 Color 110m
Director: Pedro Almodóvar
Con: Penélope Cruz, Carmen Maura, Lola Dueñas

Viernes 21.30 Telecinco 13+

Algo para recordar

Annie, una joven periodista a punto de casarse, decide investigar quién es el hombre viudo que abrió su corazón en un consultorio sentimental de la radio que ella escucha todas las noches. Obsesionada, viaja hasta Seattle para conocer al propietario de esa voz que hizo tambalear sus deseos de matrimonio.

Sleepless in Seattle Romance EEUU 1993 Color 102m
Director: Nora Ephron
Con: Tom Hanks, Meg Ryan.

---

1 ¿Qué película vas a ver?
2 ¿Cómo se llama en la versión original?
3 ¿Quién es el director?
4 ¿Quiénes son los actores?
5 ¿De qué año es?
6 ¿Qué más información tienes?

En casa o en clase

  2.51 Actividad 23

a Lee el texto de una película famosa y contesta las preguntas.

1 ¿Quién es César?
2 ¿Quién es Pelayo?
3 ¿Quién es Sofía?
4 ¿Quién es Nuria?
5 ¿Quién tiene un accidente de coche?
6 ¿Quién muere en el accidente?
7 ¿Qué tipo de película es?

ABRE LOS OJOS

Director Alejandro Amenábar
Protagonistas Penélope Cruz, Eduardo Noriega

Ésta es la segunda película de un director que tiene gran éxito internacional, con las películas *Los otros* y *Mar adentro*. La crítica considera esta película como una obra maestra. Trata de César (Eduardo Noriega), que es un chico guapo y rico, con gran éxito entre las mujeres. Una noche, en una fiesta, su amigo Pelayo le presenta a Sofía (Penélope Cruz), una chica que le gusta inmediatamente y con la que conecta al instante. Pero César tiene una amiga, Nuria, que está enamorada de él. Nuria, obsesionada con él y furiosa porque César no le hace caso, le invita a subir a su coche y cuándo están dentro, empieza a conducir a gran velocidad y tienen un accidente. Nuria muere y César queda completamente desfigurado. Después todo es confuso, el sueño y la realidad, la verdad y la imaginación, con toques de ciencia-ficción.

b Escucha a Isabel que cuenta la película. ¿Qué más información da Isabel?

Rincón cultural

Tabernas está en el sudeste de España, en la provincia de Almería. Es el único desierto auténtico de Europa. Todo está muy seco. La zona es famosa por las más de 230 películas del Oeste hechas allí, por su paisaje desértico y espectacular, rodeado de montañas. Para hacer las películas se construyeron edificios típicos del oeste americano con todo lo necesario. El famoso director Sergio Leone descubrió la zona en los años sesenta.

Hay dos zonas o pueblos importantes, uno se llama Mini-Hollywood y otro Fort Bravo, y están muy cerca. Tienen todo el aspecto de un auténtico pueblo como en las películas del Oeste, con "saloon", escuela, iglesia, banco, cuadras, oficina de telégrafos, cárcel, cementerio y hasta una horca.

En Fort Bravo hay varias zonas: el pueblo del oeste y el pueblo mexicano. También, en las afueras, hay un campamento indio y un fuerte del ejército de los Estados Unidos.

En Mini-Hollywood hay también una reserva zoológica, piscina y espectáculo de baile de cancán.

Hoy día, estos "pueblos del oeste" son una atracción turística y podemos tomar una cerveza o un refresco en el "saloon" donde van los vaqueros a tomar su whiskey. Cada día hay un espectáculo con actores (los vaqueros) dentro del "saloon" y después hay una representación en la calle con los caballos. Hay caballos, búfalos y otros animales en las cuadras.

Algunas películas famosas (o secuencias) que se hicieron aquí son: El bueno, el feo y el malo (The Good, the Bad and the Ugly), Por un puñado de dólares (A Fistful of Dollars), Indiana Jones y la última cruzada (Indiana Jones and the Last Crusade), Los siete magníficos (The Magnificent Seven) y Lawrence de Arabia, entre otras muchas.

Autoevaluación

A   Invite someone to go somewhere
     Accept an invitation
     Reject an invitation, giving reasons or excuses

B   Ask for advice
     Give advice to someone with a problem

C   Say what you are going to do

     Ask what someone is going to do

D   Ask about cinema programmes, tickets and prices
     Talk about different kinds of films
     Arrange to go to the cinema with someone – find a film you both want to see

2.52
 # Vocabulario en casa

Los programas de televisión

Une los programas con los nombres. (Las respuestas están abajo.)

1
2
3
4
5

6
7
8
9
10

a	una película	e	un documental de animales	i	un programa infantil
b	un programa de entrevistas	f	un concurso	j	una serie de comedia
c	un programa de música pop	g	un programa de variedades	
d	las noticias	h	una telenovela	

1g 2f 3d 4a 5j 6e 7h 8c 9b 10i

2.53
 # Vocabulario para la próxima lección

Medios de transporte

el coche	el tren	el autocar	el metro	el barco
el autobús	el avión	la motocicleta (la moto)	la bicicleta	

ir **en** coche/avión/bicicleta
ir **a** pie/caballo

Gramática y ejercicios

Verbos 'querer' y 'poder'
Verbs querer and poder

The verb querer *means 'to want' and in the lesson is used to invite someone to go out somewhere. It is followed by a verb in the infinitive form.*

(yo) quiero	(nosotros/as) queremos
(tú) quieres	(vosotros/as) queréis
(él/ella/usted) quiere	(ellos/ellas/ustedes) quieren

¿Quieres ir al cine?	*Do you want to/Would you like to go to the cinema?*
No. Quiero cenar.	*No. I'd like to have dinner.*

The verb poder *is used in the lesson to express whether someone can or can't do something, in this case to accept an invitation.*

(yo) puedo	(nosotros/as) podemos
(tú) puedes	(vosotros/as) podéis
(él/ella/usted) puede	(ellos/ellas/ustedes) pueden

¿Puedes salir?	*Can you go out?*
No, no puedo.	*No, I can't.*

'estar' con adjetivos   estar *with adjectives*
You have seen this verb used to talk about location and about temporary state. In this lesson, it is used to express the way someone is feeling. Note that the adjective agrees with the gender of the person referred to.

¿Cómo estás?	Estoy bien/mal/regular/triste. (*masculine and feminine*)
	Estoy cansado/enfermo/resfriado/ enfadado. (*masculine*)
	Estoy cansada/enferma/resfriada/ enfadada. (*feminine*)

Pronombres personales con 'con'
Personal pronouns with con
When you invite someone, you often ask if he/she wants to come 'with me' or 'with us', etc. Note how some of these expressions ('with me', 'with you') are formed in Spanish.

con	*with*		
conmigo	*with me*	con nosotros/as	*with us*
contigo	*with you*	con vosotros/as	*with you*
con él/ella	*with him/her*	con ellos/ellas	*with them*
con usted	*with you*	con ustedes	*with you*

Usos de 'tener que' + verbo (infinitivo)
Uses of tener que + *infinitive verb*
This construction is used when you want to say that someone 'has to do something'. It can be used:

* *when you want to tell someone about an obligation*

Tengo que hacer mis deberes.　*I have to do my homework.*

* to give someone advice

Tienes que ir al médico.　*You should go to the doctor.*

(Usted) tiene que salir con amigos.　*You have to go out with friends.*

El futuro: 'ir' + 'a' + verbo en infinitivo
The future: ir + a + infinitive verb

There are two ways of talking about the future in Spanish and often you can use either at any time. But this form is normally used to talk about things that are going to happen soon.

(Yo) voy a cenar.　*I'm going to have dinner.*

(Tú) vas a trabajar.　*You're going to work.*

(Él/Ella/Usted) va a volver.　*He/She is/You're going to come back.*

(Nosotros/as) vamos a comprar pan.　*We're going to buy some bread.*

(Vosotros/as) vais a desayunar　*You're going to have breakfast.*

(Ellos/Ellas/Ustedes) van a viajar.　*They're/You're going to travel.*

Note that when you use the verb ir when expressing our intention to go somewhere, you sometimes omit the second ir.

Voy a ir al cine esta noche.　*I'm going to go to the cinema tonight.*

Voy al cine esta noche.　*I'm going to the cinema tonight.*

La preposición 'de'　*The preposition de*

When describing things such as types of film, you use the preposition de:

una película **de** aventuras　*an adventure film (lit. a film of adventures)*

una película **del** Oeste　*a western*

EJERCICIOS

A　Write the correct form of the verb estar *and the adjective.*

1　(ella)　*está enfadada*　(enfadado)
2　(él)　(triste)
3　(ellos)　(cansado)
4　(ellos)　(resfriado)
5　(ellas)　(enfermo)
6　(ella)　(ocupado)

B　Change the sentences using tener que.

1　Vienes esta tarde.　*Tienes que venir esta tarde.*
2　Haces ejercicio.
3　Llevan paraguas.
4　Trabajamos mañana.
5　Juan estudia para los exámenes.
6　Estás aquí a las cuatro.

C　*Make the invitations using* querer.

1　Invite a friend to the cinema with you.　*¿Quieres ir al cine conmigo?*
2　Invite a friend to have dinner with you and some friends.
3　Invite two friends to play football with you.
4　Formally invite a work colleague to have a drink with you.
5　Invite two people formally to lunch.
6　Invite your parents to accompany you and your partner to the theatre.

D　Write about what the people are going to do this afternoon.

1　trabajar (yo)　*Voy a trabajar.*
2　ir a una fiesta (mis amigos y yo)
3　visitarme (mis padres)
4　lavarme el pelo (yo)
5　jugar al fútbol (vosotros)
6　preparar la comida (él)

Vocabulario

A

¿Quieres venir al cine?	***Do you want to come to the cinema?***
aceptar	*to accept*
además	*besides*
apetecer (No me apetece.)	*to feel like (I don't feel like it.)*
cansado/a	*tired*
¡claro!	*of course!*
con	*with*
conmigo	*with me*
contigo	*with you*
de acuerdo	*OK, all right*
enfadado/a	*angry, annoyed*
enfermo/a	*ill, sick*
entonces	*so, in that case*
esperar	*to wait*
¡estupendo!	*great!, wonderful!*
excusa	*excuse*
fiebre (f)	*temperature, fever*
lo siento	*I'm sorry*
lugar (m)	*place*
mensaje (m)	*message*
negar	*to reject, to refuse*
ocupado/a	*busy*
próximo/a	*next*
(estar) resfriado/a	*(to have) a cold*
sesión (f)	*performance, showing (in a cinema)*
triste	*sad*
vale	*OK*

B

Consejos	***Advice***
abandonar	*to leave*
agradable	*agreeable, pleasant*
consejo	*piece of advice*
corazón (m)	*heart*
desesperado/a	*desperate*
egoísta	*selfish*
enamorado/a	*in love*
estropeado/a	*broken down*
felicidad (f)	*happiness*
olvidar	*to forget*
pensar	*to think*
roto/a	*broken*

D

Vamos al cine	***Let's go to the cinema***
asiento	*seat*
(una película de) aventuras	*adventure (film)*
(una película de) ciencia ficción	*science fiction (film)*
(una película) cómica	*comedy (film)*
dibujos animados	*cartoons*
echar	*to show (a film)*
entrada	*entrance ticket*
éxito	*success*
gran velocidad (f)	*high speed*
hacer caso (No me hace caso.)	*to take notice (He/She doesn't take any notice of me.)*
numerado/a (entradas numeradas)	*numbered (numbered tickets)*
obra maestra	*masterpiece*
obsesionado/a	*obsessed*
(el) Oeste	*(the) West*
perdido/a	*lost*
(una película) policíaca	*a thriller, police film*
¡Qué aburrida!	*How boring!*
quedar (Quedamos a las siete.)	*to arrange to meet (We'll meet at seven.)*
realidad (f)	*reality*
(una película) romántica	*a romantic film*

sacar (entradas)	*to buy (tickets)*	toque (m)	*touch, suggestion*
selva	*forest, jungle*	tratar (Trata de un	*to be about (It's*
sesión (f)	*performance, showing*	hombre.)	*about a man.)*
	(in a cinema)	velocidad (f)	*speed*
sueño	*dream*	verdad (f)	*truth*
(una película de)	*horror (film)*	versión (f) original	*original version*
terror (m)			

DIEZ
10 ¿Adónde vamos?

Topic areas

A Transport: buying train tickets; enquiring about departure/arrival times
comparison: comparing trains and other forms of transport
understanding station announcements
other forms of transport: *autobús, autocar, metro, taxi*

B The future (regular verbs): planning a journey
describing a future holiday

C The future (irregular verbs): describing domestic routines in the future
organising a meeting

Different types of holiday; deciding on a holiday destination together
Reading holiday brochures and itineraries

Language focus

Comparatives: *más . . . que / menos . . . que / tan . . . como*
Superlatives: *el/la más/menos . . .*
The future tense (regular): *visitar –é / –ás / –á / –emos / –éis / –án*
The future tense (irregular): *har –é / –ás /––á / –emos / –éis / –án*

Prepárate

2.54

Lee y escucha las frases. Une las frases con los dibujos.

a

b

c

d

e

f

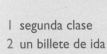

1 segunda clase
2 un billete de ida
3 un billete de ida y vuelta

4 ¿A qué hora sale?
5 ¿A qué hora llega?
6 primera clase

A | Un billete de ida y vuelta, por favor

  2.55

Actividad 1

a Lee y escucha el primer diálogo y completa el cuadro.

	Número de billetes	Ciudad	Billete: →/↔	Clase: 1ª/2ª	Hora de salida
1					
2					
3					
4					
5					

A: Hola. Cuatro billetes a Sevilla en el AVE, por favor. ¿A qué hora sale?

B: Hay uno a las diez de la mañana y otro a las tres de la tarde.

A: Pues para el de las tres. Queremos segunda clase de ida y vuelta.

B: De acuerdo.

b Escucha los diálogos 2–5 y completa el cuadro.

 2.56

 ## Actividad 3

─── ¡*Atención!* ───

de acuerdo	OK, right
clase preferente primera clase }	1st class
clase turista segunda clase }	2nd class

 ## Actividad 2

Practica los diálogos con la información del cuadro de Actividad 1.

María compra un billete de tren para Sevilla en la estación de Atocha en Madrid

a Lee las preguntas, escucha el diálogo sin mirar el texto, y contesta las preguntas.

1 ¿Por qué va en el AVE?
2 ¿Reserva un asiento de ida sólo?
3 ¿Cuánto vale el billete?

b Escucha otra vez, lee el texto y completa los espacios en blanco.

María	Quiero un billete de ida y vuelta para Sevilla, por favor, para mañana a mediodía.
Empleado	¿En el Talgo?
María	¿Es el más rápido?
Empleado	No, el AVE es más rápido, pero sale más temprano.
María	Bueno, pues en el AVE. ¿A qué hora sale?
Empleado	A 1 ⬭.
María	Y ¿a qué hora llega?
Empleado	A 2 ⬭.
María	De acuerdo.
Empleado	¿De 3 ⬭ clase?
María	Sí. ¿Puedo reservar la vuelta?
Empleado	Sí. ¿Qué día vuelve?

María	El día **4** ⬭ por la tarde.
Empleado	De acuerdo. Son **5** ⬭ euros. Aquí tiene el billete.
María	Gracias.
Empleado	A usted.

 ¡Atención!

un billete de ida y vuelta	*a return ticket*
un billete de ida	*a single ticket*
la RENFE (Red Nacional de Ferrocarriles Españoles)	*Spanish rail company*
Talgo	*an intercity train*
AVE (Tren de Alta Velocidad)	*a high-speed train*

 Actividad 4

Un billete de tren

Comprueba la información en el billete de Actividad 3.

1 Hay más información en el billete. ¿Qué información es?
2 Hay dos diferencias en el billete. ¿Cuáles son?

Actividad 5

Lee el texto sobre los trenes de España y completa las frases.

1 El (_____) es el tren más rápido de la RENFE.

2 El (_____) es más rápido que el Intercity pero menos rápido que el AVE.

3 Hay dos trenes para viajar de noche. Se llaman el (_____) y el (_____).

4 El Talgo es menos rápido que el (_____).

5 Los trenes más lentos son los (_____).

6 Los (_____) paran en todas las estaciones.

La RENFE (Red Nacional de Ferrocarriles de España)

En España hay varios trenes para viajar largas distancias. Los dos principales son el AVE y el Talgo. El tren más rápido y más cómodo es el AVE, circula a unos 300 km/h. También es el tren más moderno. El Talgo es un tren muy cómodo, casi tan cómodo como el AVE, pero es más barato porque es menos rápido, circula a una velocidad de 200 o 220 km/h. Para viajar por la noche hay el Tren Estrella que hace largos recorridos y tiene camas y literas, con lavabos y duchas, para dormir durante el viaje.

También está el Trenhotel, con confortables cabinas y camas para viajar por la noche, es tan cómodo como un hotel.

El Intercity es otro tren de larga distancia que es más lento que el AVE y el Talgo, circula a una velocidad de 160km/h, pero también es más barato.

También hay muchos trenes locales más lentos que se llaman "trenes de cercanías". Estos trenes paran en todas las estaciones.

Gramática

Comparativos y superlativos

más . . . que
El AVE es más rápido que el Talgo.   *The AVE is faster than the Talgo.*

menos . . . que
El Talgo es menos rápido que el AVE.   *The Talgo is not as fast as the AVE.*

tan . . . como
El Talgo es tan cómodo como el AVE.   *The Talgo is as comfortable as the AVE*

el/la . . . más . . . de
El AVE es el tren más rápido de la RENFE.   *The AVE is RENFE's fastest train.*

  Actividad 6

Completa los comparativos y los superlativos con **más, menos o tan.**

1 El avión es (_____) rápido que el helicóptero.

2 El tren es (_____) seguro que el coche.

3 El coche es (_____) peligroso que la motocicleta.

4 El coche es (_____) cómodo como el tren.

5 La bicicleta es (_____) cara que el coche.

6 El tren es (_____) barato como el autobús.

Los Amarillos s.l. LA
B-41000134
INCLUIDO IVA Y SOV
De: AEROPUERTO
A: SEVILLA
                 AA-34340
NORMAL   2.00
Euros
L0099 T0012 E1515 C1981
MAQ-5413 BUS-1023 16:13
    14/02/2007

¡Atención!

rápido	*fast*	lento	*slow*
cómodo	*comfortable*	incómodo	*uncomfortable*
caro	*expensive*	barato	*cheap*
limpio	*clean*	sucio	*dirty*
seguro	*safe*	peligroso	*dangerous*

Actividad 7
Practica.

1

Estudiante A: Empleado/a

- Pregunta al cliente:
  - ¿Cuántos billetes quiere?
  - ¿Adónde quiere ir?
  - ¿Cuándo quiere ir?
  - ¿Quiere ida y vuelta?
- Da información:
  - Salida: 14.15
  - Llegada: 17.00
  - Precio 45€
  - Tipo tren: Talgo

Estudiante B: Cliente

- Quieres un billete: Madrid, 14/8, ida y vuelta.
- Pregunta y completa la información:
  Hora de salida ⬭
  Hora de llegada ⬭
  Precio ⬭
  Tipo de tren ⬭

2

Estudiante A: Cliente

- Quieres un billete: Sevilla, 24/3, ida y vuelta.
- Pregunta y completa la información:
  Hora de salida
  Hora de llegada ⬭
  Precio ⬭
  Tipo de tren ⬭

Estudiante B: Empleado/a

- Pregunta al cliente:
  - ¿Cuántos billetes quiere?
  - ¿Adónde quiere ir?
  - ¿Cuándo quiere ir?
  - ¿Quiere ida y vuelta?
- Da información:
  - Salida: 08.00
  - Llegada: 12.20
  - Precio 79¢
  - Tipo tren: AVE

2.57

Actividad 8
Escucha los tres anuncios de tren y completa el cuadro.

	Tren 1	Tren 2	Tren 3
¿Adónde va el tren?			
¿De qué vía sale?			
¿Qué tipo de tren es?			
¿Más información?			

Actividad 9

Practica.

Estudiante A: Quieres información sobre horarios y tipo de tren y andén.
Pregunta a Estudiante B.

1 Quieres ir a Irún esta tarde.
2 Tu amiga va a llegar a la estación en el tren de Valencia.
3 Quieres ir a Barcelona en el Talgo.
4 Quieres información de los tres trenes a Barcelona.
5 Vas a buscar a un amigo que llega en el tren de La Coruña.

Estudiante B: Busca la información en el cuadro.

LLEGADAS	LARGO RECORRIDO		SALIDAS		
Tren	Procedencia	Llegada	Destino	Salida	Andén
AVE	Madrid	15.05	Barcelona	15.15	3
Intercity	Valencia	15.25	Irún	15.35	8
Talgo	Bilbao	16.00	Barcelona	16.15	4
Intercity	San Sebastián	16.30	Valencia	16.40	2
Intercity	Barcelona	17.30	Bilbao	17.40	5
AVE	Barcelona	17.50	Madrid	18.00	3
Tren Estrella	La Coruña	19.45	Barcelona	19.55	4

Actividad 10

1 ¿Cuál es el modo de transporte de cada billete?
2 ¿Qué más información hay en cada billete?

2.58

Actividad 11

a Escucha los diálogos. ¿A qué billete de Actividad 10 corresponde cada diálogo?

b Elige las respuestas correctas.

Diálogo 1

1 ¿A qué número va el cliente?
   a 205 b 215 c 250
2 La casa está al final de la calle; ¿dónde exactamente?
   a a la izquierda b a la derecha c no dice
3 ¿Cuanto cuesta el viaje?
   a 6,50 euros b 10 euros c 50 euros

Diálogo 2

4 ¿Cuántas líneas tiene que tomar la cliente?
   a una línea b dos líneas c tres líneas
5 Desde Gran Vía hasta la estación Ópera, ¿cuántas paradas hay?
   a dos paradas b tres paradas c cuatro paradas
6 ¿Cuánto cuestan el plano y el billete juntos?
   a un euro b dos euros c tres euros

Diálogo 3

7 ¿Cuánto vale el bono comparado con la tarjeta de viajes?

   a más   **b** menos   **c** lo mismo

8 ¿Cuántos viajes puedes hacer con una tarjeta de viajes?

   a un número limitado   **b** un número ilimitado

   c no dice

9 ¿Dónde está la parada del veintidós?

   a cerca   **b** lejos   **c** no dice

B | El futuro

✓ — *Gramática* —

vistar	é	comer	é	ir	é
	ás		ás		ás
	á		á		á
	emos		emos		emos
	éis		éis		éis
	án		án		án

Notes

• *The endings of all three verb types are the same.*

• *The future of the irregular verb* hacer *is formed as follows:*

  haré, harás, hará, haremos, haréis, harán

Compare the two forms of the future in Spanish:

Voy a visitar Argentina. *I'm going to visit Argentina.*

Visitaré Argentina. *I will visit Argentina.*

Tessa	Hola, el viernes iré a Málaga. ¿Puedo quedarme en tu casa?
Alberto	Pues, no tengo sitio en casa; pero hay muchos hoteles.
Tessa	No tengo dinero para un hotel.
Alberto	Bueno. Puedes quedarte en mi casa.
Tessa	Vale. Llegaré a las once. ¿Irás al aeropuerto a buscarme?
Alberto	Pues, estoy muy ocupado; pero hay muchos taxis.
Tessa	No tengo dinero para un taxi.
Alberto	Bueno, vale. Iré al aeropuerto.
Tessa	Hasta el sábado.
Alberto	Hasta el sábado. Oye, ¿cuántos días estarás aquí?
Tessa	Pues . . . un mes o dos. No sé.
Alberto	¡Oh, no!

 2.59 Actividad 12

Escucha el diálogo entre dos amigos, Tessa y Alberto. Contesta las preguntas.

1 ¿Dónde quiere quedarse Tessa?

2 ¿Por qué no puede estar en un hotel?

3 ¿A qué hora llegará?

4 ¿Por qué no quiere tomar un taxi?

5 ¿Irá Alberto al aeropuerto?

 ! — *¡Atención!* —

quedarse	to stay
¿Puedo quedarme . . .?	Can I stay . . .?
No sé.	I don't know.

 Actividad 13

Practica el diálogo de Actividad 12; cambia la ciudad, el día, la hora, etc.

Actividad 14

Isabel y sus amigas van a visitar a Elena

a Lee el email.

> ¡Hola Elena!
>
> Llegaremos a Zaragoza el domingo día ocho a las nueve y media de la mañana. Iremos en el autobús. ¿Puedes esperarnos en la estación de autobuses?
>
> Hasta el domingo.
> Isabel

b Escribe emails similares con la siguiente información.

1 Barcelona / lunes / 15 / avión / aeropuerto / 12.30

2 Madrid / miércoles / 23 / tren / estación Chamartín / 5.30 de la tarde

3 Sevilla / jueves / 25 / autobús / estación de autobuses / 8 de la tarde

 Actividad 15

a Lee el email de Vicky a su amigo y busca la siguiente información.

1 ¿ En qué ciudad vive Montse?

2 ¿A qué ciudad irá en avión?

3 ¿ Irá a buscarla Pepe al aeropuerto?

4 ¿ Qué harán el sábado por la mañana?

5 ¿ Qué harán el sábado por la noche?

6 ¿ Irán a la playa?

7 ¿ Dónde estarán sus padres?

8 ¿ Dónde vive Vicky?

> ¡Hola Pepe!
>
> Llegaré a Sevilla en avión el 4 de abril. Desde allí iré a Córdoba en tren. ¿Vendrás a buscarme a la estación? Nos quedaremos en Córdoba hasta el viernes y entonces iré a Granada en autobús. Voy a quedarme en casa de Montse.
>
> El sábado por la mañana Montse y yo iremos al mercado y a mediodía comeremos en el Albaicín.
>
> Por la tarde probablemente iremos al cine y por la noche seguramente iremos de tapas. El domingo queremos ir a la sierra. ¿Habrá nieve todavía? Si no, podemos ir a la playa si no hace mucho frío.
>
> Durante la semana visitaré a los amigos. Estaré allí hasta el lunes. Después volveré a Córdoba y me quedaré con mi familia hasta el fin de semana. Llegaré a Londres el día diecisiete.
>
> ¡Ah! Se me olvidaba; ¿me invitarás a comer en el restaurante chino, ¿no?
>
> Hasta pronto
> Vicky

b Escribe el itinerario de Vicky.

c Lee el email de Vicky otra vez. Busca los verbos en el futuro. Busca dos verbos irregulares.

 Gramática

Verbos irregulares en el futuro

venir
vendré, vendrás, vendrá, vendremos, vendréis, vendrán

poder
podré, podrás, podrá, podremos, podréis, podrán

salir
saldré, saldrás, saldrá, saldremos, saldréis, saldrán

tener
tendré, tendrás, tendrá, tendremos, tendréis, tendrán

hacer
haré, harás, hará, haremos, haréis, harán

Ejemplo: ¿Qué harás el fin de semana?

2.60
Actividad 16

Rosa habla de sus vacaciones en Formigal, una estación de esquí

a Uno de los dibujos no se menciona. ¿Cuál?
One of the pictures isn't mentioned. Which one?

b ¿Sí o no?

1 No esquiará mucho.
2 Irá en autocar porque es más barato que el tren.
3 Pasarán las noches en un hotel.
4 Comerán en sitios baratos porque no tienen dinero.

Actividad 17

¿Qué harás tú en las vacaciones? Estudiante A: Usa los dibujos de Actividad 16. Estudiante B: Usa tu información. Cambia.

C | ¿Qué harás mañana?

2.61
Actividad 18

a ¿Que harás mañana? Une los dibujos con las frases.

1 me levantaré
2 desayunaré
3 terminaré mi trabajo
4 llegaré a casa
5 saldré de casa
6 cenaré
7 comeré en un restaurante
8 me acostaré
9 trabajaré
10 tomaré el autobús
11 veré la televisión

b Escucha y comprueba.

Actividad 19

a Pregunta a tus compañeros/as.

¿Qué harás … mañana?

este fin de semana?

b Da la información a la clase.

Actividad 20

Trabaja con un compañero/a. Organizad una reunión entre los dos.

Work with a partner. Organise a meeting between the two of you.

Estudiante A: tu agenda

	Mañana	Tarde
1 S		
2 D		
3 L	11 – clase de inglés	–
4 Ma	clase toda la mañana	7 fútbol – TV
5 Mi	clase toda la mañana	6.30 salir con Miguel
6 J	al museo – con mi clase	–
7 V	–	4 – a la montaña

Estudiante B: tu agenda

	Mañana	Tarde
1 S		
2 D		
3 L	10.30 clase de dibujo	6 ir al médico
4 Ma	–	7 cine con María
5 Mi	entrenamiento de hockey	–
6 J	clases toda la mañana	clase hasta las 5
7 V	–	7 casa de María

Ejemplo:

A: ¿Estarás libre el lunes por la tarde?

B: No, no estaré libre, tengo que ir al médico.

 Actividad 21

a Mira los dibujos de Actividad 18 y escribe lo que hará Juan mañana (en 3ª persona).

Ejemplo: *1 Se levantará.*

b Ahora escribe lo que haréis Juan y tú.

Ejemplo: *1 Nos levantaremos.*

2.62

   Actividad 22

¿Adónde vamos de vacaciones?

a Escucha. Une las frases con las imágenes.

b Escribe frases.

Ejemplo: *Luis quiere ir a . . .*

a

b

c

d

> Yo prefiero tomar el sol y no hacer nada. Iré a la playa.
> **Luis**

> A mí me gusta el aire puro y me gusta caminar; haré camping en las montañas.
> **Pilar**

> A mí me encanta ir a una gran ciudad. Iré de compras y bailaré en las discotecas.
> **Juan**

> A mí me interesa ver edificios antiguos. Visitaré unos monumentos.
> **Ana**

c Trabaja en grupos de tres o cuatro. Cada uno elige un lugar. Piensa en las ventajas y deventajas. Elegid un lugar para ir juntos.
Each person chooses a different place. Think of the advantages and disadvantages. Choose a place to go to together.

Ejemplo:

A: Iremos a la playa.

B: Pero no me gusta tomar el sol. Iremos a la montaña.

C: ¡Oh no! Es muy aburrido.

  Actividad 23

Escribe tus planes para las vacaciones.
¿Adónde irás? ¿Cómo irás? ¿Dónde dormirás? ¿Qué harás?

Ejemplo:

En las vacaciones iré (a la montaña / a la playa / a la ciudad / al pueblo / al campo / al extranjero).
Iré en (tren / avión / coche / autobús).
Dormiré en (un hotel / una casa / una tienda de camping).
Haré muchas cosas. / Visitaré . . . / Tomaré el sol. / Me bañaré. / etc.

En casa o en clase

  ## Actividad 24

Mira la información del folleto Vacaciones Iberiamérica.

¿Qué harás/verás en   Panamá?

Cuba?

Perú?

Brasil?

Ecuador?

Guatemala?

Venezuela?

Colombia?

Ejemplo:

En Panamá iré a la playa. Panamá tiene playas bonitas.
En Ciudad de México veré un museo.

En Iberiamérica, usted sólo tiene que elegir el marco de sus sueños.

¿Le gustaría estar en las doradas arenas de una playa tropical, saboreando una "piña colada"?

Iberiamérica le ofrece las playas de Panamá, Costa Rica, Venezuela . . .

O, si prefiere una isla, tenemos las de Cuba, Puerto Rico, República Dominicana . . .

Si, en vez de playas, quiere visitar ruinas precolombinas, la elección, una vez más, es lo único difícil.

Porque le espera el Machu Picchu en Perú, el Templo de Sol de Teotihuacán en México, los colosales monumentos de la isla de Pascua en Chile . . .

Y a pocas horas de las ruinas de las antiguas civilizaciones están las modernas y grandes ciudades: Ciudad de México, Río, Santiago, Buenos Aires . . .

Si quiere las cataratas más altas del mundo, le llevaremos a la del Salto del Ángel, en la selva venezolana.

Iberiamérica le ofrece también volcanes como el Chimborazo, en Ecuador, o el Tajumulco, en Guatemala . . .

Balnearios como los de Acapulco en México, Punta del Este en Uruguay, Contadora en Panamá . . .

Museos como el Museo del Oro en Bogotá, capital de Colombia, o el museo Antropólogico de Ciudad de México . . .

Selvas como las de Camaina en Venezuela o el Matto Grosso en Brasil.

Y si quiere ir de compras, puede escoger entre los típicos mercados indígenas de Quito en Ecuador o la Zona Franca de Colón en Panamá . . .

Porque tenemos para usted numerosos viajes "todo incluido". Este año, sus euros le llevarán muy lejos.

Actividad 25

Lee el itinerario de un viaje y escribe un email a un(a) amigo/a en el futuro.

El primer día saldremos en avión a México. Llegaremos al hotel.

Utiliza los verbos: ir, salir, visitar, hacer, estar, llegar, volver.

ITINERARIO

Lo mejor de México

Día 1° España – México D.F.

Salida desde Madrid en avión con destino a México. Llegada y alojamiento en un hotel en la capital.

Día 2° México D.F.

Hacer una excursión turística por la ciudad. Visitar lugares de interés de la ciudad.

Día 3° México D.F.

Excursión a las Pirámides Aztecas por la mañana. Visita al teatro de Bellas Artes. Ver espectáculo del Ballet Nacional de México.

Día 4° México D.F. – Cuernavaca – Taxco

Viaje en autocar hacia Cuernavaca. Llegada; una visita al pueblo y almuerzo. Continuar el viaje a Taxco. Una visita a la ciudad con tiempo libre para compras. Cena y alojamiento en el hotel.

Día 5° Taxco – Acapulco

Viaje a Acapulco. Llegada a mediodía y alojamiento en un hotel. Ir a la playa por la tarde.

Día 6° Acapulco.

Día libre para ir a la playa, hacer visitas turísticas, especialmente para ver a los Clavadistas de la Quebrada con sus saltos al mar.

Día 7° Acapulco – México D.F.

Desayuno en el hotel: Salida en avión de regreso a México D.F.. Traslado al hotel; alojamiento.

Día 9° México – España

Día libre para hacer las últimas compras. Por la tarde, traslado al aeropuerto. Salida en vuelo de regreso a España.

Rincón cultural

El metro de Bilbao

Uno de los metros más modernos de España es el de Bilbao, inaugurado en 1995 y diseñado por el británico Norman Foster. La red completa estará terminada en el año 2013. En Bilbao hay ahora menos tráfico y la calidad del aire es mucho mejor. El metro de Bilbao es muy original, especialmente las entradas que son una especie de cañones transparentes y luminosos. Los bilbaínos llaman a estas entradas "fosteritos", en honor a Norman Foster.

Autoevaluación

A Ask about departure and arrival times
Give details about the kind of rail ticket you want
Talk about the different kinds of trains
Other forms of transport
Buy tickets and ask for information
Compare things like prices, comfort, speed, safety, etc.

B Talk about the future
Make travel arrangements
Talk about what you will do on your holidays

C Talk about what you will do in the near future, e.g. tomorrow
Discuss and arrange times to meet
Discuss preferences about holidays
Talk about places to visit in the world

2.64 Vocabulario para la próxima lección

Las estaciones

la primavera	el otoño
el verano	el invierno

El tiempo

el sol

la nube

la nieve

el cielo

la lluvia

el viento

la niebla

la tormenta

2.63 Vocabulario en casa

In the travel agency you want information on the following; choose the right file for each one.

1 cruises
2 a plan of a city
3 train times
4 a map of a country
5 brochures
6 excursion details
7 holiday insurance
8 price list
9 guided tours
10 events guide

Gramática y ejercicios

Comparativos y superlativos — *Comparatives and superlatives*

*In Spanish, **comparatives** are formed by placing* más *or* menos *immediately before the adjective to be modified and* que *immediately after it.*

más . . . que	more . . . than
menos . . . que	less . . . than
El coche es más rápido que la bicicleta.	The car is faster than the bicycle.
La bicicleta es menos rápida que el coche.	The bicycle is less fast than the car.

To say 'as . . . as' in Spanish:

tan . . . como	as . . . as
El coche es **tan** cómodo como el tren.	The car is as comfortable **as** the train.

Superlatives are formed by placing el or la before the item; this is followed by más or menos immediately before the adjective to be modified; if you want to compare the superlative with a group of items, add de:

el/la (noun) más (adjective) de (noun)

El AVE es **el** tren **más** rápido **de** España.	The AVE is the fastest train in Spain.
Es **la** bicicleta **menos** cara de la tienda.	It's the least expensive bike in the shop.

Note that if you omit the noun, you can say:

Es el más caro.	It's the most expensive.

El futuro — The future tense

You have already seen one form of the future, using the verb ir plus a. Here is the other future, which is more often used to express longer-term plans. For regular verbs, simply add the endings in bold to the infinitive of the verb.

(yo)	visitar**é**	comer**é**	ir**é**
(tú)	visitar**ás**	comer**ás**	ir**ás**
(él/ella/usted)	visitar**á**	comer**á**	ir**á**
(nosotros/as)	visitar**emos**	comer**emos**	ir**emos**
(vosotros/as)	visitar**éis**	comer**éis**	ir**éis**
(ellos/ellas/ ustedes)	visitar**án**	comer**án**	ir**án**

El año próximo visitaré a mis padres en Perú.
Next year I'll visit my parents in Peru.

Some verbs have an irregular form in the future tense. Here are some examples.

hacer: haré/harás/hará/haremos/haréis/harán
salir: saldré/saldrás/saldrá/saldremos/saldréis/saldrán
poder: podré/podrás/podrá/podremos/podréis/podrán
tener: tendré/tendrás/tendrá/tendremos/tendréis/tendrán
venir: vendré/vendrás/vendrá/vendremos/vendréis/vendrán

¿Qué harás mañana?	What are you doing tomorrow?
Saldremos a las dos.	We're leaving at two.

EJERCICIOS

A Write five comparative sentences using más/menos . . . que.

1 la bicicleta / el coche (− rápido)
La bicicleta es menos rápida que el coche.
2 el tren / el autobús (+ cómodo)
3 el avión / tren (+ rápido)
4 el Talgo / el AVE (− caro)
5 la motocicleta / el coche (− seguro)
6 el helicoptero / el avión (+ lento)

B Write sentences using the superlative.

1 Londres / la ciudad / grande / de Inglaterra
Londres es la ciudad más grande de Inglaterra.
2 Esta bicicleta / cara / de la tienda
3 Este coche / seguro / de todos
4 Este tren / lento / de la RENFE
5 Este libro / aburrido / de la biblioteca
6 Esta moto / peligrosa / de la carretera

C Complete these sentences using the future tense of these regular verbs.

1 Mañana *escribiré* (yo / escribir) un email.
2 La semana próxima ⬭ (yo / ir) a Madrid.
3 El año próximo ⬭ (Tomás / visitar) Argentina.
4 Esta noche ⬭ (nosotros / bailar) en una discoteca.
5 Mañana ⬭ (mis padres / cenar) en un restaurante.

D Complete these sentences using the future tense of these irregular verbs.

1 ¿Qué ⬭ (tú / hacer) mañana?
2 ⬭ (yo / hacer) mis deberes.
3 ¿A qué hora ⬭ (César y Teresa / salir)?
4 ⬭ (mi padre y yo / venir) a las ocho.
5 ⬭ (yo / tener) vacaciones en agosto.

Vocabulario

A

Un billete de ida y vuelta, por favor	**A return ticket, please**
anuncio	announcement
asiento	seat (in a train)
barato/a	cheap
billete (m)	(train/bus) ticket
breves momentos	short time
cercanías	local trains
circular	to circulate, to move, to drive
clase (f) preferente	first class
clase (f) turista	tourist class
cómodo/a	comfortable
dentro	within
destino	destination
durante	during
efectuar su salida	to make its departure
estacionado/a	stopped, stationary
helicóptero	helicopter
ida	one way (ticket)
ida y vuelta	return (ticket)
incómodo/a	uncomfortable
larga distancia	long distance
largo recorrido	long distance
lento/a	slow
limpio/a	clean
litera	bunk bed (couchette in a train)
llegada	arrival
más	more
menos	less
moto(cicleta) (f)	motorbike
parada	bus stop
peligroso/a	dangerous
primera clase	first class
rápido/a	fast
reserva	reservation
retraso	delay
salida	departure

salir	to leave
segunda clase	second class
seguro/a	safe
sucio/a	dirty
tan … como	as … as
velocidad (f)	speed
vía	platform
volver	to return
vuelta	return (journey)

B

El futuro	**The future**
estación (f) de esquí	ski resort
itinerario	itinerary
probablemente	probably
quedarse	to stay
seguramente	certainly
sierra	mountain range
tener sitio	to have space
todavía	still, yet
tomar un taxi	take a taxi

C

¿Qué harás mañana?	**What will you do tomorrow?**
agenda	diary
almuerzo	lunch/mid-morning snack
alojamiento	lodging
arena	sand
bañarse	to bathe, to swim
caminar	to walk (hike)
catarata	waterfall
cuidar	to look after
edificios antiguos	old buildings
entrenamiento	training
hacer camping	to go camping
indígena (m/f)	indigenous
regreso	return
saborear	to taste
selva	forest
sueño	dream
tomar el sol	to sunbathe
volcán (m) (pl. volcanes)	volcano

11

¿Qué tiempo hace?

Topic areas

A   The weather, describing the seasons
Telephone calls
Exclamations
B   Weather forecasts
C   Telephone language: answering the
phone, responding to phone requests
Describing how you feel: thirsty, hungry,
cold
Talking about the different means of
communication
D   Describing and explaining what you are
doing and what you do

Language focus

Use of *hacer* to describe weather: *hace calor,*
hace sol, hace frío
Describe the weather in the future: *Va a*
hacer calor, Va a llover
Expressions with *tener: tengo frío/calor/*
hambre/sed/sueño/miedo
Present continuous tense: *estoy comiendo*

c   d

e   f

g   h

1	Hace calor.	5	Hay tormenta.
2	Hace frío.	6	Hay niebla.
3	Hace sol.	7	Nieva.
4	Hace viento.	8	Llueve.

Prepárate

3.1

a   Une las frases con los dibujos.

a   b

b   Escucha y comprueba.

A | El tiempo

3.2
 Actividad 1

Lee las preguntas. Escucha la conversación telefónica. Contesta las preguntas.

1 ¿Quién está de vacaciones?
2 ¿Qué tiempo hace donde está Juan?
3 ¿Qué tiempo hace donde está Rosa?
4 ¿Dónde está Juan?
5 ¿Dónde está Rosa?

Juan	Dígame.
Rosa	¿Está Juan?
Juan	Sí, soy yo. ¿Quién es?
Rosa	Soy Rosa.
Juan	¡Hola Rosa! ¿Qué tal?
Rosa	Muy bien. ¡Estupendo! ¿Y tú? ¿Qué haces?
Juan	Pues, regular. Tengo mucho trabajo y hace mal tiempo. Mira, en este momento estoy trabajando y . . .
Rosa	¡Qué pena! Aquí hace calor y mucho sol. Hace muy buen tiempo.
Juan	¡Qué suerte! Aquí llueve todos los días y hace frío. Está lloviendo ahora mismo. ¿Qué haces?
Rosa	Pues, voy a la playa todos los días. Esto es fantástico. Ahora estoy tomando el sol y después voy a cenar a un restaurante con unos amigos.

 ¡Atención!

¡Qué pena!	*What a pity!*
¡Qué suerte!	*How lucky! (lit. What luck!)*

Actividad 2

3.3

Estudia el tiempo. Escucha.
¿Qué tiempo hace?

Hace buen tiempo. Hace mal tiempo.
El tiempo es bueno. El tiempo es malo.

1 Hace sol. 2 Hace calor. 3 Hace viento.

4 Hace frío. 5 Llueve. (llover) 6 Nieva. (nevar)

7 Hay niebla. 8 Hay tormenta. 9 Está nublado/cubierto.

 ¡Atención!

el sol	*sun*
el calor	*heat*
el frío	*cold*
el viento	*wind*
la lluvia	*rain*
la nieve	*snow*
la tormenta	*storm*

 Gramática

¡Qué calor!	*It's really hot! (lit. What heat!)*
¡Qué frío!	*It's really cold! (lit. What cold!)*

3.4

Actividad 3

Escucha. Practica diálogos.

Ejemplo:

Madrid	**Barcelona**

A: ¡Hola! ¿Dónde estás?

B: Estoy en Madrid.

A: ¿Qué tiempo hace?

B: Hace mal tiempo.

A: ¡Qué pena!

B: ¿Y qué tiempo hace en Barcelona?

A: Hace sol.

B: ¡Qué suerte!

1

　　Málaga　　Bilbao

2

　Valencia　Salamanca

3

　Murcia　　　La Coruña

Actividad 4

 Une los dibujos con los emails y di a qué estación del año se refieren: primavera, verano, otoño o invierno.

1

3

2

4

---

a

¡Hola Mamá!

Estamos pasando unos días estupendos porque hace un tiempo muy bueno. Hace mucho sol, pero también hay mucha nieve, así que estamos todo el día en la montaña.

Hasta el domingo.
Besos de
Rosa María

b

¡Hola Marta!

¿Qué tal estás? Espero que bien. Llevamos una semana aquí y hace un tiempo muy malo. Es una pena. Hace calor pero llueve todos los días y no puedo salir de casa. Tengo ganas de volver a España para ir a la playa.

Besos
Noelia

c

Querida Ana,

Estoy pasándolo muy bien en las fiestas pero hace mucho viento y llueve. Menos mal que no hace frío todavía.

Hasta pronto; escríbeme.
Besos
José

d

¡Hola Papá!

Aquí hace buen tiempo y hace sol, pero un poco de viento. Hace un poco de frío pero salen las flores y todo está muy verde. Me gusta el tiempo porque no hace mucho calor todavía.

Besos
Carlos

! ─── *¡Atención!* ───

no . . . todavía	*not . . . yet*
menos mal	*it's just as well*

Actividad 5

Escribe una postal a un(a) amigo/a. Describe el tiempo ahora.

¿Qué tiempo hace? o

Escribe la postal con estos detalles: Tiempo horrible/frío/lluvia/viento/niebla. Mañana: nieve pero sol.

Inventa otra postal.

3.5

Actividad 6

a Lee estos datos del clima de Aragón, una comunidad autónoma de España. Completa el cuadro con la información sobre los deportes y sobre el clima en cada estación.

El clima de Aragón

El clima en Aragón es, durante el año, deliciosamente perfecto.

La primavera: con muy buenas temperaturas, invita a los paseos por las sierras y montañas aragonesas.

El verano: durante el día sol y calor, y durante la noche temperaturas frescas de la montaña que permiten descansar a placer, o disfrutar de las fiestas de los pueblos de la región.

El otoño: es una estación privilegiada en Aragón; con un clima suave y agradable. Ideal para pasear por los bosques.

En invierno, Aragón ofrece la posibilidad del esquí. La abundancia de nieve y sol, convierte el esquí en Aragón en una experiencia irrepetible.

Gracias a este clima, las posibilidades deportivas al aire libre en Aragón son totales: todos los deportes acuáticos son practicables en ríos, el esquí encuentra en Aragón un marco ideal, el montañismo puede ser practicado al nivel que se desee.

	Deportes y pasatiempos	Clima: datos del texto	Clima: datos de Isabel	Diferencias
Primavera				
Verano				
Otoño				
Invierno				

b Ahora escucha a Isabel que habla del clima en la misma zona. Escribe la información en el cuadro. ¿Cuáles son las diferencias?

Actividad 7

a Habla con tu compañero/a del clima en tu región o en una región de tu país que conoces.

b Describe el tiempo de una estación del año (ejemplo: otoño) sin decir cuál. Tu compañero/a tiene que adivinar qué estación describes.

B | El tiempo en el mundo

3.6 Actividad 8

a Estudia los símbolos del tiempo de un mapa.

 sol

 cubierto

 nieve

 lluvia

 tormenta

 granizo

 chubasco

niebla

 viento

 variable

 neblina

Mira los mapas del tiempo de un periódico. Los mapas son de dos días diferentes.

A

B

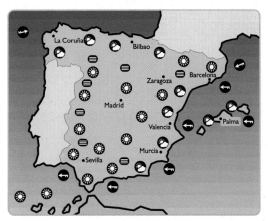

Escucha la primera parte (la previsión del tiempo). ¿Qué mapa describe?

b Ahora escucha la segunda parte. Indica las temperaturas en el mapa que has elegido. ¿Qué estación es?

 **Actividad 9**

Pregunta qué tiempo hace en las ciudades de color rojo de tu mapa. No mires el mapa de tu compañero/a.

Ejemplo:

A: ¿Qué tiempo hace en Bruselas?
B: En Bruselas, llueve. ¿Qué tiempo va a hacer en Londres?
A: En Londres va a llover.

Estudiante A

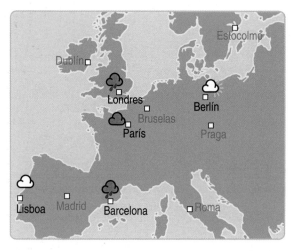

Estudiante B

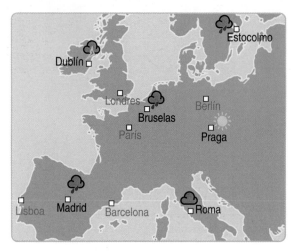

C | Por teléfono

3.7

 **Actividad 10**

Une las frases con los dibujos.

a   Tengo frío.
b   Tengo sueño.
c   Tengo sed.
d   Tengo calor.
e   Tengo miedo.
f   Tengo hambre.

✓ ——— *Gramática* ———

Tengo	sed.	*I'm*	*thirsty.*	*(lit. I have thirst)*
	hambre.		*hungry.*	*(lit. I have hunger)*
	calor.		*hot.*	
	frío.		*cold.*	
	sueño.		*tired.*	
	miedo.		*frightened.*	

Note that in Spanish the verb tener *(to have) is used instead of the verb 'to be' in English.*

Actividad 11

3.8

Escucha y lee las conversaciones e indica los dibujos correspondientes.

1 • ¿Quieres beber algo?
 • Sí, gracias, tengo mucha sed.

2 • ¿Quieres salir a la terraza?
 • Sí, por favor, tengo mucho calor.

3 • ¿Quieres salir a la terraza?
 • No, tengo mucho miedo.

4 • ¿Quieres entrar en casa?
 • Sí, por favor, tengo mucho frío.

5 • ¿Quieres comer algo?
 • No, gracias, no tengo hambre.

6 • ¿Quieres bailar?
 • No, no tengo ganas.

Actividad 12

Escucha y ordena el diálogo telefónico.

¿Está Ana?

Dígame.

Soy María.

Sí, soy yo.
¿Quién es?

Actividad 13

Practica diálogos como los de Actividad 12.

Actividad 14

Escucha las conversaciones telefónicas e indica de qué hablan.

	tiempo	salud	trabajo	invitación	amigos	casa	vacaciones
1							
2							
3							

Actividad 15

a **Estudiante A:** Llama a Estudiante B y habla del tiempo. Invítalo/la al cine.

  Estudiante B: Estudiante A te llama. Contesta. Habla de tu salud. Estás mal, cansado/a, no quieres salir.

b **Estudiante B:** Llama a Estudiante A y habla de tu casa nueva y de tu trabajo.

  Estudiante A: Estudiante B te llama. Contesta. Después habla de tus próximas vacaciones, de tu nuevo/a amigo/a, y de más cosas.

Actividad 16

a ¿Qué decimos cuando alguien llama? Escucha las llamadas. Mira las respuestas.

1 No está.   2 Un momento, ahora se pone.

3 Sí, soy yo.   4 No es aquí.

b ¿Cómo terminan las conversaciones? Escucha otra vez e indica el número de cada conversación.

Perdone. ☐
Gracias. ☐
Soy Luis. Llamaré más tarde. ☐
Hola, soy Pedro. ☐

c Escucha otra vez y practica las conversaciones.

¡Atención!

No está.	*He/She isn't here.*
No es aquí.	*Wrong number. (lit. It isn't here.)*
Ahora se pone.	*He/She is just coming.*
Soy yo.	*Speaking. (lit. I'm me.)*

3.12

Actividad 17

a ¿Qué ventajas y desventajas tienen los siguientes medios de comunicación? ¿Cuál prefieres y por qué?

Ejemplo:
Me gusta el teléfono porque...

1 el mensaje de texto

2 el correo electrónico (el email)

3 la carta

4 Internet

5 el fax

6 el teléfono

b Escucha y lee la conversación sobre las ventajas y desventajas de distintos medios de comunicación. Rellena el cuadro.

Isabel ¿Prefieres el teléfono o el correo electrónico?

Pedro Depende. Para mandar información, el email es muy conveniente, pero no puedes tener una conversación directa y tienes que escribir ... No me gusta escribir.

Isabel Sí, el teléfono es mejor, más directo, ¿verdad?

Pedro Sí, claro, y más rápido. Pero es caro si llamas a otro país.

Isabel A mí me gusta escribir cartas a los amigos que viven lejos. Es más personal.

Pedro Sí, pero las cartas llegan más tarde.

Isabel Sí, es verdad, pero me gusta mandar y recibir cartas.

Pedro Yo mando muchos mensajes con el móvil. Es rápido y barato.

Isabel Sí, pero para mensajes largos no es muy bueno.

Pedro No, claro. Es bueno sólo para mensajes cortos. ¿Usas Internet o fax?

Isabel El fax lo uso bastante en la oficina para mandar copias de documentos o dibujos a los clientes. Es muy útil, pero usa mucho papel. Uso mucho Internet para buscar información; es muy interesante.

Pedro Sí, y también puedes chatear por Internet. Es muy divertido y puedes comunicarte con muchas personas a la vez.

Isabel Sí, pero no tengo tiempo.

	teléfono	email	cartas	mensajes	fax	internet
ventajas	*rápido, directo*					
desventajas	*caro*					

c Practica una conversación similar.

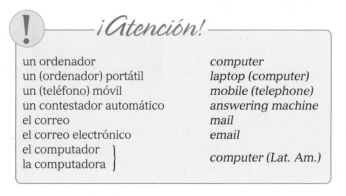

¡Atención!	
un ordenador	computer
un (ordenador) portátil	laptop (computer)
un (teléfono) móvil	mobile (telephone)
un contestador automático	answering machine
el correo	mail
el correo electrónico	email
el computador la computadora	computer (Lat. Am.)

D ¿Qué estás haciendo?

Ejemplo:

Aquí estoy nadando en el mar.

Gramática ✓

A: ¿Qué hace Javier?
B: Está escribiendo una carta.

A: ¿Qué estás haciendo?
B: Estoy comiendo.

A: ¿Qué estáis haciendo?
B: Estamos trabajando.

Estoy
Estás
Está   } trabaj**ando**/com**iendo**/
Estamos   escrib**iendo**
Estáis
Están

¿Qué haces?   *What do you do? /*
                       What are you doing?
¿Qué estás haciendo?   *What are you doing*
                       (right at this moment)?

These two questions are often interchangeable.
See Grammar section, page 245.

3.13
Actividad 19

Escucha y une los dibujos con los diálogos (1–5).

Actividad 18

Éstas son las fotos de tus vacaciones. Escribe una frase para cada foto. Usa los verbos del cuadro.

| bailar comer escribir jugar pasear ~~nadar~~ |
| nadar tomar visitar |

¡Atención! !

¿Puedes llamar más tarde? } *Can you call back*
¿Puedes llamar luego? }   *later?*
Llamaré más tarde.   *I'll call back later.*
¿Te puede llamar más   *Can he/she call you*
tarde?   *back later?*

3.14

Actividad 20

Escucha y lee la conversación. El verbo **estudiar** aparece tres veces. ¿Qué significa? ¿Qué estudia Javier?

Rosa	Javier, ¿qué haces?
Javier	Estoy estudiando. Tengo un exámen mañana.
Rosa	¿De qué es el exámen?
Javier	De física.
Rosa	¿Qué carrera estás estudiando?
Javier	Estudio quinto curso de Geológicas.
Rosa	¿Es muy difícil?
Javier	Sí, es muy difícil.
Rosa	Pero, ¿te gusta?
Javier	Sí, me gusta mucho.

 Gramática

Estoy estudiando (en este momento)
a   Estoy estudiando geología (en la universidad).
b   Estudio geología (en la universidad).
Sentences a and b both mean the same.

Actividad 21

Lee el mensaje y escribe la frase adecuada para cada dibujo.

A:	Marco
De:	Rosa
Fecha:	25 agosto
Asunto:	Vacaciones

Querido amigo

¿Qué tal? Estamos pasando dos semanas en un chalet al lado de la playa. Esto es estupendo. Ahora Antonio está leyendo y la niña está durmiendo. Yo estoy tomando el sol y bañándome. Todos los días vamos a cenar al restaurante. El problema es que estoy comiendo demasiado. Vamos a la discoteca cada noche y generalmente voy a la cama muy tarde y duermo por las mañanas. Estamos pasándolo muy bien. ¡Esto es vida!

Hasta pronto.
Rosa

Ejemplo:

La niña está durmiendo*. (dormir)

1
2

3
4

5
6

 Gramática

Estoy bañándome.	*I'm bathing/swimming.*
Estamos pasándolo muy bien.	*We're having a great time.*

For the position of pronouns and the uses of −lo, *see Grammar section (page 235).*

Actividad 22

Escribe un email contestando el mensaje de
Actividad 21. Utiliza los dibujos o tu información.

¡Atención!

limpiar	*to clean*
barrer	*to sweep*

Actividad 23

Mimo

Cada estudiante elige una acción y la representa
para el grupo. El grupo tiene que adivinar la acción.

Ejemplo: **Estás**   *viendo la televisión.*
trabajando en el jardín.
conduciendo el coche.

En casa o en clase

3.15

Actividad 24

a Lorenzo trabaja demasiado. Completa los diálogos en la oficina entre la directora y Lorenzo, su secretario.

1	**Directora**	Lorenzo, tiene que preparar (la) presentación del proyecto.
	Lorenzo	Sí, la *estoy preparando* ahora.
2	**Directora**	Lorenzo, ¿puede mandar un email al director de personal?
	Lorenzo	Sí, lo ( ) ahora.
3	**Directora**	Lorenzo, tiene que terminar este informe inmediatamente.
	Lorenzo	Sí, lo ( ) ahora.
4	**Directora**	Lorenzo, ¿puede escribir esta carta?
	Lorenzo	Sí, la ( ) ahora.

5	**Directora**	Lorenzo, tiene que buscar el contrato con la empresa CESA.
	Lorenzo	Sí, lo ( ) ahora.
6	**Directora**	Lorenzo, ¿puede llamar a la secretaria del señor Prada?
	Lorenzo	Sí, la ( ) ahora.
7	**Directora**	Lorenzo, ¿puede reservar habitación en el hotel Madrid?
	Lorenzo	Sí, la ( ) ahora.
8	**Directora**	Lorenzo, tiene que organizar la reunión del lunes.
	Lorenzo	Sí, la ( ) ahora.
9	**Directora**	Lorenzo, ¿puede hacer un café?
	Lorenzo	Sí, lo ( ) ahora.

b Escucha y comprueba.

Actividad 25

Mira sólo los dibujos de Actividad 1. Practica y escribe el diálogo.

Actividad 26
Lee y haz el test.

Test de las telecomunicaciones

1 Inventó un código que usa un alfabeto telegráfico.
   a Alexander Graham Bell
   b Samuel Morse
   c John Logie Baird
2 Inventó el teléfono.
   a Alexander Graham Bell
   b Samuel Morse
   c John Logie Baird
3 Inventó la televisión.
   a Alexander Graham Bell
   b Samuel Morse
   c John Logie Baird
4 Inventó la radio.
   a Guglielmo Marconi
   b Oliver Lodge
   c Heinrich Hertz
5 ¿Cuándo se desarrolló la World Wide Web?
   a 1969
   b 1979
   c 1989
6 Los programas de la televisión se transmitieron en color por primera vez en los años . . .
   a 1950
   b 1960
   c 1970
7 ¿Cuándo se organizó el correo oficial en España?
   a en el siglo 17
   b en el siglo 18
   c en el siglo 19

8 ¿Quién se considera el inventor de la computadora digital moderna?
   a Charles Babbage
   b Bill Gates
   c Guglielmo Marconi
9 El Colossus fue el primer ordenador digital totalmente electrónico. ¿Cuándo se inventó?
   a 1943
   b 1953
   c 1963
10 ¿Cuándo se fabricó la primera máquina de escribir industrial?
   a 1823
   b 1873
   c 1923

Rincón cultural

Los climas de Hispanoamérica: dos extremos

Guatemala
El clima de Guatemala es tropical. En las zonas altas, los días son cálidos y las noches frías, con una temperatura de un promedio anual de 20°C. El clima de las costas es más tropical; la costa Atlántica es más húmeda que la del Pacífico, y la temperatura tiene un promedio anual de 28,3°C. Hay una estación de lluvias entre mayo y noviembre.

Patagonia
Patagonia, en el sur de Argentina, tiene un clima muy frío. La temperatura tiene un promedio de 0°C y casi no hay árboles debido a la falta de lluvia.

Autoevaluación

A   Describe weather conditions
    Describe climate at different seasons of the year

B   Talk about weather forecasts for tomorrow

C   Describe how you feel: hot, cold, hungry, thirsty, frightened,
    tired
    Talk on the telephone
    Talk about different means of communication

D   Talk about what you are doing at the moment and currently

3.16

Vocabulario en casa

El ordenador

Estudia las partes del ordenador y une las palabras de la lista con las partes correspondientes.

a **el disquete**	e **el teclado**	h **la consola**	k **la impresora**
b **el disco duro**	f **el joy-stick/la palanca**	i **el disco compacto**	l **el módem**
c **el monitor**	g **el CD-ROM**	j **la pantalla**	m **la memoria USB**
d **el ratón**			

3.17 Vocabulario para la próxima lección

Vocabulario para contar tu vida o hablar de la vida de alguien

nacer

crecer

ir a la escuela

hacer el servicio
militar

hacer una carrera
(universitaria)

conocer a alguien

enamorarse

casarse

tener hijos

separarse

divorciarse

cambiarse de casa

jubilarse

morir

Gramática y ejercicios

El tiempo *The weather*

To describe many weather conditions, you use the verb hacer:

Hace calor.	*It's hot.*
Hace frío.	*It's cold.*
Hace sol.	*It's sunny.*
Hace viento.	*It's windy.*
¿Qué tiempo hace?	*What's the weather like?*

Note that if you are predicting what the weather is going to be like, you can use the future form ir + a + *verb.*

Mañana va a llover.	*Tomorrow it's going to rain.*
Esta tarde va a hacer sol.	*This afternoon it will be sunny.*

Expresiones con el verbo 'tener

Expressions with the verb tener

When you want to express how you feel, you often use expressions with the verb **tener**. *Where, in English, you would say 'I am cold', in Spanish you use* **tener** *('to have') instead of the verb 'to be':*

Tengo frío.	*I'm cold. (lit. 'I have cold.')*
Tengo calor.	*I'm hot. (lit. 'I have heat.')*
Tengo hambre.	*I'm hungry.*
Tengo sed.	*I'm thirsty.*
Tengo miedo.	*I'm frightened.*
Tengo sueño.	*I'm tired.*
Tengo ganas (de) . . .	*I feel like ...*

Presente continuo *Present continuous tense*

To describe what someone is doing at the moment or what they are doing currently, Spanish uses the verb estar + *the main verb with an ending which means the same as '−ing' in English. This ending is different for −ar verbs and −er or −ir verbs.*

−ar verbs

Estoy traba**jando.**	*I'm working.*

−er and −ir verbs

Estoy comiendo.	*I'm having lunch.*
Estoy viviendo con mis padres.	*I'm living with my parents.*

Note that it is also possible to talk about something that is happening now by using either the simple present or the present continuous tense.

Llueve.	*It's raining.*
Está lloviendo.	

Note that the present continuous can be used for both precise timeframes and more general ones:

Estoy estudiando.	*I'm studying (at this moment).*
Estoy estudiando geología.	*I'm studying Geology (currently at university).*

Note that reflexive verbs in the present continuous tense carry the reflexive part of the verb either at the very beginning or the very end:

Me estoy duchando.	*I'm having a shower.*
Estoy duchándome.	

EJERCICIOS

A   Write a sentence for each drawing, describing the weather.

1   2   3

4   5

B   Use the pictures from Exercise A to write about what the weather will be like tomorrow.

C   Translate these sentences into Spanish.

1   I'm hungry.
2   Are you thirsty?
3   Is he frightened?
4   I'm tired.
5   Are you cold?

D   Respond to the following instructions.

1   Tienes que comer.   *Estoy comiendo* ahora.
2   Tienes que hacer los deberes.   ⬭ ahora.
3   Tienes que estudiar.   ⬭ ahora.
4   Tienes que preparar la comida.   ⬭ ahora.
5   Tienes que escribir las palabras.   ⬭ ahora.
6   Tienes que beber agua.   ⬭ ahora.

Vocabulario

A/B

El tiempo	***The weather***
(en el mundo)	***(around the world)***
ahora mismo	*at the moment / immediately*
bosque (m)	*wood (trees)*
chubasco	*rain shower*
clima (m)	*climate*
cubierto	*overcast*
datos (mpl)	*facts, data*
descansar	*to relax*
disfrutar	*to enjoy*
esquí (m)	*skiing*
estación (f)	*season*
granizo	*hail(stones)*
Hace calor.	*It's hot.*
Hace frío.	*It's cold.*
Hace sol.	*It's sunny.*
Hace viento.	*It's windy.*
invierno	*winter*
llover	*to rain*
menos mal	*it's just as well*
montañismo	*mountaineering*
neblina	*mist*
nevar	*to snow*

niebla	*fog*
nieve (f)	*snow*
nivel (m)	*level*
nube (f)	*cloud*
nublado	*cloudy*
otoño	*autumn*
pasatiempo	*hobby, pastime*
paseo	*walk, stroll*
previsión del tiempo	*weather forecast*
primavera	*spring*
¡Qué calor!	*It's really hot!*
¡Qué frío!	*It's really cold!*
¡Qué pena!	*What a shame!*
¡Qué suerte!	*(You're) really lucky!*
sierra	*mountain, mountain range*
tiempo	*weather*
tormenta	*storm*
verano	*summer*

C

Por teléfono	***On the phone***
Ahora se pone.	*He/She is just coming to the phone*
bastante	*quite a lot*

chatear por Internet	*to 'chat' online*	perdone	*sorry*
contestador (m)	*telephone answering*	Soy yo.	*Speaking.*
(automático)	*machine*	teléfono móvil	*mobile phone*
conveniente	*convenient*	tener frío	*to be cold*
correo electrónico	*email*	tener calor	*to be hot*
dígame	*hello (when answering the*	tener ganas	*to feel like*
	phone)	(de hacer algo)	*(doing something)*
divertido/a	*enjoyable, amusing*	tener hambre	*to be hungry*
email (m)	*email*	tener miedo	*to be frightened*
fax (m)	*fax*	tener sed	*to be thirsty*
Internet (f)	*internet*	tener sueño	*to be tired*
mensaje (m)	*text message*		
de texto		**D**	
móvil (m)	*mobile*	**¿Qué estás**	***What are you doing?***
No es aquí.	*Wrong number.*	**haciendo?**	
ordenador (m)	*computer*	carrera	*(university) course*
ordenador (m)	*laptop computer*	luego	*later*
portátil		más tarde	*later*

DOCE
12   ¿Qué hiciste?

Topic areas

A   Talking about the past: what you did yesterday

B   Talking about holidays in the past

C   Biographies: talking about your life; describing other people's lives

Language focus

Verbs in the simple past tense

   (regular):   *cenar – cené, comer – comí, salir – salí*

   (irregular): *ir – fui, hacer – hice, estar – estuve*

Prepárate

3.18

a   Juan habla de ayer por la noche. Une lo que dice con los dibujos.

1   **Salí por la noche.**

2   **Cené en un restaurante.**

3   **Fui al teatro.**

4   **Fui a una discoteca.**

5   **Bailé.**

6   **Bebí demasiado.**

b   Escucha y comprueba.

c   Observa las terminaciones de los verbos para hablar del pasado. Hay un verbo diferente; ¿cuál es?

A | ¿Qué hiciste ayer?

3.19

  ## Actividad 1

Escucha la conversación; contesta las preguntas.

1 ¿Qué va a hacer Juan esta tarde?

2 ¿Quién invita a quién?

3 ¿Qué tiene Ana?

4 ¿Qué va a hacer Ana esta tarde?

5 ¿Va a ir Juan con Ana?

6 ¿Por qué?

Ana	Hola, Juan.
Juan	Hola, Ana. ¿Qué tal?
Ana	Bien. ¿Qué vas a hacer esta tarde? ¿Quieres venir al cine?
Juan	Pues, no sé. No me apetece salir. Voy a ir a casa.
Ana	¡Qué raro! ¿Qué te pasa?
Juan	Pues, ayer salí por la noche y estoy muy cansado.
Ana	¿Dónde fuiste?
Juan	Primero fui al teatro, después cené en un restaurante y luego fui a una discoteca, creo que bailé y bebí demasiado.
Ana	Pues, tengo dos entradas para el cine. ¿No quieres ir?
Juan	No, de verdad. Estoy muy cansado.
Ana	Bueno. Llamaré a Luis.

 ## ¡Atención!

ayer	yesterday
ayer por la noche	} last night
anoche	
primero	first(ly)
después	then, afterwards
luego	later, then
de verdad	really

 ## Gramática

Pretérito indefinido de los verbos regulares

	bailar	**comer**	**salir**
(yo)	bailé	comí	salí
(tú)	bailaste	comiste	saliste
(él/ella/usted)	bailó	comió	salió

Dos verbos irregulares

	hacer	**ir/ser***
	hice	fui
	hiciste	fuiste
	hizo	fue

* Ir and ser *have the same form in the simple past.*

A: ¿Qué **hiciste** ayer?

B: **Fui** a la discoteca.

3.20 Actividad 2

a Escribe los verbos en la forma correcta.

A: Juan, ¿qué **1** _____ (**hacer**) anoche?

B: **2** _____ (**ir**) a ver a mi amigo.

A: ¿**3** _____ (**salir**) con él?

B: Sí. **4** _____ (**ir**) al cine con él.

A: ¿Qué película **5** _____ (**ver**)?

B: Una policiaca. No me acuerdo del título.

A: ¿**6** _____ (**hacer**) algo después?

B: Sí. **7** _____ (**cenar**) con mi amigo y después yo **8** _____ (**ir**) a la discoteca.

A: ¿Y tu amigo?

B: Él **9** _____ (**ir**) a casa después de cenar.

b Escucha el diálogo y comprueba tus respuestas.

c Practica el diálogo.

3.21 Actividad 3

a Elige el verbo correspondiente del cuadro para cada dibujo.

> **a** cené **b** comí a mediodía **c** desayuné
> **d** leí el periódico **e** llegué a mi trabajo
> **f** me acosté **g** me duché **h** me levanté
> **i** salí de casa **j** terminé mi trabajo
> **k** tomé el autobús **l** trabajé **m** vi la tele
> **n** volví a casa

b Escucha y comprueba.

c Practica.

Ejemplo:

A: ¿Qué hiciste a las siete y media?

B: A las siete y media me levanté.

Actividad 4

Ahora tú. ¿Qué hiciste tú ayer? Practica. Di las horas.

Ejemplo: *Me levanté a las ocho.*

  3.22

Actividad 5

¿Qué hizo María ayer?

a   Pon los dibujos en orden y escribe una frase para cada dibujo.

Ejemplo: *1c*   *María se levantó a las siete.*

| a | b | c | d |
| e | f | g | h |

b   Escucha y comprueba.

Actividad 6

Lee lo que María escribió en su diario. Hay diferencias. ¿Cuáles son las diferencias?

15 julio

Ayer, día de mi cumpleaños, me levanté a las siete, como todos los días, desayuné con Pili en el bar Miguel y trabajé toda la mañana como siempre. Normalmente a mediodía como un sandwich en un bar cercano, pero ayer comí en un restaurante, El Olimpo, con Pili y Alfonso. Luego fui al Corte Inglés a comprar un regalo para mí y llegué un poco tarde al trabajo. Entré en la oficina, un poco preocupada, y vi un pastel de cumpleaños en la mesa grande con dos botellas de champán. Todos mis compañeros cantaron "Cumpleaños feliz" y mi jefe me regaló un reloj en nombre de todos ellos. Fue muy emocionante.

Por la tarde visité a mis padres y cené con ellos. Pasé un día muy agradable.

Actividad 7

3.23

a Escucha y repite las expresiones del pasado.

la semana pasada	*last week*
el mes pasado	*last month*
el año pasado	*last year*
ayer	*yesterday*
anoche	*last night*
antes de ayer / anteayer	*the day before yesterday*
hace dos semanas	*two weeks ago*

b Practica: ¿Qué hiciste ayer / la semana pasada / el año pasado …?

 Actividad 8

Practica. ¿Qué hizo tu amigo/a ayer? Usa la información de Actividad 3 y escribe los verbos en tercera persona.

 Actividad 9

3.24

Escucha (sin leer) lo que dicen Javier, Pedro y María Teresa y completa el cuadro.

	Javier	Pedro	María Teresa
0700			
0900	*universidad*		
1100			*presentar proyecto*
1300			
1400			
1500			
1700			
2200		*cenar*	
2330			

  Actividad 10

3.24

a Lee lo que dicen Javier, Pedro y María Teresa y escribe los verbos en los espacios en blanco.

Rosa Javier, ¿qué 1 ⬭ ayer?

Javier Ayer 2 ⬭ pronto para estudiar. Después 3 ⬭ a la universidad y 4 ⬭ a casa a las dos, y después de comer, por la tarde 5 ⬭ a jugar al baloncesto.

Pedro Ayer no 6 ⬭ y por eso 7 ⬭ tarde, a eso de las nueve. 8 ⬭ y a las once 9 ⬭ a comprar. Me 10 ⬭ unos pantalones vaqueros y una camisa. A la una 11 ⬭ un aperitivo con unos amigos y 12 ⬭ a comer. 13 ⬭ a las tres y por la tarde 14 ⬭ al gimnasio a hacer un poco de ejercicio. 15 ⬭ a las diez y 16 ⬭ después de ver un poco la televisión.

María Teresa Ayer 17 ⬭ temprano a mi oficina donde trabajo como arquitecta. Hacia las nueve 18 ⬭ a diseñar un proyecto que 19 ⬭ a las once de la mañana para unos clientes. 20 ⬭ a almorzar a la casa. A las tres 21 ⬭ a la oficina a mirar algunas obras que teníamos pendientes. En la noche 22 ⬭ en casa y 23 ⬭ a un cine con mi novio.

b Escucha los diálogos de Actividad 9 otra vez y comprueba.

Actividad 11

Tu agenda de memoria

Lee la agenda del sábado pasado durante un minuto. Tapa la agenda y escribe, en el pasado, lo que recuerdas.

Ejemplo: *A las diez me levanté.*

Sábado			
10.00	levantarse	18.00	ir de compras
10.30	desayunar	21.00	cenar en un restaurante
11.30	jugar al tenis	23.00	cine: ver una película cómica
14.30	comer en casa	02.00	ir a la discoteca
16.00	tomar café con María	07.00	acostarse

B | ¿Dónde estuviste?

Gramática

Dos verbos irregulares

	estar	**tener**
(yo)	estuve	tuve
(tú)	estuviste	tuviste
(él/ella/usted)	estuvo	tuvo

3.25

Actividad 12

Cuatro personas (A, B, C y D) hablan de lo que hicieron durante las vacaciones. Estudia el cuadro. Escucha e indica.

medio de transporte	avión	☐	barco	☐	tren	☐	coche	☐
lugar	montañas	Ⓐ	playa	☐	pueblo	☐	extranjero	☐
duración	2 semanas	☐	3 semanas	☐	1 mes	☐	6 semanas	☐
cuándo	junio	☐	julio	☐	agosto	☐	septiembre	☐
alojamiento	hotel	☐	camping	☐	su casa	☐	casa de amigos	☐
actividades	nadar	☐	excursiones	☐	paseos	☐	teatro	☐
	tomar el sol	☐	montañismo	☐	ciclismo	☐	museos	☐

Actividad 13

Utiliza la información de Actividad 12. Escribe frases sobre las vacaciones.

Ejemplo:

María Teresa fue de vacaciones a la playa durante tres semanas. Fue en barco y estuvo en un hotel. Fue en agosto. Nadó, hizo excursiones y paseos, tomó el sol e hizo ciclismo.

 ## ¡Atención!

| ir de vacaciones | to go on holiday |
| estar de vacaciones | to be on holiday |

  ## Actividad 14

Pregunta a tus compañeros/as sobre las vacaciones.

¿Adónde fuiste de vacaciones?
¿Cuándo fuiste?
¿Cómo fuiste?
¿Dónde estuviste?
¿Qué hiciste?

 ## Gramática

Plurales

	bailar	comer	salir
(nosotros/as)	bailamos	comimos	salimos
(vosotros/as)	bailasteis	comisteis	salisteis
(ellos/ellas/ ustedes)	bailaron	comieron	salieron

 ## Actividad 15

Una encuesta de toda la clase

Utiliza la información de Actividad 14. Usa un cuadro como el de Actividad 12.

1 ¿Cuántos fueron en avión/coche/tren/autocar?
2 ¿Cuántos fueron en mayo/junio/julio/agosto?
3 ¿Cuántos fueron a la playa/al pueblo/a la montaña/al campo?
4 ¿Cuántos estuvieron en un hotel/en un camping/en una casa/en un apartamento?
5 ¿Qué actividades hicieron?

Actividad 16

Este estudiante visitó Aragón, en España, en un viaje de estudios. Lee su diario. Escribe la frase que corresponde a cada imagen.

1

2

3

4

5

6

7

Domingo, siete de enero

Nos levantamos temprano para visitar los museos de Zaragoza.

Visitamos dos museos; un museo de pintura y uno de escultura. Vimos también muchos cuadros en una exposición al aire libre.

Para comer, fuimos a un restaurante donde comimos paella. Después de comer fuimos a un parque muy grande donde paseamos. Cuando volvimos al hotel, fuimos directamente a la cama.

Martes, nueve de enero

Nos levantamos a las seis para ir a un pueblo que se llama Belchite, bastante cerca de Zaragoza. El viaje en autocar duró una hora más o menos y cuando llegamos vimos un horno pequeño donde hacen el pan para la zona de Belchite. Entonces, fuimos a la fábrica de aceite de oliva. ¡No he visto nunca tantas aceitunas juntas! Fue muy interesante. Lo más interesante en Belchite fue la visita al Pueblo Viejo, destruido en la guerra civil española, y ahora completamente abandonado.

Jueves, once de enero

Por la mañana visitamos las iglesias y monumentos de Zaragoza. Fuimos a la Aljafería, un palacio árabe del siglo XI, y a la basílica del Pilar.

Tuvimos la tarde libre, y fui de compras por el centro de Zaragoza.

Por la noche, fuimos a un bar y jugué al billar con amigos españoles. ¡Hablé mucho español!

Actividad 17

Fuiste de vacaciones con tus amigos. Escribe lo que hicisteis en un papel. Mezcla el papel con los de tus compañeros/as. Lee y adivina de quién es cada papel.

C | Ésta es mi vida

  3.26

Actividad 18

a Mira los dibujos de la vida de Ana. Une las frases con los dibujos.

b Escucha y comprueba.

c Escucha otra vez y completa los espacios en blanco con las fechas.

1 Nací en ⬭⬭⬭⬭⬭, en Zaragoza, donde pasé mi infancia y juventud.

2 En ⬭⬭⬭⬭⬭ fui a la universidad.

3 Terminé mis estudios en ⬭⬭⬭⬭⬭ . . .

4 . . . y en ⬭⬭⬭⬭⬭ me casé.

5 Ese mismo año fui a París a estudiar francés en la universidad de la Sorbona durante un año (⬭⬭⬭⬭⬭) . . .

6 . . . y después fui a Londres. Estuve dos años en Londres, donde trabajé como profesora de español, desde ⬭⬭⬭⬭⬭ a ⬭⬭⬭⬭⬭ .

7 En ⬭⬭⬭⬭⬭ volví a España, a Barcelona y allí viví durante cuatro años trabajando también como profesora en un instituto.

8 En ⬭⬭⬭⬭⬭ tuve a mi primera hija.

Actividad 19

a Haz una lista de los verbos que utiliza Ana.

Ejemplo: *nací (nacer)*

b Escribe su historia en la tercera persona.

Ejemplo: *Ana nació en 1954 en Zaragoza . . .*

Actividad 20

Estudiante A: Cuenta tu vida a Estudiante B.
Estudiante B: Toma notas.

Ejemplo:

1980   **Nació en Londres.**
1998   **Estudió idiomas en la universidad de Edimburgo, etc.**

Cambia.

3.27 Actividad 21

a Lee la información de cada uno de estos personajes. Los datos están mezclados. Selecciona cuatro datos para cada personaje y escríbelos en el orden correcto.

1 Luis Buñuel

2 Isabel Allende

3 Evita

4 Celia Cruz

1900	Nace en Aragón, España.
1919	Nace en Los Toldos, Argentina.
1925	Nace en La Habana, Cuba.
1929	Hace su primera película con Dalí en Francia.
1942	Nace en Lima, Perú, de una familia chilena diplomática.
1944	Actriz de radionovelas: conoce al político Juan Perón.
1945	Se casa con Juan Perón.
1947	Vive en Estados Unidos y va a México. Hace muchas películas.
1950	Empieza a cantar con la Orquesta Matancera.

1952	Muere muy joven en Buenos Aires.
1959	Va a México con la Orquesta Matancera.
1961	Se casa con el trompeta Pedro Knight y vive en Estados Unidos. Se llama la Reina de la Salsa.
1973	Golpe militar en Chile: abandona Chile.
1982	Escribe su primera novela *La casa de los espíritus*.
1983	Muere en México.
1988	Vuelve a Chile después de la dictadura.
2003	Muere en New Jersey.

b Ahora escribe la historia de cada personaje; usa el pretérito indefinido.

Ejemplo: *Nació en Aragón . . .*

c Escucha y comprueba.

Actividad 22

Lee la información sobre estos personajes famosos españoles y contesta las preguntas.

EDUARDO NORIEGA

Nació en Santander. Es uno de los actores españoles más conocidos. Trabajó con el director Alejandro Amenábar en las películas de misterio *Tesis* y *Abre los ojos*. A Noriega parece que le gustan las películas de misterio porque hizo otra película que se llama *Nadie conoce a nadie*. También hizo una película sobre la vida de Che Guevara. Hace películas en español y francés.

INÉS SASTRE

Nació en Valladolid en 1973. Inés combina las carreras de actriz y modelo. Empezó a los catorce años en la película *El Dorado* de Carlos Saura. Estudió en París y habla francés perfectamente. Es licenciada en literatura francesa. Es una cara famosa en las revistas de moda, mientras sigue rodando películas.

CARMEN MAURA

Es una actriz española muy cotizada, tanto en el cine como en el teatro. Es descendiente del político español Antonio Maura. Hizo su primera película en 1969. Su género favorito es la comedia y aparece en muchas películas del director español Pedro Almodóvar, incluyendo la famosísima *Mujeres al borde de un ataque de nervios* en 1988 y la excelente y reciente película del director, *Volver* (2006).

MIGUEL BOSÉ

Nació en Madrid, hijo del famoso torero Luis Miguel Dominguín y de la actriz italiana Lucía Bosé, de quién adoptó su apellido artístico. De peculiar y atractivo físico, también aparece en muchas películas conocidas, la más famosa fue *La reina Margot* de 1994.

1 Una biografía no dice dónde nació. ¿Cuál?
2 Sólo una dice cuándo nació. ¿Cuál?
3 Su madre es actriz italiana. Su padre fue torero. ¿Quién es?
4 a ¿Quién es político?
  b ¿Quién es director de cine?
5 Escribe una característica de cada personaje.
6 Busca los verbos en pretérito indefinido y escríbelos en el infinitivo.

En casa o en clase

3.28 Actividad 23

a Lee esta biografía de una persona famosa. ¿Sabes quién es? (La respuesta está abajo.)

1881	Nace en Málaga, España.
1895	Estudia en la Escuela de Bellas Artes de Barcelona.
1907	Pinta un cuadro muy importante, *Las señoritas de Avignon*.
1918	Se casa con Olga Kokhlova, una bailarina rusa.
1921	Nace su primer hijo, Paul. Exposición en Londres.
1925	Se alía con el movimiento surrealista.
1936	Es nombrado director del Museo del Prado en Madrid.
1937	Denuncia el franquismo. Pinta su cuadro más famoso, *Guernica*.
1950	Recibe el premio Lenin de la paz.
1955	Muere su mujer, Olga. Compra una mansión enorme en Cannes.
1961	Se casa con Jacqueline Roque. Cumple 80 años.
1963	Inauguración del museo que lleva su nombre en Barcelona.
1973	Muere en su casa, Notre-Dame-de-Vie, en Francia.

b Ahora escribe la biografía con frases completas.

Ejemplo: **En 1881 nació en Málaga, España.**

c Escucha y comprueba.

Actividad 24

Piensa en un personaje famoso. ¿Qué información sabes de él/ella? Escribe su biografía sin decir el nombre. Tus compañeros/as adivinan quién es.

Actividad 25

a Lee la biografía de Plácido Domingo. ¿Qué significan en su vida estos lugares?

1 Madrid
2 Ciudad de México.
3 Milán
4 Los Ángeles

Respuesta: Pablo Picasso

Plácido Domingo
1941 (Madrid, España)

Nació el 21 de enero de 1941 en Madrid. Hijo de Plácido Domingo Ferrer y Pepita Embil. Fue a vivir a México con sus padres e ingresó en el Conservatorio de la Ciudad de México. Su debut fue como barítono, aunque pronto se pasó a tenor. Sus primeras actuaciones fueron en giras por México con la compañía de Zarzuela de sus padres. Su debut fue en 1957 en la Zarzuela *Gigantes y cabezudos* y en 1958 en la ópera mexicana *Eréndira*, de Luis Mendoza López y como tenor, cantando el papel de Borsa en *Rigoletto*, en el Palacio de Bellas Artes de la Ciudad de México en octubre de 1959. En 1960 tuvo su primer papel importante, Alfredo en *La Traviata*.
En el año 1969 debutó en Europa en la Scala de Milán con *Hernani* de Verdi. Convertido en una de las figuras más importantes de la lírica mundial, cantó en los principales escenarios con un repertorio de más de 70 papeles, abarca desde Donizetti y Verdi a Wagner y Strauss. Desde hace años comparte con José Carreras y Luciano Pavarotti el espectáculo de "Los Tres Tenores", con el objetivo de celebrar conciertos multitudinarios y acercar la ópera a la gente. Desde 1993, trabaja en la creación del más renombrado concurso de canto, Operalia, y en la dirección artística de Los Angeles Music Center Opera y de la ópera de Washington. El 16 de abril de 1998 recibió en la II edición de los Premios de la Música, el premio correspondiente al Mejor Artista de Música Clásica (Deutsche Gramophone).

 Rincón cultural

La zarzuela

La zarzuela es un género musical español. Nació en el siglo XVII en España. Es una obra dramático-musical con escenas de diálogos, canciones, coros y danzas. Empezó como una imitación de la ópera italiana. Este género se hizo muy popular en el siglo XIX, y en 1856 se construyó el teatro de la Zarzuela en Madrid, un teatro totalmente dedicado a estas representaciones. Entre la zarzuela y la ópera existen muchas diferencias. La zarzuela es tipicamente española; sólo existe en España y algunos países de América Latina. También está basada en los temas locales y el folklore popular. La zarzuela utiliza cantos y danzas populares. También el pueblo convierte las canciones de zarzuela en canciones populares. Otra diferencia es que la ópera es totalmente cantada, mientras que en la zarzuela se alternan escenas cantadas con pasajes hablados.

 Autoevaluación

A   Ask someone what they did at different times in the past
Say what you or other people did at different times in the past

B   Ask and say where you and other people went, where you and other people were, etc.

C   Talk about important events in your own and other people's lives

b   Busca los verbos en pretérito y escribe el infinitivo.

Ejemplo: *nació – nacer*

3.29 Vocabulario para la próxima lección

Los síntomas	**Symptoms**
(el) dolor de cabeza	*headache*
(el) dolor de garganta	*sore throat*
(la) fiebre	*fever, temperature*
(el) dolor de estómago	*stomachache*
(la) tos	*cough*
(la) diarrea	*diarrhoea*

Las enfermedades	**Illnesses**
la gripe	*flu*
el catarro	*a cold, catarrh*

una infección	*an infection*
un virus	*a virus*
una intoxicación	*food poisoning*
una insolación	*sunburn*

Los remedios	**Remedies**
una inyección	*an injection*
unas pastillas	*pills, tablets*
una pomada	*ointment*
un jarabe	*syrup*

Gramática y ejercicios

El pretérito indefinido: verbos regulares   *The simple past tense: regular verbs*

Note that in the singular, the simple past endings are the same for –er and –ir verbs. Note also that the first person plural for regular –ar and –ir verbs takes the same form as for the present simple.

	cen**ar**	com**er**	sal**ir**
(yo)	cen**é**	com**í**	sal**í**
(tú)	cen**aste**	com**iste**	sal**iste**
(él/ella/usted)	cen**ó**	com**ió**	sal**ió**
(nosotros/as)	cen**amos**	com**imos**	sal**imos**
(vosotros/as)	cen**asteis**	com**isteis**	sal**isteis**
(ellos/ellas/ustedes)	cen**aron**	com**ieron**	sal**ieron**

Otro verbo en pretérito:

ver: vi / viste / vio / vimos / visteis / vieron

El pretérito indefinido: verbos irregulares   *The simple past tense: irregular verbs*

The most common verbs which take an irregular form in the simple past are the verbs ir, ser, hacer, estar, tener. Note that the simple past of the verbs ser and ir take exactly the same form in the simple past:

	ir/ser	estar	tener	hacer
(yo)	fui	estuve	tuve	hice
(tú)	fuiste	estuviste	tuviste	hiciste
(él/ella/usted)	fue	estuvo	tuvo	hizo
(nosotros/as)	fuimos	estuvimos	tuvimos	hicimos
(vosotros/as)	fuisteis	estuvisteis	tuvisteis	hicisteis
(ellos/ellas/ustedes)	fueron	estuvieron	tuvieron	hicieron

EJERCICIOS

A *Write sentences in the simple past tense.*

1 Termino mis deberes ahora.   Ayer *terminé mis deberes.*
2 Ana sale mucho.   Ana ⟨   ⟩ anoche.
3 ¿Vas al cine mucho?   ¿ ⟨   ⟩ ayer?
4 Hago montañismo en el verano.   El verano pasado ⟨   ⟩ .
5 Juan está en su pueblo.   Juan ⟨   ⟩ la semana pasada.
6 ¿Cuándo tienes vacaciones?   ¿ ⟨   ⟩ ?

B *Write these sentences in the plural form.*

1 Anoche cené en el restaurante.
  (Nosotros) ⟨   ⟩ .
2 ¿Estuviste en casa?
  ¿(Vosotros) ⟨   ⟩ ?
3 ¿Qué hizo Juan?
  ¿ ⟨   ⟩ Juan y Pablo?
4 María salió con sus amigos.
  María y Ana ⟨   ⟩ .
5 ¿Bailaste mucho?
  ¿(Vosotros) ⟨   ⟩ ?

C *Complete the short dialogues in the simple past tense with a verb from the box in the correct form.*

estar   hacer   ir   salir   volver

1 A: ¿(Tú) ⟨   ⟩ anoche?
  B: Sí. ⟨   ⟩ con mis amigos anoche.
2 A: ¿Adónde ⟨   ⟩ (vosotros)?
  B: (Nosotros) ⟨   ⟩ al cine.
3 A: ¿Qué ⟨   ⟩ (tú) después?
  B: (Yo) ⟨   ⟩ a casa.

4 A: ¿Dónde ⟨   ⟩ Juan la semana pasada?
  B: (Él) ⟨   ⟩ de vacaciones.
5 A: Mis padres ⟨   ⟩ de vacaciones la semana pasada.
  B: ¡Ah sí! ¿Qué ⟨   ⟩ ?
  A: ⟨   ⟩ windsurf.

D *Complete the sentences using the verbs in brackets in the simple past tense.*

1 A: ¿Dónde ⟨   ⟩ tú?
  B: Yo ⟨   ⟩ en Buenos Aires. (**nacer**)
2 A: ¿Dónde ⟨   ⟩ tu hermana?
  B: Mi hermana ⟨   ⟩ en Salamanca.
  (**estudiar**)
3 A: ¿Cuándo ⟨   ⟩ tus padres?
  B: Mis padres ⟨   ⟩ en 1960. (**casarse**)
4 A: ¿Adónde ⟨   ⟩ (tú) a trabajar?
  B: (Yo) ⟨   ⟩ a trabajar a Bilbao. (**ir**)
5 A: ¿Dónde ⟨   ⟩ (vosotros) el año pasado?
  B: (Nosotros) ⟨   ⟩ en Brasil. (**estar**)

Vocabulario

A

		ayer por la noche	last night
¿Qué hiciste ayer?	***What did you do yesterday?***	cercano/a	*nearby*
		como siempre	*as always*
acordarse (de)	*to remember*	demasiado	*too much*
anoche	*last night*	después	*then, afterwards*
(el) año pasado	*last year*	diseñar	*to design*
ayer	*yesterday*	emocionante	*exciting*

luego	*then, later*
pendiente	*pending*
por la noche	*at night*
preocupado/a	*worried*
primero	*firstly*
pronto	*early*
proyecto	*project*
¡Qué raro!	*How strange!*
(la) semana pasada	*last week*
siempre	*always*
título	*title*

B
¿Dónde estuviste? *Where were you?*

aire (m) libre	*open air*
autocar (m)	*coach (bus)*
bastante (cerca)	*quite (near)*
cuadro	*painting*
destruido/a	*destroyed*
destruir	*to destroy*
directamente	*directly, straight away*
durar	*to take (time on a journey)*
escultura	*sculpture*
estar de vacaciones	*to be on holiday*
exposición (f)	*exhibition*
extranjero	*overseas*
fábrica	*factory*
fabricar	*to manufacture*
guerra civil	*civil war*
iglesia	*church*
ir de vacaciones	*to go on holiday*
palacio	*palace*

C
Ésta es mi vida *This is my life*

actuación (f)	*performance*
cambiarse de casa	*to move house*
casarse	*to get married*
combinar	*to combine*
(trabajar) como (profesora)	*(to work) as (a teacher)*
conocido/a	*well-known*
concurso	*competition*
conocer (a alguien)	*to meet (someone)*

coro	*choir*
cotizado/a	*sought after*
crecer	*to grow up*
cumplir (30 años)	*to have your (30th) birthday*
danza	*dance*
denunciar	*to denounce*
desde (1993)	*since (1993)*
desde hace años	*for many years*
dictadura	*dictatorship*
divorciarse	*to divorce*
durante	*for (a period of time)*
enamorarse	*to fall in love*
escena	*scene*
físico	*physique*
franquismo	*Francoism (after General Franco)*
género	*genre*
gira	*tour*
golpe (m) militar	*military coup*
hacer el servicio militar	*to do military service*
hacer una carrera (universitaria)	*to do a (university) course*
infancia	*infancy, childhood*
ingresar	*to join (a school, college, etc.)*
jubilarse	*to retire (at age 65, etc.)*
juventud (f)	*youth*
licenciado/a	*graduated (from university)*
modelo (m/f)	*model (fashion)*
morir	*to die*
nacer	*to be born*
nadie	*nobody, anybody*
nombrado/a	*named*
papel (m)	*role*
personaje (m)	*personality*
político/a	*politician*
rodar	*to make a film*
separarse	*to separate*
siglo	*century*
sobre	*about*
tema (m)	*theme, topic*
torero	*bullfighter*
trompeta (m)	*trumpet player*

13 ¿Qué te pasa?

Topic areas

A Parts of the body; saying what hurts, describing symptoms
   Making suggestions and giving advice
B Asking and saying what has happened and what you have done
C Asking and saying what someone has done today/this week/this month
D/E Reporting lost property; saying where and when you lost something
   Describing personal property: material, size, colour

Language focus

The verb *doler: me duele/me duelen*
Present perfect tense: *Me he quemado/He perdido mi cartera/He trabajado hoy.*
Imperfect tense: *Había un pasaporte dentro/Comía en el restaurante.*
Possessive adjectives: *mi coche, tu bolso, sus gafas de sol*

Prepárate

3.30

a Pon los nombres de las partes del cuerpo en el lugar correspondiente.
Put the names of the parts of the body in the correct place.

El cuerpo humano

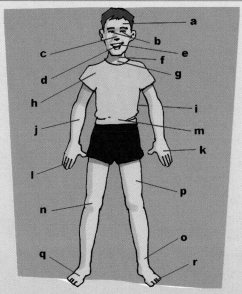

1	el brazo	11	la mano
2	el cuello	12	la nariz
3	el estómago	13	la pierna
4	el hombro	14	la rodilla
5	el pie	15	las muelas
6	el tobillo	16	los dedos
7	la boca		(de la mano)
8	la cabeza	17	los dedos
9	la espalda		(del pie)
10	la garganta	18	los ojos

b Escucha y comprueba.

A | ¿Qué te pasa?

Actividad 1

3.31

Escucha e indica la parte del cuerpo que le duele a cada persona (1–8).

Actividad 2

En el médico

Practica.

Estudiante A: Indica una parte del cuerpo (por ejemplo, la cabeza) y pregunta: ¿Qué le pasa?

Estudiante B: Me duele (la cabeza).

Continúa.

> ! ——— *¡Atención!* ———
>
> | ¿Qué te pasa? | *What's the matter? (informal)* |
> |---|---|
> | ¿Qué le pasa? | *What's the matter? (formal, e.g. at the doctor's)* |
>
> *Note*
> Me duele **la** cabeza.　*My head aches/hurts.*

> ✓ ——— *Gramática* ———
>
> | **doler** | ***to hurt, to ache*** |
> |---|---|
> | Me duel**e** la cabeza. (*singular*) | *My head hurts.* |
> | Me duel**en** las piernas. (*plural*) | *My legs ache.* |
> | Tengo dolor de cabeza. | *I have a headache.* |
> | Tengo dolor de estómago. | *I have a stomach-ache.* |

Actividad 3

3.32

Ana habla con el médico

Escucha y contesta las preguntas.

1　¿Cuáles son los síntomas?
2　¿Cuál es el diagnóstico?
3　¿Cuál es la receta?
4　¿Cuál es el consejo?

Médico	¿Qué le pasa?
Ana	Pues, no sé. He tenido un catarro muy fuerte y ahora me duele la cabeza y el oído.
Médico	Vamos a ver . . . Parece que tiene un poco de infección. ¿Ha tenido mareos?
Ana	No. Pero me encuentro muy mal.
Médico	¿Es usted alérgica a los antibióticos?
Ana	No.
Médico	Bueno, pues le voy a recetar estas pastillas. Tiene que tomar una después de cada comida.
Ana	De acuerdo.

> ! ——— *¡Atención!* ———
>
>
>
> | Me duele . . . | *My . . . hurts.* |
> |---|---|
> | doler | *to hurt* |
> | dolor (m) | *pain* |
> | Me encuentro . . . (*verbo reflexivo*) | *I feel . . .* |
> | Me encuentro mal. | *I feel sick/ill/bad.* |
> | una receta | *a prescription* |
> | recetar | *to prescribe, to give a prescription* |

Actividad 4

Une los síntomas, las enfermedades y las recetas.

Síntoma(s)	**Enfermedad**
dolor de cabeza	una indigestión
dolor de estómago	una intoxicación
fiebre	una insolación
diarrea	la gripe
dolor de ojos	una infección del oído
dolor de oídos	un virus
escozor en la espalda	una infección de la garganta
mareos	un catarro
dolor de garganta	

Receta

(a) una pomada
(b) unas inyecciones
(c) unas pastillas
(d) un jarabe
(e) unos supositorios

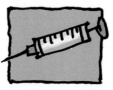

 ¡Atención!

la fiebre	temperature/fever
Tengo fiebre.	I have a temperature.
el mareo	feeling sick/ faint
el escozor	sunburn
la intoxicación	food poisoning
la insolación	sunstroke
la gripe	flu

3.33

 ## Actividad 5

Escucha el ejemplo y después practica diálogos similares. Utiliza la información de Actividad 4.

Ejemplo:

A: ¿Qué le pasa?

B: Tengo dolor de garganta.

A: Tiene una infección. Tiene que tomar unas pastillas.

Actividad 6

Oferta médica

Lee los anuncios de médicos. ¿Adónde vas si …

1 te duele una muela?

2 tienes un niño enfermo?

3 te duele la cabeza?

4 tu gato está enfermo?

5 tienes un accidente?

6 estás muy gordo?

7 estás embarazada?

8 necesitas gafas?

9 te gusta la medicina alternativa?

10 tienes una alergia?

 Gramática

Sugerencias

- ¿Por qué no . . .? + presente
  ¿Por qué no vas al médico?
- Debes + infinitivo
  Debes ir al médico.
- Tienes que + infinitivo
  Tienes que ir al médico.
- Hay que + infinitivo.
  Hay que ir al médico.

Consultorio Ginecológico
Dr. TEIXEIRA
Revisiones • Partos • Cirugía de la Mujer
Sanclemente, 10 – tlfno. 976 25 85 93 50001 ZARAGOZA

Clínica Veterinaria Ruiseñores
Dtor. Rafael Cueva Piñar
Alcay, 15 – Tel. 976 39 03 85

CLÍNICA DENTAL
Dr. Luis Rasal Ortigas
Médico Estomatólogo
Odontología Conservadora y Preventiva
• Endodoncia (desvitalización) • Prótesis
• Estética dental • Cirugía Oral
Tlfo, 976 21 94 51 (Previa petición de hora)
Avda. Goya 3, 50006 ZARAGOZA

DAVID ALLUE
MEDICINA GENERAL
Tenor Fleta, 48 – 12,30 a 1,30 h.
Gran Vía, 17 – Sánitas

José Mª Pérez Pérez
Lourdes Villar Baquero
PSICOLOGÍA ESCOLAR
Y CLINICA INFANTIL
Avda. Madrid, 77
Tlfno. 976 30 03 83

Consultorio Médico
NUEVA IMAGEN
Obesidad • Dolor • Tabaquismo • Cefáleas
San Miguel, 17 Tel. 976 22 99 83

MONTAMOS SUS GAFAS EN 1 HORA
Zatorre
Interpretación exacta de su receta
Adaptación de lentillas
Aparatos auditivos
Paseo Independencia, 25
Tel. 976 23 49 81

Optica Lacalle
Rectas médicas • Lentes de contacto
• Ojos artificiales • Aparatos para
sordos • Fotografía
Santa Teresa, 88
Te. 976 93 20 03

**CENTRO MÉDICO DE
ACUPUNTURA TRADICIONAL**
María del Mar Udina Altafaj
José Castillo Vicente
MÉDICOS – ACUPUNTORES
Pº Fernando el Católico,
12 50005 Zaragoza
Tlfno: 976 39 59 05

**CENTRO MÉDICO DE
ALERGIA Y ASMA**
Dra. Zapata – Dr. Pola
Especialistas en Alergia
Pza. del Carmen, 9
Tlfno. 976 00 38 38

CRUZ ROJA ESPAÑOLA
Zaragoza
976 22 22 22
Urgencias
Coordinación provincial

3.34

Actividad 7

a Completa los diálogos con la palabra correspondiente del cuadro.

médico	aspirina	muela	fiebre	dolor

1 **A:** Me duele la cabeza.
   B: ¿Por qué no tomas una ⬭ **ahora mismo**?

2 **A:** Tengo ⬭. Me encuentro mal.
   B: Tienes que ir a la cama **inmediatamente**.

3 **A:** Me duele la ⬭.
   B: Debes ir al dentista **pronto**.

4 **A:** Tengo ⬭ de estómago y no puedo comer.
   B: Hay que ir al ⬭ **en seguida**.

b Escucha y comprueba.

¡Atención!

ahora mismo	*right now*
inmediatemente	*immediately*
en seguida	*straight away*
pronto	*soon*

3.35

Actividad 8

a Escucha y une las fotos con los diálogos.

a

b

c

d

b Escucha otra vez y completa el cuadro.

	1	2	3	4
Problema				
Sugerencia				

c Escribe las frases de consejo.

Actividad 9

Lee el artículo y busca la información para completar las frases.

1 Porcentaje de mujeres mayores de 65 años enfermas: ⬭
2 Porcentaje de hombres mayores de 65 años enfermos: ⬭
3 Las mujeres enferman más. Causas: ⬭
4 ¿Dónde hay más enfermos crónicos? (Pon en orden.)

   pueblos muy pequeños ☐

   ciudades medianas ☐

   ciudades grandes ☐

5 ¿Qué enfermedades son más comunes entre los hombres?

LAS MUJERES ENFERMAN MÁS QUE LOS HOMBRES

Aunque ser viejo no es sinónimo de estar enfermo, calculan que el 60 por ciento de las mujeres y el 50 por ciento de los hombres mayores de 65 años sufre algún tipo de problema de salud manifiesto y, por lo tanto, precisará cuidados sanitarios.

La profesora Ana Collado, de la Escuela Universitaria de Estudios Empresariales, presentó en estas jornadas un estudio en el que se reflejan las circunstancias que coinciden con mayor frecuencia con el hecho de estar enfermo. Además de la edad, el estudio revela que las mujeres tienen más enfermedades que los hombres, en parte porque viven más años, pero también por otras circunstancias, como son la falta de recursos económicos, una menor satisfacción laboral y especialmente la soledad. Estar solo es una de las circunstancias que más influyen a la hora de sentirse bien o enfermo, y las mujeres ancianas, con mucha frecuencia, están solas al quedarse viudas y no haber cultivado amistades fuera de casa, por ejemplo.

También aumenta la proporción de personas con algún mal crónico en los pueblos de menos de 2.000 habitantes. Son los que cuentan con la máxima cota. Las ciudades que tienen entre 50.000 y 500.000 habitantes consiguen la cifra más baja. Las grandes urbes suelen tener muchas personas enfermas crónicas, pero no tanto como los municipios pequeños.

Las mujeres son las que más problemas de salud de todo tipo acumulan, excepto en los males que afectan estrictamente a la vista, al habla y a la capacidad de andar que, en cambio, son mayoritarios entre los hombres.

B | ¿Qué te ha pasado?

3.36

Actividad 10

Yolanda va a un médico por primera vez

Escucha y rellena la ficha.

Médico	Es la primera vez que vienes a la consulta, ¿verdad?
Yolanda	Sí.
Médico	¿Puedes contestar a unas preguntas? Tengo que hacerte una ficha.
Yolanda	Sí, sí, claro.
Médico	Vamos a ver. ¿Has tenido alguna enfermedad de importancia de pequeña?
Yolanda	No. Bueno, tuve las normales. Tuve la varicela, catarros, nada importante.
Médico	¿Y de mayor?
Yolanda	No, ninguna; bueno, he tenido algunos problemas con la vista. Me duelen los ojos a menudo.
Médico	¿Operaciones? ¿Te han operado de algo?
Yolanda	Sí, de apendicitis.
Médico	Y tus padres, ¿han tenido alguna enfermedad grave? ¿Están sanos?
Yolanda	Sí, están sanos, pero a mi madre a veces le duele la espalda.
Médico	¿Vacunas? ¿Estás vacunada de todo?
Yolanda	Sí.
Médico	¿Fumas?
Yolanda	No.
Médico	No fumas. ¿Haces deporte?
Yolanda	Sí. Juego al tenis y nado también.
Médico	¿Comes bien? ¿Tienes una dieta sana?
Yolanda	Sí. Como mucha fruta y verdura.

Nombre: *Yolanda*
Apellidos: *García Yuste*
Enfermedades infantiles: _____
Otras enfermedades importantes: _____
Vacunas: _____
Enfermedades de los padres: _____
Operaciones: _____
Hábitos: _____

¡Atención!

¿Te han operado?	Have you had an operation? (lit. Have they operated on you?)
una enfermedad	an illness
de pequeño/a	as a child
de mayor	as an adult
la varicela	chickenpox
la vista	sight
a menudo	often
sano/a	healthy
vacuna	vaccination
vacunar	to vaccinate

Gramática

Pretérito perfecto: verbos regulares

estar – estado	tener – tenido	sufrir – sufrido
he	he	he
has	has	has
ha estado	ha tenido	ha sufrido
hemos	hemos	hemos
habéis	habéis	habéis
han	han	han

A: ¿Qué te ha pasado?
B: He estado enfermo. He tenido la gripe.

3.37

 Actividad 11

a Escucha y une las conversaciones con los dibujos (sin leer la lista A).

b Une las frases de la lista A con las de la lista B.

A	B
1 Me he quemado	a en la cabeza.
2 Me he cortado	b no puedo hablar.
3 Me he dado un golpe	c y no puedo andar.
4 Me he roto el brazo	d por todo el cuerpo.
5 Me escuece la espalda	e con la plancha.
6 Me he torcido el tobillo	f he tomado el sol demasiado.
7 Me duele muchísimo la garganta	g y no puedo escribir.
8 Me han salido unos granos	h con un cuchillo.

c Escucha y comprueba.

d Trabaja con un compañero/a.

Ejemplo:

Estudiante A: ¿Qué te ha pasado?
Estudiante B: Me he quemado con la plancha.
Estudiante A: (Indica dibujo 'b'.)

> **!** ——— *¡Atención!* ———
>
> | cuchillo | knife |
> |---|---|
> | plancha | iron |
> | golpe (m) | bump |
> | grano | spot |
> | roto | broken |

 Actividad 12

Escucha o lee el diálogo de Actividad 10 otra vez y practica.

C | ¿Dónde has estado?

3.38

  Actividad 13

a Pedro y Carmen son dos amigos de Madrid. Se encuentran en la calle después de mucho tiempo. Lee su conversación. Pon el diálogo en orden.

> He perdido mi trabajo y he estado enfermo.

> He ido a México. Y tú, ¿qué has hecho?

> ¿Adónde has ido?

> He ido de vacaciones.

> ¿Qué has hecho?

> ¿Qué te ha pasado?

> He tenido muchos problemas.

b Escucha y comprueba el orden.

 ✓ ——— *Gramática* ———

¿Qué has hecho?   *What have you done?*
(hacer *is irregular.*)
For the full verb see page 246.

Actividad 14

a Lee la carta que Pablo ha escrito a Maribel y rellena los espacios en blanco. Usa los verbos del cuadro, en la forma correspondiente.

> aprobar   casar   comprar   conocer   decir   empezar   encontrar   escribir
> estudiar   ganar   hacer   ir   poder   tener   tener   terminar   vender

> *Querida Maribel:*
>
> *¿Cómo estás? ¡Cuántos años sin verte! Luis me ha **1** _____ que te has **2** _____ y has **3** _____ una niña. ¡Felicidades! Yo estoy muy bien. He **4** _____ la universidad y he **5** _____ todas las asignaturas. He **6** _____ un trabajo muy interesante y he **7** _____ a una chica muy simpática y muy guapa que se llama Susana. También he **8** _____ un coche porque he **9** _____ mucho dinero en la lotería. Este verano he **10** _____ de vacaciones a Japón y he **11** _____ japonés. ¡Ah! y también he **12** _____ un libro y ha **13** _____ muchos ejemplares. He **14** _____ a estudiar un máster en Economía, pero he **15** _____ mucho trabajo y no he **16** _____ terminarlo aún. Como ves, he **17** _____ muchas cosas. Espero verte pronto.*
>
> *Un abrazo*
> *Pablo*

! ──── *¡Atención!* ────

el ejemplar	copy (of a book)
el máster	Masters degree
la asignatura	school or university subject

b Di si las frases son verdaderas (V) o falsas (F).

Pablo ...

1 se ha casado.
2 va a ir a la universidad.
3 ha tenido buenos resultados en los exámenes.
4 trabaja.
5 tiene una hermana que se llama Susana.
6 ha comprado un coche porque tiene trabajo.
7 ha estudiado japonés en la universidad.
8 está escribiendo un libro.
9 no puede terminar su máster todavía.
10 está muy ocupado.

Actividad 15
Pregunta a tu compañero/a qué ha hecho y dónde ha estado este año/este mes/esta semana/hoy.

Ejemplos:

Hoy he llegado tarde a la oficina.
Esta semana no he ido a trabajar.
Este mes he viajado mucho.

Actividad 16
Escribe un email sobre lo que has hecho hoy/esta semana/este mes/este año.

D | He perdido la maleta

3.39

  Actividad 17

¿Cómo es?

Escucha y repite.

Material	**Forma**	**Tamaño**	**Diseño**
de plástico	redondo/a	grande	estampado/a

de madera	cuadrado/a	pequeño/a	liso/a

de oro	rectangular	mediano/a	de rayas/ de listas

de plata	alargado/a

de metal (metálico/a)

Colores

de seda

de lana

de tela

de piel

1	rojo
2	azul
3	verde
4	amarillo
5	blanco
6	negro
7	gris
8	marrón
9	rosa
10	naranja

3.40

  Actividad 18

En la oficina de objetos perdidos

Escucha las descripciones de objetos perdidos y rellena el cuadro.

	1	2	3
objeto			
color			
material			
¿Dónde lo perdió?			
¿Encontrado?			

1 Señora Buenos días. He perdido una cartera de piel negra con documentos. Creo que me la he dejado en un taxi. ¿La ha traído alguien?

Empleado Espere un momento, por favor . . . Sí, aquí la tiene. La ha traído el taxista.

2 Señora Buenos días. ¿Podría decirme si han encontrado una chaqueta de lana roja?

Empleado A ver . . . un momento. Pues, no, no la tenemos aquí. Lo siento.

3 Señora Buenas tardes. He perdido un paraguas azul que tiene el mango de madera. ¿Lo tienen aquí?

Empleado Un momento. Mire, tengo éstos. ¿Es su paraguas?

Señora Pues, no.

Empleado Si quiere volver mañana, quizás lo tendrá.

Señora Sí. Volveré mañana.

Gramática

> *Object pronouns*
> lo / la   it
> los / las   them
> He perdido **un** paraguas. ¿**Lo** tiene aquí?   *I've lost an umbrella. Do you have **it** here?*
> He perdido **una** cartera. ¿**La** tiene aquí?   *I've lost a wallet. Do you have **it** here?*

Actividad 19

Estudiante A: Elige un objeto de los tres similares. Describe el objeto a Estudiante B.

Estudiante B: ¿Cuál es el objeto?

Actividad 20

Lee las descripciones de los objetos perdidos en un periódico.
Une los cinco dibujos con cinco de los objetos perdidos.

PÉRDIDAS

a   **PERDIDA** gata atigrada con collar verde, sector calle Lorente. Se gratificará. 588797

b   **EL** 24 de julio. Perdido un sobre con documentos a nombre de Macario Barberán. Se gratificará su devolución. Teléfono 199478.

c   **PERDIDO** pendiente, día 13, entre calle Sanclemente, Galerías Preciados, paseo Independencia, Corte Inglés, se gratificará. Teléfono 837903.

d   **GAFAS** oscuras graduadas olvidadas en taxi o caídas en Doctor Alcay, día 27, 7–8 tarde. Gratificaré. Teléfono 888037.

e   **CAZADORA** motorista (Barbour), negra, trayecto Riglos-Zaragoza. Tel 983087 (trabajo).

f   **SE** ruega a quien recogió en la glorieta de El Corte Inglés una bolsa con dos bañadores llame al teléfono 339780. Se gratificará.

g   **OLVIDADA** máquina fotográfica refugio Respumosos. Teléfono 989-33798. Llamar de 14 a 16 horas.

h   **DESAPARECIDO** bolso por Jaime I, con gafas graduación especial, bono mes Mª A.L.Se gratificará. Teléfono 399987. Llamarnoche.

i   **SE** ha perdido cordón de oro en la calle Duquesa Villahermosa. Tel. 833702. Se gratificará.

Actividad 21

a Practica diálogos similares a los de Actividad 18. Usa la siguiente información.

objeto	paraguas	pulsera	cartera	gafas de sol
color	negro	dorado	marrón	verde
material	plástico (mango)	oro	piel	metal
dónde	metro	taxi	tienda	banco
cuándo	esta mañana	anoche	mediodía	ayer

b Escribe anuncios como los de Actividad 20.

 Actividad 22

Piensa en un objeto que llevas contigo. ¡Lo has perdido!

Rellena el formulario del periódico para poner un anuncio. Incluye una descripción del objeto.

Todo el grupo pone los objetos perdidos encima de la mesa.

Cada estudiante lee uno o más anuncios e identifica el objeto/los objetos que corresponde(n) al anuncio.

Anuncios clasificados por palabras

Si usted quiere publicar un anuncio clasificado por palabras en cualquiera de las secciones de este periódico, rellene y envíe este recuadro a:

HERALDO
DE ARAGÓN

Apartado 175, Anuncios, Zaragoza

TEXTO DEL ANUNCIO
(escriba con mayúsculas)

_____

_____

_____

_____

_____

E | En la comisaría

3.41
 Actividad 23

Una mujer describe un robo

Escucha su conversación con el policía y contesta las preguntas.

1 ¿Qué le han robado a la señora?
2 ¿Cuándo ocurrió el robo?
3 ¿Dónde ocurrió?
4 ¿Dónde estaba la mujer?
5 ¿Con quién estaba?
6 ¿Cómo ocurrió?
7 ¿Cómo era el ladrón?
8 ¿Cómo es el bolso?
9 ¿Qué había dentro del bolso?
10 ¿Qué tiene que hacer la señora?

3.42
 Actividad 24

Escucha otra vez la descripción de lo que había dentro del bolso. Une las cosas con las personas.

¡Atención!

denunciar	*to report (an incident)*
robo	*theft, robbery*
suelo	*floor*
coger	*to take, to grab*
barba	*beard*
ladrón (m)	*thief*
estuche (m)	*case (for jewellery, glasses, etc.)*

Gramática

Imperfect tense
Regular verbs

	est**ar**	ten**er**	escrib**ir**
yo	estaba	tenía	escribía
tú	estabas	tenías	escribías
él/ella/usted	estaba	tenía	escribía
Nosotros/as	estábamos	teníamos	escribíamos
Vosotros/as	estabais	teníais	escribíais
Ellos/Ellas/Ustedes	estaban	tenían	escribían

haber – había
Había un monedero en el bolso. *There was a purse in the bag.*

Irregular forms
ser – era/eras/era/éramos/erais/eran
El chico **era** rubio. *The boy was blonde.*

3.41

Actividad 25

a Lee el diálogo de las Actividades 23 y 24 y completa los espacios en blanco. Mira las palabras del cuadro si es necesario.

alto	cámara	cómo	conducir	cuándo	de
dentro	estación	joyas	libros	menos	mi
mis	ocurrió	quinientos	robado	tenía	vio

Señora Buenos días, vengo a denunciar un robo. Me han **1** ⬭ el bolso.

Policía ¿**2** ⬭ ocurrió el robo?

Señora Ayer por la noche, a las diez más o **3** ⬭.

Policía ¿Dónde **4** ⬭ exactamente?

Señora En la **5** ⬭, estaba en la cafetería con **6** ⬭ marido y **7** ⬭ hijas. Tenía el bolso en el suelo.

Policía ¿**8** ⬭ a la persona que lo cogió?

Señora Sí, era un chico joven, era **9** ⬭ y rubio, llevaba gafas y **10** ⬭ barba.

Policía ¿**11** ⬭ es su bolso?

Señora Es mediano, de tela, de color marrón.

Policía Y ¿qué había **12** ⬭ del bolso?

Señora Pues, había una cartera con todo mi dinero, unos **13** ⬭ euros, había una **14** ⬭, mi pasaporte, el carnet de **15** ⬭ y el de mi marido, los pasaportes de mis hijas, las gafas **16** ⬭ sol de mi marido, también había un estuche pequeño con mis **17** ⬭, dos **18** ⬭...

Policía Bueno, tiene que rellenar esta ficha.

b Escucha el diálogo otra vez y comprueba.

✓ ── *Gramática* ──

mi/tu/su coche

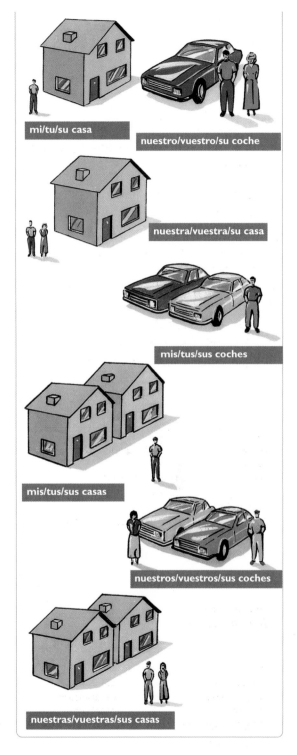

mi/tu/su casa

nuestro/vuestro/su coche

nuestra/vuestra/su casa

mis/tus/sus coches

mis/tus/sus casas

nuestros/vuestros/sus coches

nuestras/vuestras/sus casas

Actividad 26

Practica un diálogo como el de Actividad 25.

En casa o en clase

 Actividad 27

¿Cómo y cuándo nos roban?

a Con un(a) compañero/a piensa …

1 cuándo roban en los establecimientos públicos y por qué.

2 el período del año más popular para robos en las casas y pisos.

3 por qué no roban mucho dinero de casas y pisos en verano.

4 qué días y en qué estación roban en los chalés.

b Lee y comprueba vuestras respuestas.

LOS DOMICILIOS SE ROBAN DE DÍA

¿Qué épocas del año, qué días y qué horas son las mejores para efectuar un robo?

En establecimientos públicos, los fines de mes, porque es la época en que se saca dinero del banco para pagar a los empleados. Excepto que se hagan en el mismo día, los ladrones no suelen robar por la misma zona en una temporada, y, por supuesto, en el mismo sitio dos veces seguidas. Las probabilidades de que le cojan aumentan considerablemente.

En casas de pisos, roban los fines de semana, y vacaciones cortas. El verano, cuando la gente se va de vacaciones

para más tiempo, es la época más segura, ya que las probabilidades de encontrar dinero son mucho menores y los ladrones tienen que ir a los objetos de valor, como joyas, televisores, radios y objetos de oro y plata, lo que obliga tener un contacto para poderlos vender.

En chalés situados en urbanizaciones donde la gente no vive en invierno, los días de entre semana permiten a los ladrones trabajar con mayor tranquilidad.

 Rincón cultural

La policía

En las ciudades y los pueblos más grandes hay policía municipal. Si necesitas hablar con la policía vas a la comisaría, donde te atienden. En cambio, en los pueblos pequeños, en el campo, no hay policía municipal sino la guardia civil, y si necesitas ir a la policía tienes que ir al cuartel de la guardia civil.

— Autoevaluación —

A	Refer to different parts of the body
	Ask someone what's the matter
	Describe aches and pains
	Advise someone what to do if they are not feeling well
B	Talk about your medical history
	Talk about how you have hurt yourself
C	Say what you have done this morning/ today/this week/this month/this year
D/E	Describe lost and stolen personal property (material, colour, size, contents)
	Say where and when you lost something
	Describe what you were doing when something happened
	Talk about ownership: my/your/his/her, etc.

3.43

 # Vocabulario en casa

Lee la lista de servicios y lugares importantes de una ciudad. ¿Qué significan?

Guía de los servicios y lugares importantes de la ciudad

Agua (averías)	Comisaría de policía
Alcohólicos anónimos	Cruz Roja
Ambulancias	Guardia civil de tráfico
Ambulatorio	Oficina de información al consumidor
Auxilio en carretera	Oficina de información, sugerencias y
Bomberos	reclamaciones
Centro de atención a las	Policía municipal
drogodependencias	Protección civil
Centro de información de los	Radio-taxi
derechos de la mujer	Urgencias
Clínicas	

Gramática y ejercicios

Verbos   *Verbs*

doler (to hurt, to ache)

This verb works in a similar way to gustar *and you use it to describe aches and pains. Note the difference in the form of* doler *when you talk about one thing causing the pain or more than one thing.*

Me duele la muela.   *My tooth aches. (lit. My tooth hurts me.)*

Me duelen las muelas   *My teeth ache.*

Another way of describing aches and pains is to use the noun dolor *with the verb* tener: *Note that articles (un/una or el/la) are not used.*

Tengo ~~un~~ dolor de ~~la~~ cabeza.   } *I have a headache.*

Tengo dolor de cabeza.

Note: When you talk about parts of our body, you normally use the definite article and not the possessive adjective.

Me duele ~~mi~~ **la** rodilla.   *My knee hurts.*

deber, tener que, hay que + infinitivo
deber, tener que, hay que + *infinitive*

These three forms are all used to give advice or to make suggestions. They are always followed by the main verb in the infinitive form. Note the slight differences in literal meaning from the translation of each sentence.

Debes ir al médico.	*You should go to the doctor.*
Tienes que ir al médico.	*You have to go to the doctor.*
Hay que ir al médico.	*It's necessary for you to go to the doctor.*

To make a suggestion, you can also use ¿Por qué no ...? + conjugated verb.

¿Por qué no vas al médico?   *Why don't you go to the doctor?*

Preterito perfecto *Present perfect tense*

The present perfect uses the verb haber, *conjugated as follows:*

(yo)	he	(nosotros/as)	hemos
(tú)	has	(vosotros/as)	habéis
(él/ella/usted)	ha	(ellos/ellas/ustedes)	han

It is followed by the past participle of the main verb; regular verbs take the following form:

cen**ar** – cen**ado**   com**er** – com**ido**   sal**ir** – sal**ido**

¿Has cenado?	*Have you had dinner?*
Sí, he cenado.	*Yes, I have (had dinner).*
María ha comido con su padre.	*María has eaten with her father.*
Hemos salido.	*We've been out.*

Note that some verbs have an irregular form in the past participle:

hacer – hecho

¿Qué has hecho?	*What have you done?*
He hecho los deberes.	*I have done the homework.*

decir – dicho
romper – roto
ver – visto

¿Has visto mi libro?   *Have you seen my book?*

Usos del pretérito perfecto *Uses of the present perfect tense*

The present perfect can be used ...

- *to describe or ask about something that has happened at an unspecified time in the recent past:*

He terminado el trabajo.	*I've finished the work.*
¿Dónde has estado?	*Where have you been?*
Ha perdido la maleta.	*She's lost her case.*

- *to describe things you have done in a specified period of time in the recent past:*

He hablado con María hoy.	*I have spoken to María today. (I spoke to María today.)*
Este mes hemos viajado mucho.	*This month we have travelled a lot. (This month we travelled a lot.)*

- *to describe something you did at a specific time in the recent past:*

Han salido a las tres.   *They left at three.*

Note that some of these examples use the present perfect when the simple past would be used in English.

Pretérito perfecto con pronombre personal reflexivo
Present perfect with reflexive pronouns

Personal reflexive pronouns (me/te/se/nos/os/se) are used with the present perfect tense to describe something that one has done to oneself.

Me he quemado.	*I have burnt myself*
¿Te has hecho daño?	*Have you hurt yourself?*

Note that they are used in Spanish but not in English.

Me he roto el brazo.	*I have broken (myself) my arm.*
Se ha torcido el tobillo.	*He's twisted (himself) his ankle.*

Pretérito imperfecto *Imperfect tense*

Most verbs are regular in form in the imperfect tense.

	–ar: estar	–er: tener	–ir: escribir
(yo)	estaba	tenía	escribía
(tú)	estabas	tenías	escribías
(él/ella/usted)	estaba	tenía	escribía
(nosotros/as)	estábamos	teníamos	escribíamos
(vosotros/as)	estabais	teníais	escribíais
(ellos/ellas/ustedes)	estaban	tenían	escribían

Exceptions are ser *and* ir.

ser: era / eras / era / éramos / erais / eran

ir: iba / ibas / iba / íbamos / ibais / iban

El chico **era** rubio.	*The boy was blonde.*
Íbamos a la playa.	*We used to go to the beach.*

Note also that the imperfect of haber (hay: *there is/are*) *is* había.

Había un pasaporte en el bolso.	*There was a passport in the bag.*

You use the imperfect tense in Spanish in three main ways.

1 *To talk about what you were doing in the past when something else happened:*

   Estaba en el bar cuando   *I was in the bar when*
   el chico **cogió** el bolso.   *the boy took the bag.*

2 *For description in the past:*

   El chico **era** rubio.   *The boy was blonde.*

3 *To say what you used to do:*

   Vivía en Barcelona.   *I used to live in Barcelona.*

This lesson only deals with the first two.

Pronombres personales de objeto directo
Direct object pronouns (3rd person)

Object pronouns agree in gender (masculine/feminine) and also in number (singular/plural).

lo/la	*it*
los/las	*them*

They normally appear immediately before the verb.

He perdido un paraguas.	*I've lost an umbrella.*
¿Lo tiene aquí?	*Do you have it here?*
He perdido una cartera.	*I've lost a wallet.*
¿La tiene aquí?	*Do you have it here?*
He perdido unos zapatos.	*I've lost some shoes.*
¿Los ha traído alguien?	*Has anyone brought them in?*
He perdido unas gafas.	*I've lost some glasses.*
¿Las ha traído alguien?	*Has anyone brought them in?*

Adjetivos posesivos *Possessive adjectives*

If you talk about the possessions of one person, the possessive pronoun must agree in **number** *with the possession being described; this is also the case in the third person plural*

mi coche	**my** *car*
mis coches	**my** *cars*
tu casa	**your** *house*
tus casas	**your** *houses*
su gato	**his/her/their/your** *cat*
sus gatos	**his/her/their/your** *cats*

However, when you talk about the possessions of people in the first and second person plural, the possessive pronoun must also agree with the gender of the object(s) described.

nuestr**o** coche/ nuestr**os** coches	*our car/our cars*
nuestr**a** casa/ nuestr**as** casas	*our house/our houses*
vuestr**o** coche/ vuestr**os** coches	*your car/your cars*
vuestr**a** casa/ vuestr**as** casas	*your house/your houses*

EJERCICIOS

A *Rewrite these sentences.*

1 Tengo dolor de cabeza.   *Me duele la cabeza.*

2 ¿Tienes dolor de garganta?

3 (Juan) tiene dolor de rodillas.

4 (Los chicos) tienen dolor de estómago.

5 Tengo dolor de oídos.

6 Tenemos dolor de espalda.

B *Give advice to these people.*

1 A: Me duelen las muelas.
    B: [   ] ir al dentista.

2 A: Me duele la cabeza.
    B: ¿[   ] vas a la cama?

3 A: Me duele la garganta.
    B: [   ] que ir al médico.

4 A: Me duele la pierna.
    B: [   ] que ir al hospital.

5 A: Me duelen los ojos.
    B: ¿[   ] descansar un poco?

C *Complete these sentences with the correct form of the present perfect tense.*

1 (Yo) ⬭⬭⬭⬭⬭ (**terminar**) las clases.
2 (Nosotros) ⬭⬭⬭⬭⬭ (**viajar**) mucho este año.
3 ¿Dónde ⬭⬭⬭⬭⬭ (**estar**) (tú)?
4 Los chicos ⬭⬭⬭⬭⬭ (**hacer**) los deberes.
5 (Pablo) ⬭⬭⬭⬭⬭ (**venir**) a visitarnos.

D *Add the correct reflexive pronoun in these sentences.*

me / te / se / nos / se

1 ⬭⬭⬭⬭⬭ he torcido el tobillo.
2 ¿ ⬭⬭⬭⬭⬭ has hecho daño?
3 ⬭⬭⬭⬭⬭ hemos quemado en el sol.
4 ⬭⬭⬭⬭⬭ he roto el brazo.
5 ⬭⬭⬭⬭⬭ han dado un golpe y les duele.

E *Add the correct object pronoun to these sentences.*

lo / la / los / las

1 He perdido los pendientes. ¿ ⬭⬭⬭⬭⬭ has visto?
2 Necesito la camisa blanca. ¿ ⬭⬭⬭⬭⬭ tienes?
3 He perdido unas gafas de sol. ¿ ⬭⬭⬭⬭⬭ ha traído alguien?
4 No tengo el coche. ⬭⬭⬭⬭⬭ tiene Juan.
5 No tengo mi pasaporte. ⬭⬭⬭⬭⬭ necesito.

F *Insert the correct possessive adjective in these sentences.*

mi / mis / tu / tus / su / sus / nuestro / nuestros / nuestra / nuestras / vuestro / vuestros / vuestra / vuestras / su / sus

1 ¿Esta casa es de Juan y María?
  Sí, es *su* casa.
2 ¿Éste es tu libro?
  Sí, es ⬭⬭⬭⬭⬭ libro.
3 ¿Son éstas las bicicletas de Juan y María?
  No, no son ⬭⬭⬭⬭⬭ bicicletas.
4 ¿Estos son vuestros padres?
  Sí, son ⬭⬭⬭⬭⬭ padres.

5 Juan, ¿es ésta tu madre?
  Sí, es ⬭⬭⬭⬭⬭ madre.
6 ¿Es ésta es la maleta de Pablo?
  Sí, es ⬭⬭⬭⬭⬭ maleta.

G *Write the sentences in the imperfect tense.*

1 El chico es alto.
2 ¿Qué hay en la casa?
3 Estoy en la playa.
4 Las chicas llevan faldas rojas.
5 Mis padres no tienen mucho dinero.

Vocabulario

A

¿Qué te pasa?	**What's the matter?**
ahora mismo	right now
alergia	allergy
alérgico/a	allergic
antibiótico	antibiotic
boca	mouth
brazo	arm
cabeza	head
catarro	cold, catarrh
cuello	neck
cuerpo	body
deber (debes . . .)	to owe (you should . . .)
dedo	finger/toe
doler (me duele . . .)	to hurt, to ache (my . . . hurts)
dolor (m)	ache, pain
embarazada	pregnant
en seguida	straight away
encontrarse	to feel
(me encuentro mal)	(I feel bad)
enfermar	to get ill
enfermo/a	ill, sick
escocer (me escuece)	to sting, to burn (it stings)
escozor (m)	sunburn
espalda	back (body)
estómago	stomach
fiebre (f)	temperature, fever
fuerte	strong, heavy

garganta	*throat*
gripe (f)	*flu*
hay que	*it's necessary to*
hombro	*shoulder*
indigestión (f)	*indigestion*
infección (f)	*infection*
inmediatamente	*immediately*
insolación (f)	*sunstroke*
intoxicación (f)	*food poisoning*
inyección (f)	*injection*
jarabe (m)	*syrup (medicinal)*
mano (f)	*hand*
mareo	*sickness, faintness*
muela	*tooth*
nariz (f)	*nose*
oído	*ear (inner)*
ojo	*eye*
oreja	*ear (outer)*
pastilla	*tablet, pill*
pie (m)	*foot*
pierna	*leg*
pomada	*ointment*
porcentaje (m)	*percentage*
pronto	*soon, immediately*
¿Qué te pasa?	*What's the matter (with you)?*
recetar	*to prescribe*
rodilla	*knee*
tobillo	*ankle*

B
¿Qué te ha pasado?   **What's happened to you?**

a menudo	*often*
claro	*of course*
consulta	*doctor's surgery*
cortar(se)	*to cut (oneself)*
cuchillo	*knife*
de mayor	*as an adult*
de pequeño/a	*as a child*
demasiado	*too much*
fumar	*to smoke*
grano	*spot (on the body)*
grave	*serious*
ninguno/a	*none*
operar	*to operate*

plancha	*iron (for ironing)*
quemar(se)	*to burn (oneself)*
romper (roto)	*to break (broken)*
tomar el sol	*to sunbathe*
torcer	*to twist*
vacuna	*vaccination*
vacunado/a	*vaccinated*
varicela	*chickenpox*
vista	*sight*

D
He perdido la maleta   **I've lost my suitcase**

alargado/a	*long*
alguien	*someone, anyone*
bañador (m)	*swimming trunks*
cartera	*wallet*
cazadora	*jacket*
cordón (m)	*chain*
cristal (m)	*glass*
cuadrado/a	*square*
gato atigrado	*tabby cat*
dejar	*to leave*
estampado/a	*patterned (clothing)*
gafas de sol	*sunglasses*
lana	*wool*
liso/a	*plain*
listas	*vertical stripes*
madera	*wood*
mango	*handle*
metal (m)	*metal*
metálico/a	*metallic*
oro	*gold*
paraguas (m)	*umbrella*
pendiente (m)	*earring, pendant*
piel (f)	*leather*
plástico	*plastic*
plata	*silver*
pulsera	*bracelet*
rayas	*stripes, hoops*
rectangular	*rectangular*
redondo/a	*round*
seda	*silk*
sobre (m)	*envelope*

taxista (m/f)	*taxi driver*
tela	*fabric*
traer	*to bring*

E

En la comisaría — ***At the police station***

auxilio en carretera	*road assistance*
avería	*breakdown*
barba	*beard*
bombero	*fire fighter*
coger	*to take, to grab*
consumidor(a)	*consumer*
Cruz Roja	*Red Cross*

derechos	*rights*
drogodependencia	*drug dependency*
estuche (m)	*case (for jewellery, glasses, etc.)*
Guardia Civil (de Tráfico)	*Civil Guard (traffic division)*
ladrón (m)	*thief*
Protección Civil	*Civil Protection*
Reclamaciones	*claims*
robo	*theft, robbery*
suelo	*floor*
urgencia	*emergency*

CATORCE

14 Repaso y ampliación

A | Tiempo libre

Actividad 1

3.44

a natación

b pesca

c cine

a Estudia las imágenes de las actividades de tiempo libre.

d baile

e teatro

f fiestas

g museos

h ajedrez

i paracaidismo

b Tres personas hablan de su tiempo libre.
¿Qué actividades les gustan?
¿Qué actividades no les gustan?

Escucha e indica en las imágenes.

Ejemplos:

a *Le gusta a la persona 1.*

b *No le gusta a la persona 2.*

Actividad 2

3.45

Escucha e indica qué adjetivos elige cada persona para describir cada actividad.

a aburrido/a	g interesante
b agradable	h peligroso/a
c cruel	i relajante
d divertido/a	j sano/a
e emocionante	k violento/a
f intelectual	

Actividad 3

a Ahora elige tú. Pon las actividades en orden de preferencia.

Te gusta (✓)	No te gusta (✗)
1	1
2	2
3	3
4	4

b Utiliza los adjetivos de Actividad 2 para describir las actividades, o usa otros adjetivos.

c Menciona tres o cuatro palabras relacionadas con las actividades.

Ejemplo:

cine: película, sesión, entrada, cartelera

Compara con tus compañeros/as. ¿Son las mismas?

Actividad 4

Practica diálogos.

Estudiante A: Llama a Estudiante B e invítale a una de estas cosas: al cine / a cenar en un restaurante / a la fiesta de un amigo / a una discoteca / a un teatro / a un partido de fútbol

Estudiante B: Estudiante A te llama y te invita a salir. Prefieres estar en casa. ¿Por qué? Quieres saber más detalles. ¿Puede persuadirte Estudiante A?

Cambiad.

3.46

  Actividad 5

¿Te gusta la televisión?

a Escucha. ¿Qué programas les gustan y no les gustan a estas personas? ¿Por qué? Completa el cuadro.

	Programa ✓	Programa ✗	¿Por qué?
Carlos			
Isabel			
Ana			

b Pregunta a tus compañeros/as y completa un cuadro como el de arriba.

¿Qué programas te gustan?
¿Por qué?
¿Qué programas no te gustan?
¿Por qué no?
¿Cuáles son tus programas favoritos?

3.47

  Actividad 6

Los programas de hoy

a Une los nombres de programas (a–j) con las descripciones (1–10).

1 En este programa el presentador va a hablar con gente muy famosa.
2 Ésta es una serie de muchos episodios que trata de las complicadas relaciones entre varias personas.
3 Hoy, los concursantes juegan por llevarse un premio de mucho dinero o un coche.
4 Esta tarde vais a ver a varios grupos famosos que van a presentar sus nuevos discos.
5 Después veremos cómo viven los osos en los grandes bosques del norte.
6 A continuación verán el programa más divertido de la tele, que les hará reír sin parar.
7 Y después de comer, el programa para los niños que también gusta a los mayores.
8 Esta semana aparece en nuestro programa un cantante, un bailarín argentino y un mago.
9 Después te ofreceremos la información de lo que pasa en todo el mundo.
10 Y esta noche, en vez de ir al cine, quédate en casa, para ver nuestra sesión de noche.

> a un documental   b los dibujos animados
> c una telenovela   d una comedia   e un programa de entrevistas   f un programa de variedades   g un concurso   h las noticias
> i una película   j un programa de música

b Escucha y comprueba.

Actividad 7

a Lee el email de Tomás en el que nos habla de cine, teatro y libros. Contesta las preguntas.

1 ¿Qué tipo de libros lee?
2 ¿Qué clase de cine le gusta?
3 ¿Qué ve en la televisión?
4 ¿Por qué no va mucho al teatro?

b Di qué hace …

1 a menudo
2 menos de lo que le gustaría
3 a veces
4 muy poco
5 de vez en cuando
6 últimamente
7 una vez a la semana
8 casi todos los días

Querida María:

Me preguntas en tu email si me gusta leer. Pues, te diré que me encanta, aunque no leo mucho porque no tengo tiempo, pero de vez en cuando leo un buen libro. Últimamente he leído mucho a un autor español muy famoso, Arturo López Reverte; me gusta mucho como escribe porque habla muy claro. Me gustan los libros que me hacen pensar, los libros de misterio y de intriga. Los de amor no me gustan mucho. A veces prefiero libros no muy complicados, claro, pero con un buen contenido, una buena historia. También me gustan los libros de Muñoz Molina.

Con el cine me pasa lo mismo. Me encantan los buenos argumentos. Al cine voy a menudo, voy una vez a la semana. Me encanta el cine español, sobre todo Almodóvar y Amenábar. También veo muchas películas en televisión, casi todos los días veo una, pero no veo otros programas porque son aburridos, excepto las noticias, claro.

Al teatro voy muy poco, unas cuatro o cinco veces al año. El problema es que es bastante caro y no echan muchas obras interesantes aquí, bueno, de vez en cuando ponen alguna buena comedia y no me la pierdo. Me encantan sobre todo las comedias.

Bueno, espero ir al cine contigo pronto.

Un abrazo,
Tomás

 ¡Atención!

Expresiones de tiempo y frecuencia	Expressions of time and frequency
a menudo	often
menos de lo que le gustaría	less than she/he would like
a veces	sometimes
muy poco	very little / hardly ever
de vez en cuando	from time to time
últimamente	recently
una vez a la semana	once a week
casi todos los días	nearly every day

  Actividad 8

a Habla con tu compañero/a sobre los temas siguientes: cine, televisión, teatro, libros.
¿Te gustan? ¿Qué prefieres? ¿Cuántas veces vas al cine o al teatro? ¿Lees? ¿Qué tipo de libros lees? ¿Cuándo lees? ¿Ves la televisión? ¿Cuánto ves la televisión?

b Después escribe un email sobre el tema.

B | Mi ciudad

3.48

 Actividad 9

María Jesús habla de su pueblo

Escucha y escribe cómo es Belchite.
¿Qué más información hay? Trabaja con un(a) compañero/a.

 Actividad 10

a Lee el diálogo de Actividad 9 y completa los espacios en blanco.

Rosa   María Jesús, dime dónde **1** ⬭ tu pueblo y cómo **2** ⬭.

María Jesús   Mi pueblo se **3** ⬭ Belchite. **4** ⬭ a cincuenta kilómetros de Zaragoza.
5 ⬭ un pueblo pequeño, sólo unos mil ochocientos habitantes. **6** ⬭ muy
nuevo ya que fue destruido el antiguo Belchite en la guerra civil. Lo inauguraron en mil
novecientos cincuenta y cuatro, por lo tanto todas las casas **7** ⬭ nuevas.
8 ⬭ unas calles muy amplias y las casas también **9** ⬭ bastante grandes.
10 ⬭ iglesia, ayuntamiento, teatro, y para la gente joven **11** ⬭ bastantes
bares y discotecas.

b   Escucha y comprueba.

c   Escribe un texto similar sobre tu pueblo o ciudad.

Actividad 11

El tiempo en la ciudad

a Lee el cuadro y escribe frases sobre el tiempo en la ciudad.

Ejemplos: *La semana pasada, el lunes hizo sol.*
La semana próxima, el lunes hará sol.

El tiempo la semana pasada

Lunes   Martes   Miércoles

Jueves   Viernes   Sábado

El tiempo hoy

          Domingo

El tiempo hoy

El tiempo la semana próxima

Lunes   Martes   Miércoles

Jueves   Viernes

Sábado   Domingo

---

b Habla y escribe: ¿Qué hará la semana próxima?

Ejemplo:
El lunes hará sol, iré a la playa.

C | Trabajo

3.49

 ## Actividad 12

María Jesús habla de su trabajo

Escucha y lee lo que dice. Contesta las preguntas.

1 ¿Cuál es su profesión?
2 ¿Qué hace en su trabajo?
3 ¿Qué horarios tiene?
4 ¿Qué opinión tiene de su trabajo?

Rosa ¿Puedes hablarme un poco de tu trabajo?

María Jesús Yo tengo dos trabajos, uno de invierno y otro de verano. En invierno trabajo de recepcionista en un hotel y en verano trabajo de guía turística en mi pueblo, en Belchite. El antiguo pueblo de Belchite se conserva como monumento histórico nacional y la gente viene a visitarlo.

Rosa Háblame de tu trabajo como guía.

María Jesús Me suelo levantar a las nueve de la mañana, espero que venga el grupo de turistas y después, cuando ya estamos todos reunidos, hacemos un recorrido por el antiguo pueblo de Belchite. Yo les digo donde estaba el ayuntamiento, la iglesia, los principales edificios del pueblo y eso es todo. Después hacemos otra pequeña visita del pueblo nuevo.

Rosa ¿A qué hora terminas tu trabajo?

María Jesús Por las mañanas sobre la una del mediodía. Voy a casa y como, y después por la tarde, si hay más turistas, trabajo otra vez, y si no, he terminado.

Rosa ¿Cómo es tu trabajo en el hotel?

→

María	Mi trabajo en el hotel es muy divertido.
Jesús	Trabajo bien turno de mañana o turno de tarde. Si trabajo por la mañana, empiezo a las ocho y termino a las cuatro, y si trabajo por la tarde, empiezo a las cuatro y termino a las doce.
Rosa	¿Dónde está el hotel?
María	El hotel está situado en los Pirineos, está a pie de pista en una estación de esquí.
Jesús	

Actividad 13

a Lee los anuncios de trabajo. ¿Qué anuncio(s) te interesa(n) si . . .

1 te gusta la playa?

2 quieres dar clases en tu idioma?

3 has estudiado una carrera en la universidad?

4 hablas dos o tres idiomas?

5 estás estudiando?

6 no eres español(a)?

7 trabajas con ordenadores?

8 te gusta trabajar con gente?

9 te gustan las tiendas?

b ¿En qué trabajo . . .

1 tienes que llamar solamente?

2 no dan una dirección para escribir?

3 tienes que enviar información sobre tu vida?

4 tienes que entrenarte mientras trabajas?

5 puedes trabajar cuando quieres?

6 quieren ver cómo eres antes de darte el trabajo?

7 debes llegar a tiempo?

8 no necesitas experiencia?

9 no necesitas tener un título de estudios?

1

Se precisa

Estudiante para trabajar como comercial en una nueva empresa de publicidad. No es necesaria titulación ni experiencia. Horario flexible.
Teléfono 976 57 47 92

2

Valenciana de Recursos Humanos

Profesionales de Selección de Personal Selecciona
Informático
Para desarrollar tareas de programación en una empresa valenciana en expansión.
Se requiere
- Licenciatura en informática o ciencias físicas, telecomunicaciones o ingeniería (especialidad informática de gestión)
- Inglés técnico
- Titulación como máximo de hace 4 años

Se ofrece
- Contrato laboral en prácticas
- Formación a cargo de la empresa
- Posibilidad de promoción
- Los interesados enviar curriculum vitae y foto con carta de presentación manuscrita, indicando en el sobre la REF: 135/15 a:
Valenciana de Recursos Humanos
Plaza Pintor Segrellas, 1
46007 Valencia

3

Promotoras para supermercado

Buena presentación, persona puntual
Mandar CV y foto a:
Marketing Aplicado, S.A.
Av. Madrid, 121, 3°C
50010 Zaragoza

4

Necesitamos

Profesor de inglés nativo
Nivel académico universitario
Media jornada. Contrato laboral.
Fundación Federico Ozanan
Presentarse en:
C/ Ramón y Cajal, 24
Llamar al 976 444700
de 9 a 13, de 17 a 18 horas

5

Animatur

Primera empresa de Animación de
España precisa

Personas

que hablen al menos dos idiomas de
los siguientes: alemán, inglés y/o
francés, para trabajar como animador
turístico en hoteles de nuestras costas.

Enviar curriculum vitae y foto a P° de
la Castellana, 128, 7°, 28046 Madrid,
hasta e

Los sel
períod
entrev
Valenc

Edinburgh Napier University

Customer name: ANNA WRONIECKA
Customer ID: *********7123

Title: Pasos Spanish 1 : beginner's course
coursebook /
ID: 38042008869727
Due: 08/10/2015 23:59:00 BST

a Lee est
los tra Total items: 1
pregun 01/10/2015   09:44
Overdue: 0
1 ¿A qué Hold requests: 0
2 ¿Dónde
3 ¿Qué e
4 ¿Por q Thank you for using Self Issue
5 ¿Qué i Renew your loan:
using LibrarySearch
http://librarysearch.napier.ac.uk
Phone 0131 455 6021
Your comments are welcome at
libraryfeedback@ac.uk

Muy señor mío:

*He visto su anuncio en el periódico El País del día 10
de enero en el que piden gente para trabajar en su
compañía.*

*Tengo dos años de experiencia en diversas
actividades relacionadas con el turismo y trabajé
como guía turística durante cinco meses el año
pasado. Soy bilingüe y hablo español e inglés
perfectamente. También hablo francés, alemán y un*
italiano. Hace un año que vivo en este país y
uedarme pues me gusta mucho. Sé que su
a es líder en la industria turística y me
ía mucho trabajar para ustedes.
sidero que tengo las cualidades que ustedes
para el puesto y tengo muchos deseos de
der.
junto mi currículum.
perando sus noticias, le saluda atentamente:

Martín

¡Atención!

Muy señor mío	Dear Sir
Muy señora mía	Dear Madam
Estimado/a señor(a)	Dear Sir/Madam

b Escribe una carta pidiendo un trabajo. Habla de
tu experiencia. Inventa, si quieres.

D | Comunicando

  Actividad 15

El señor Pérez recibe varios mensajes por correo electrónico. Completa el cuadro para cada uno.

	1	2	3	4
Lugar original				
Día				
Hora				
Problema/ excusa				
Alternativa				

> 1   La conferencia del viernes a las 10, en el hotel San Juan, está cancelada. Hay otra conferencia similar el sábado a las 9.30 en el mismo hotel. ¿Le gustaría asistir a esta conferencia? Puedo reservar habitación en el hotel para el viernes por la noche en lugar de para el jueves. ¿Puede confirmarlo antes de las 5 de esta tarde? Gracias.

> 2   ¿Podemos ir mañana a cenar con vosotros? Hoy es un poco difícil porque la niña está enferma y tiene fiebre. Además a las nueve es muy tarde porque tengo que trabajar mañana. ¿Vamos a las ocho mañana? Hasta luego. Pepe

> 3   No es posible tener la reunión con ustedes esta tarde a las cuatro porque mi socio y yo tenemos que hacer un viaje urgente. ¿Pueden ustedes organizar la reunión para el miércoles próximo a las once y media de la mañana? Gracias.

> 4   ¿Podemos hablar a mediodía durante la comida? Esta tarde tengo que salir antes de la oficina para ir al dentista y no puedo hablar contigo a las cuatro y media. Es urgente y no puedo dejarlo para mañana. ¿Está bien?

 Actividad 16

Escribe tú mensajes similares. Utiliza la información.

1	**Lugar original**	reunión – oficina señora Rodríguez
	Día	lunes
	Hora	3.30
	Problema/excusa	visita del director general
	Alternativa	reunión – tu oficina – martes – misma hora

2	**Lugar original**	cena – Restaurante Tres Globos
	Día	viernes
	Hora	9.00
	Problema/excusa	trabajar muy tarde
	Alternativa	el viernes próximo

3	**Lugar original**	entrevista – oficina del Sr. Lopez
	Día	jueves
	Hora	4.30
	Problema/excusa	una cita muy importante en el hospital
	Alternativa	un día de la semana próxima

3.50

Actividad 17

En la oficina de Correos

a Con tu compañero/a, piensa qué puedes hacer en Correos. ¿Por qué vas allí?

b Tessa quiere enviar algo a sus amigas. Escucha la conversación en Correos y contesta las preguntas.

1 ¿Cuántos sellos quiere?
2 ¿Cuánto vale un sello para carta?
3 ¿Y para postal?
4 ¿Cuánto cuesta una carta certificada?
5 ¿Por qué debe llegar pronto el paquete?
6 ¿Cuánto tarda en llegar el paquete?

c Mira el sobre. Escribe lo que falta.

Keith Sanders

 ¡Atención!

sello	stamp
mandar/enviar	to send
certificado/a	recorded (delivery)
pesar	to weigh
paquete (m)	parcel
tardar	to take (time)
código (postal)	postcode
faltar	to be missing

d Practica un diálogo similar.

Actividad 18

Vas a Correos en España y quieres mandar tres cartas a tres amigos/as. Tienes que decirle al empleado cómo se escribe la dirección y el código (deletrea = *spell it*) y dónde se pone.

Actividad 19

Estás de vacaciones en el sur de España con tu familia y quieres visitar a tu amigo español que vive en otra ciudad cercana, pero quieres avisarle antes. Mándale un email con lo siguiente:

1 Pregúntale primero si puedes estar en su casa unos días (si no, puedes ir al hotel con tus padres).
2 Tus padres necesitan alojamiento mientras están allí, pídele a tu amigo la dirección y el teléfono de algún hotel económico de su ciudad.
3 Dile en qué fechas quieres ir y cuántos días quieres estar en su casa.
4 Dile en qué medio de transporte vas a viajar y pregúntale si puede ir a buscarte a una hora específica.

E | Viajes y vacaciones

3.51

Actividad 20

Escucha un reportaje sobre viajes culturales a América para jóvenes. Siguen las rutas de los viajes que hizo Colón. ¿Cuáles son las diferencias entre los dos viajes? Escucha las dos partes del reportaje y completa el cuadro.

	Viaje 1	Viaje 2
el año		
el viaje de Colón		
el nombre del barco		
el número de jóvenes		
sus edades		
número de nacionalidades		
lugares visitados		
actividades		
puerto de vuelta		
duración		

Actividad 21

Lee el texto y contesta las preguntas.

Expedición a Sudamérica

El año pasado un grupo de doce jóvenes españoles dicidieron viajar a Sudamérica. Salieron de España el doce de abril. Al mes y medio de llegar, se quedaron sin dinero y empezaron a vender sus cosas y a hacer todo tipo de trabajos. Tuvieron un accidente y en el grupo hubo problemas de convivencia, de manera que tres de ellos volvieron antes del tiempo previsto.

En todas partes los recibieron maravillosamente y les dieron trabajo, les facilitaron alojamiento y los ayudaron económicamente.

Así, en Perú hicieron anuncios de televisión para una marca de cerveza, vestidos con el traje típico andaluz, y en Argentina y Bolivia batieron dos records del mundo. En Bolivia corrieron y ganaron el motocross más alto del mundo, y en Argentina escalaron en invierno una montaña en la cordillera San Martín por primera vez en esta época del año.

Bajaron el Amazonas en un barco que construyeron ellos mismos en Perú y tuvieron innumerables aventuras más.

Hicieron muchos y buenos amigos, tantos que seis del grupo decidieron quedarse a vivir en Sudamérica y uno de ellos se casó allí.

Los que volvieron no trajeron nada, sólo una mochila y muchísimos DVDs y fotografías, pero todos estuvieron de acuerdo en que el viaje, aunque difícil, había sido una experiencia inolvidable.

1 Su dinero no duró mucho. ¿Cuánto tiempo? ¿Qué hicieron para ganar dinero?
2 Estuvieron en la televisión. ¿Por qué?
3 Batieron dos records mundiales. ¿Cuáles?
4 Viajaron en barco por el Amazonas. ¿Quién lo construyó? ¿Dónde?
5 Algunos se quedaron en América. ¿Cuántos?
6 Algunos se casaron en América. ¿Cuántos?
7 Algunos volvieron a España. ¿Cuántos? ¿Qué trajeron?
8 Escribe todos los verbos en el infinitivo. Algunos son nuevos. ¿Qué significan?

  Actividad 22

a Lee los anuncios de gente buscando compañeros/as de vacaciones.

- **Compañera de viaje** para Semana Santa. María. 974 23 38 03.
- **Gente interesada** en hacer excursiones y travesías por montaña en bicicleta. José Antonio. 974 85 95 50.
- **Persona** de 19 a 23 años que quiera visitar Inglaterra este verano, durante un mes y gastando unos 1.200€ en total. Viajaremos juntas. Ana Mar. 984 88 94 84 (comida).

b Necesitas unas vacaciones pero no tienes a nadie para acompañarte. Escribe un anuncio similar.
- ¿Qué te gusta hacer?
- ¿Adónde quieres ir?
- ¿Para cuánto tiempo?
- ¿Cómo quieres viajar?
- ¿Qué edad prefieres?
- ¿Cuánto dinero quieres gastar?

 Actividad 23

Las vacaciones de los señores Nogueras

a En esta descripción de vacaciones faltan todos verbos **ser** y **estar**. Busca el lugar de los verbos en el texto y escribe la forma correcta del verbo adecuado.

Los señores Nogueras siempre van a la playa en agosto. Sus vacaciones cortas pero muy agradables. Pasan quince días en un camping, al lado del mar Mediterráneo, cerca de Torredembarra. El camping muy grande y muy limpio. Siempre lleno de gente en verano. Los señores Nogueras no tienen una tienda, tienen un bungalow que pequeño pero muy bonito. Ellos contentos porque tienen todo lo necesario. Los servicios del camping muy bien y la playa preciosa. Tienen muchos amigos y organizan fiestas y competiciones deportivas con ellos.

b Comprueba con un(a) compañero/a.

3.52
Actividad 24

a Ésta es la foto de vacaciones de la familia Pérez en la ciudad. ¿Qué está haciendo cada persona? Habla y escribe.

b Escucha y comprueba.

F | Problemas

Actividad 25

La familia Pérez eligió sus vacaciones con un folleto de la agencia de viajes, pero el lugar elegido no es muy bueno. Compara el folleto con la realidad: Busca y escribe diez diferencias.

Ejemplo:
En el folleto hay poca gente, en la realidad hay muchísima gente.

¡Atención!

mucho/a	a lot
muchísimo/muchísima	a huge amount

Actividad 26

3.53

La familia Pérez tiene problemas en el hotel

a Mira el dibujo. ¿Qué problemas hay? Escribe una lista.

Ejemplo:

La cama está rota.

b Escucha y comprueba. El señor Pérez se queja a la directora del hotel. ¿Qué soluciones le da la directora al cliente?

c Practica.

Estudiante A (Cliente): Hay muchos problemas en tu habitación. Quéjate y explica al director / a la directora qué problemas hay.

Estudiante B (Director/a): Da soluciones a los problemas.

3.54

  Actividad 27

¡Hay un pelo en mi sopa!

a El señor y la señora Pérez tienen más problemas, esta vez en el restaurante. Escucha lo que dicen y pon en orden los dibujos.

 ——— *¡Atención!* ———

soso/a	*bland, tasteless*
salero	*salt cellar*
mosca	*fly (insect)*
quejarse	*to complain*
¡quéjate!	*complain!*

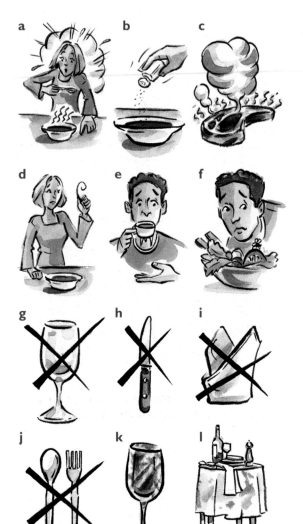

a b c

d e f

g h i

j k l

1	**Mujer**	Pero, ¡qué sosa está la sopa! Camarero, la sopa está sosa, ¿dónde está el salero?
2	**Mujer**	¡Aggg! ¡Está demasiado caliente!
3	**Hombre**	Pero, ¡qué frío está el café! Camarero, el café está frío.
4	**Mujer**	¡Camarero! ¡Esta carne está quemada!
5	**Mujer**	Camarero, falta un vaso.
6	**Hombre**	Pero, ¡qué sucia está la mesa! Camarero, la mesa está sucia.
7	**Mujer**	Camarero, falta una servilleta.
8	**Hombre**	Camarero, faltan la cuchara y el tenedor.
9	**Mujer**	Camarero, yo no tengo cuchillo.
10	**Hombre**	Pero, ¡qué sucia está la copa! Camarero, la copa está sucia.
11	**Mujer**	Camarero, hay un pelo en mi sopa.
12	**Hombre**	Camarero, hay una mosca en mi ensalada.

b Practica.

Estudiante A: Indica un problema en el dibujo.

Estudiante B: ¡Quéjate!

G | De fiesta

 ## Actividad 28

Lee el artículo. ¿Qué actividades menciona?

España en fiestas

Todos los días del año, en algún rincón de España, se celebra una fiesta o un festejo. No es raro que, en el mismo día coincidan dos o más festividades en lugares distintos. De esa forma, España tiene, cuando menos, 400 o 500 fiestas variopintas y diversas, a lo largo del año, en todo su suelo. Entre las fiestas religiosas, las procesiones y las romerías son las más numerosas. Entre las laicas, en primerísimo lugar, los toros, vaquillas y encierros, seguidas de competiciones deportivas, músicas y charangas, fuegos artificiales … Pero, además de esas fiestas tan comunes en muchos países europeos, España puede presumir de un amplio catálogo festivo absolutamente particular. Piensen en grandes ciudades, con "fenómenos" como las fallas de Valencia o los Sanfermines de Pamplona. Piensen también en lugares pequeños, el Rocío de Almonte o la Patum de Berga. España entera es una fiesta …

3.55

 ## Actividad 29

Esta persona describe las fiestas anuales en España. Une las fiestas de la lista con la fecha correcta.

1 Los carnavales
2 El día de la Asunción
3 Las Fallas de Valencia
4 La Feria de abril
5 La Constitución
6 El Pilar
7 Los Reyes Magos
8 San Juan
9 San Fermín

| 6 enero | febrero | 19 marzo | abril | 24 junio |
| 7 julio | 15 agosto | 12 octubre | 6 diciembre | |

 ## Actividad 30

Actividad 31

Test

Completa el test. Tiene 100 puntos. Al final, repasa lo que no sabes.

1 Escribe cuatro cosas que te gustan.
(*2 puntos*)

2 Escribe cuatro cosas que no te gustan.
(*2 puntos*)

3 Escribe cuatro cosas que te gusta hacer.
(*2 puntos*)

4 ¿Cómo es tu ciudad? Escribe cuatro opiniones. (*4 puntos*)

5 ¿Qué hacéis tú y tus amigos en el tiempo libre? Escribe seis actividades en el plural (**Nosotros** ...). (*6 puntos*)

6 Escribe los nombres de seis deportes.
(*3 puntos*)

7 ¿Cómo estás? Escribe seis adjetivos con **estar**. (*3 puntos*)

8 Escribe dos formas de aceptar (decir que sí).
(*2 puntos*)

9 Escribe dos formas de negar (decir que no).
(*2 puntos*)

10 Escribe tres formas de invitar:
¿ ⬭ ir al cine?
¿ ⬭ no vamos al cine?
¿ ⬭ ir al teatro? (*3 puntos*)

11 Escribe cuatro frases con la forma del futuro: **ir a** + infinitivo. (*4 puntos*)

12 Escribe cuatro tipos de películas. (*2 puntos*)

13 Escribe cuatro medios de transporte.
(*2 puntos*)

14 Escribe seis palabras o frases relacionadas con los viajes (pero no medios de transporte).
(*3 puntos*)

15 Escribe seis planes para el futuro (usa la forma del futuro simple). (*6 puntos*)

16 ¿Qué tiempo hace hoy? Escribe seis frases sobre el tiempo. (*3 puntos*)

17 Escribe cinco frases que puedes usar cuando hablas por teléfono. (*5 puntos*)

18 ¿Qué estás haciendo? Escribe seis frases con **estar** + gerundio. (*6 puntos*)

19 Escribe seis actividades que hiciste ayer.
(*6 puntos*)

20 Escribe cuatro cosas sobre tu autobiografía.
(*4 puntos*)

21 Escribe cuatro cosas sobre la vida de un amigo/a o de una persona de tu familia (usa el pasado). (*4 puntos*)

22 Escribe ocho partes del cuerpo humano.
(*4 puntos*)

23 Tienes la gripe; describe tres síntomas a tu médico. (*3 puntos*)

24 Escribe los consejos para estos problemas:
Estoy muy gordo, como demasiado.
Estoy cansado, trabajo demasiado.
Tengo la gripe.
Me duele la cabeza. (*4 puntos*)

25 ¿Qué has hecho esta mañana? Escribe seis frases, usa estos verbos:
levantarse, desayunar, ir a trabajar, salir a la cafetería, tomar un café, volver a casa
(*6 puntos*)

26 Describe tres objetos (material, color, forma): un bolso, un pañuelo, un anillo (*9 puntos*)

Total: _____ / 100 puntos

Vocabulario

A

Tiempo libre — *Free time*

a menudo	*often*
a veces	*sometimes*
agradable	*pleasant*
ajedrez	*chess*
cartelera	*cinema guide*
casi todos los días	*nearly every day*
concursante (m/f)	*competitor (in a quiz show)*
de vez en cuando	*from time to time*
divertido/a	*fun, funny*
le gustaría	*she/he would like*
menos de lo que	*less than he/she*
muy poco	*very little / hardly ever*
paracaidismo	*parachuting*
pesca	*fishing*
relajante	*relaxing*
sano/a	*healthy*
sesión (f)	*performance (in the cinema)*
últimamente	*recently*
una vez a la semana	*once a week*

B

Mi ciudad — *My town*

destruido	*destroyed*
guerra civil	*civil war*
inaugurar	*inaugurate*
por lo tanto	*therefore*
amplias	*wide*

C

El trabajo — *Work*

adjuntar	*to attach*
anuncio	*advertisement*
diverso/a	*a (wide) range of*
empresa	*firm, company*
entrenarse	*to train*
guía turística (m/f)	*tourist guide*
jornada	*working day*
líder (m)	*leader*
turno de mañana	*morning shift*

D

Comunicando — *Communicating*

asistir	*to attend*
certificado/a	*recorded (delivery)*
código (postal)	*postcode*
faltar	*to be missing*
mandar / enviar	*to send*
paquete (m)	*parcel*
pesar	*to weigh*
sello	*stamp*
socio/a	*(business) partner*
tardar	*to take (time)*

E

Viajes y vacaciones — *Journeys and holidays*

barco	*boat*
cordillera	*mountain range*
escalar	*to climb*
mochila	*rucksack*
inolvidable	*unforgettable*
ruta	*route*
reportaje (m)	*report*

F

Problemas — *Problems*

folleto	*brochure*
soso/a	*bland, tasteless*
salero	*salt cellar*
mosca	*fly (insect)*
quejarse	*to complain*

G

De fiesta — *Festival time*

a lo largo (del año)	*throughout (the year)*
charanga	*brass band*
cuando menos	*at least*
Fallas	*Valencian festival*
fuegos artificiales	*fireworks*
fiesta	*festival*
Los Reyes Magos	*Epiphany (the Three Kings)*
rincón (m)	*corner*
romería	*procession*
variopinto/a	*colourful, diverse*

Gramática

Headings for the grammar section are given in Spanish with the appropriate equivalent in English.

This is followed by the lesson numbers in which examples of the grammar point appear.

An explanation of the grammar point is given, followed by a number of examples. Numbers referring to corresponding lessons are given where appropriate.

Nombres sustantivos *Nouns*

Género *Gender*

Nouns are either masculine or feminine.
Most nouns which end in **–o** are masculine.
Most nouns which end in **–a** are feminine.

el libr**o**   *the book*
la cas**a**   *the house*

However, there are exceptions to this rule.

el día
la man**o**

There are also many other types of nouns endings which follow no regular pattern.

el coch**e**
la call**e**

Some nouns can be either masculine or feminine. For masculine nouns ending in **–o**, substitute **–a** to form the feminine.

el camarer**o**
la camarer**a**

If the masculine form ends with a consonant, add **–a** to form the feminine.

el profesor
la profesor**a**

Nouns ending in **–e** are the same in both masculine and feminine forms.

el estudiant**e**
la estudiant**e**

Some nouns ending in **–a** are the same in both masculine and feminine forms.

el artist**a**   **el** guía
la artist**a**   **la** guía

There are also some nouns which do not conform to any of these rules.

el actor   el príncipe
la actriz   la princesa

Plural *Plural*

Plurals for nouns ending in vowels are formed by adding **–s**.

el libro   **la** casa   **el** estudiante
los libro**s**   **las** casa**s**   **los** estudiante**s**

Plurals for nouns ending in consonants are formed by adding **–es**.

el color
los color**es**

El artículo determinado/definido *The definite article* (The) (Lecciones 1, 3, 5)

The definite article is as follows:

	Masculino	Femenino
Singular	**el** libro	**la** casa
Plural	**los** libros	**las** casas

Notes
* The definite article is used in the following examples where it is omitted in English:
  Los españoles comen   *Spaniards have lunch*
  as las dos.   *at two.*
  La vida es cara.   *Life is expensive.*
* *Feminine nouns with a stressed* **–a** *as their first letter take* **el** *as the definite article:*
  El agua está fría.   *The water is cold.*

Contracciones *Contractions*

Contractions only occur in two cases. Both involve the masculine definite article **el:**

- *when preceded by the preposition* **a**

   a + **el** = **al**

   Voy **al** cine.   *I'm going to the cinema.*
- *when preceded by the preposition* **de**

   de + **el** = **del**

   el propietario **del**   *the owner of the restaurant*
   restaurante

El artículo indeterminado/ indefinido *The indefinite article*

('a' in the singular, 'some/any' in the plural)

(Lecciones 1, 2, 6)

	Masculino	Femenino
Singular	**un** libro	**una** casa
Plural	**unos** libros	**unas** casas

The indefinite article is **not** *used in the following cases:*

- **Professions**

   María es camarera.   *María is a waitress.*
- **Questions and negations**

   ¿Tienes hermanos?   *Do you have any brothers*
   or sisters?

   No, no tengo   *No, I don't have any*
   hermanos.   *brothers or sisters.*

   ¿Hay olivas?   *Are there any olives?*

   No, no hay olivas.   *No, there aren't any olives.*
- **Plurals**

   Quiero pasteles.   *I would like some cakes.*

Adjetivos calificativos *Qualifying adjectives*

(Lecciones 4, 5, 6, 11)

Concordancia *Agreement*

Adjectives agree in nunber and gender with the noun they are qualifying.

	Masculino	Femenino
Singular	El hotel es modern**o**.	La habitación es modern**a**.
Plural	Los hoteles son modern**os**.	Las habitaciones son modern**as**.

–o *endings go with masculine nouns and* **–a** *endings with feminine. But adjectives ending in a consonant do not change their form:*

un coche azul   *a blue car*

una bicicleta gris   *a grey bicycle*

Nationalities, however, follow the same rule as for nouns.

un chico inglés   *an English boy*

una chica inglesa   *an English girl*

In the plural, these adjectives add **–es**:

dos coches azules   *two blue cars*

dos bicicletas grises   *two grey bicycles*

dos chicos ingleses   *two English boys*

Posición *Position*

Most adjectives occur immediately after a noun:

un chico **simpático**   *a nice bo:*

una mujer **fuerte** y   *a strong, hard-working woman*
   trabajadora

However, some adjectives can occur before the noun. When they do, the form changes in some of them:

El tiempo es **bueno**.   *The weather is good.*

Hace **buen** tiempo.   *It's good weather.*

El tiempo es **malo**.   *The weather is bad.*

Hace **mal** tiempo.   *It's bad weather.*

Notes

- *In these cases, the feminine form does* **not** *change when occurring before the noun:*

   Es un **buen** chico.   *He is a good boy.*

   Es una **buena** chica.   *She is a good girl.*
- *A few adjectives change their meaning according to their position:*

   Es un gran hombre.   *He is a great man.*

   Es un hombre grande.   *He is a big man.*

Adjetivos posesivos *Possessive adjectives*

(Lecciones 1, 9, 13)

The possessive adjectives agree with the possessed object and not with the owner. First and second person plural possessive adjectives have a masculine and a feminine form, as well as a singular and plural form. All the other 'persons' change only in the plural form.

singular		plural	
mi	*my*	mis	*my*
tu	*your*	tus	*your*
su	*his/her/your*	sus	*his/her/your*
nuestro/nuestra	*our*	nuestros/nuestras	*our*
vuestro/vuestra	*your*	vuestros/vuestras	*your*
su	*their/your*	sus	*their/your*
mi padre	*my father*	mis padres	*my parents*
tu hermano	*your brother*	tus hermanos	*your brothers (and sisters)*
su hijo	*his/her/your son*	sus hijos	*his/her/your children*
nuestro primo	*our cousin*	nuestros primos	*our cousins*
vuestro abuelo	*your grandfather*	vuestros abuelos	*your grandparents*
su amigo	*their/your friend*	sus amigos	*their/your friends*

Notes

- **De** *is used to express possession or family relation:*
  el padre de Isabel   *Isabel's father (lit. the father of Isabel)*
  el coche de mi amigo   *my friend's car (lit. the car of my friend)*
- *For parts of the body, the possessive adjective is not normally used; the definite article is used instead:*
  Me duele **la** cabeza.   *My head aches.*
  Se ha roto **la** pierna.   *He has broken his leg.*

Pronombres personales *Personal pronouns*

Sujeto	Subject
Yo soy mecánico.	*I'm a mechanic.*
¿**Tú** eres española?	*Are you Spanish?*
Él/Ella/Usted es de Madrid.	*He/She is/You are from Madrid.*
Nosotros (m) somos camareros.	*We are waiters.*
Nosotras (f) somos camareras.	*We are waitresses.*
¿**Vosotros** (m) sois estudiantes?	*Are you students?*
¿**Vosotras** (f) sois estudiantes?	*Are you students?*
Ellos (m) son de Colombia.	*They are from Colombia.*
Ellas (f) son de Perú.	*They are from Peru.*
¿**Ustedes** son de Argentina?	*Are you from Argentina?*

Subject personal pronouns are normally only used for emphasis and are omitted in normal conversation:

A: ¿Qué eres?
B: Soy mecánico. ¿Y qué eres **tú**?
A: **Yo** soy camarera.

*Note   The formal form of address in Spanish is **usted** or **ustedes**, often abbreviated to **Vd** or **Vds** in the written form. This is used with the third person form of the verb: ¿Usted es española?*

*The **usted** form is used in formal situations or when addressing someone you do not know. Most young people of similar age and status use the **tú** form from their first meeting.*

Objeto *Object*

I   Átonos (*without accent and stress*)

The following first and second persons are used for direct and indirect objects:

singular		plural	
me	*me*	nos	*us*
te	*you*	os	*you*

¿Qué **te** pasa?	*What's the matter (with **you**)?*
Me duele la rodilla.	*My knee hurts (**me**).*
Os invitamos a la boda.	*We invite **you** to the wedding.*
Mamá **nos** quiere.	*Mum loves **us**.*

The following (third person) are used for direct objects that are things and people.

singular	plural	
lo/la	los/las	(masculine and feminine
it/him/her	*them*	agreement)

A: ¿Quieres este libro?	*Would you like this book?*
B: Sí, **lo** quiero.	*Yes, I'd like **it**.*
A: ¿Tienes las entradas?	*Do you have the tickets?*
B: Sí, **las** tengo.	*Yes, I have **them**.*
A: ¿Quieres a Carmen?	*Do you love Carmen?*
B: Sí, **la** quiero mucho.	*Yes, I love **her** very much.*
A: ¿Invitas a Juan?	*Are you inviting Juan?*
B: Sí, **lo** invito.	*Yes, I'm inviting **him**.*

Note

Lo is the neutral pronoun.

pasar**lo** bien   *to have a good time*

The following are used for indirect objects that are people – third person and **usted**.

singular	plural	
le *him/her/you*	les *them, you*	

¿Qué **le** pasa?	*What's the matter (with him/her/you)?*
¿Qué **les** pasa?	*What's the matter (with them/you)?*

Note

Le/Les can substitute for **lo/los** as direct objects for masculine persons.

Vi a Juan ayer.	*I saw Juan yesterday.*
Le vi ayer.	*I saw him yesterday.*
Vi a Juan y a Luis ayer.	*I saw Juan and Luis yesterday.*
Les vi ayer.	*I saw them yesterday.*

2   Tónicos (*with accent and stress*)

These are used when personal pronouns follow a preposition.

para **mí**	*for me*
a **ti**	*to you*
con nosotros/as	*with us*
sin **vosotros/as**	*without you*
por **ellos/ellas/ustedes**	*by them/you*

Note

con + mí = conmigo	*with me*
con + ti = contigo	*with you*
¿Quieres ir al cine conmigo?	*Would you like to go to the cinema with me?*

3   Pronombres reflexivos *Reflexive pronouns*

These are used with reflexive verbs.

singular	plural
me	nos
te	os
se	se

Me levanto a las siete.	*I get up at seven.*
Me encuentro mal.	*I feel ill.*
Se lava.	*He washes (himself).*
Se visten.	*They dress (themselves).*

Note   Pronouns which follow the **–ing** form can appear in two positions:

Me estoy duchando.
Estoy duchándo**me**.   } *I'm having a shower.*

4   Special constructions with object pronouns

The verbs *gustar, apetecer, interesar* and others:

Me gusta el cine.	*I like the cinema. (lit. The cinema pleases me.)*
Le interesa pintar.	*He's interested in painting. (lit. Painting interests him.)*
No me apetece.	*I don't feel like it.*

Note   The verb in the plural agrees with the noun, not the pronoun:

Me gust**an** los libros.   *I like books.*

Pronombres indefinidos *Indefinite pronouns*

¿**Algo** más?	*Anything else?*
Nada más.	*Nothing else.*
¿Quiere **alguna** cosa más?	*Do you want anything else?*
Nadie quiere hablar conmigo.	*Nobody wants to talk to me.*

Pronombres exclamativos *Exclamatory pronouns*

¡Qué calor!	*It's so hot! (What heat!)*
¡Qué frío!	*It's so cold! (What cold!)*
¡Qué pena! ⎫	*What a pity!*
¡Qué lástima! ⎭	
¡Qué suerte!	*How lucky! (What luck!)*

Adjetivos y pronombres demostrativos *Demonstrative pronouns and adjectives*
(Lección 6)

	Masculino		Femenino	
Singular	**este** jersey	*this sweater*	**esta** camisa	*this shirt*
Plural	**estos** zapatos	*these shoes*	**estas** chaquetas	*these jackets*

*There are also two forms for the equivalent of the English **that/those**:*

	Masculino	Femenino	
Singular	ese	esa	*that*
	aquel	aquella	*that (over there)*
Plural	esos	esas	*those*
	aquellos	aquellas	*those (over there)*

Quiero ese jersey.	*I'd like that sweater. (in a shop)*
Vive en aquella casa.	*He lives in that house over there. (indicates greater distance)*

Ese *etc. are used to indicate intermediate distance.*
Aquel *etc. are used to indicate further distance.*
In practice, they are often interchangeable.

Note
When used as pronouns (i.e. without the noun), they have an accent: **éste, ése, aquél; ésta, ésa, aquélla; éstos, ésos, aquéllos; éstas, ésas, aquéllas:**

A:	¿Qué jersey quieres?	*Which sweater would you like?*
B:	Quiero éste.	*I'd like this one.*

Neutral forms are **esto, eso** and **aquello** *(without accent):*

Quiero **esto.**   *I want this (one).*

Eso *is used to indicate intermediate distance.*
Aquello *is used to indicate further distance.*

Números *Numbers*

Cardinales *Cardinal numbers*
(Lecciones 1, 2, 3, 4, 6)
The following cardinal numbers can change their form:
* *the masculine and feminine forms of* **one**
  uno/una

A:	¿Cuántos pasteles quieres?	*How many cakes would you like?*
B:	Quiero uno.	*I'd like one.*

When placed with a noun, the masculine form is used as follows:
Quiero un pastel.   *I'd like one cake./I'd like a cake.*
Quiero una galleta. *I'd like a biscuit.*

* *numbers 200 to 999, which have a masculine and feminine form in the hundreds:*
  Hay doscient**os** chicos y trescient**as** chicas en el colegio.
  There are 200 boys and 300 girls in the school.

* *The word for 'million'* (**millón**) *has a plural form:*
  un millón / dos millones

Note
Cardinal numbers are used for dates.
el veinticinco de julio   *the twenty-fifth of July*

Ordinales *Ordinal numbers*
(Lecciones 2, 3, 4)
See Lección 4 for full details.

All ordinals have masculine and feminine forms:
el cuarto piso   *the fourth floor*
la cuarta calle   *the fourth street*

Two ordinals (**primero, tercero**) *change their form in the masculine when placed before a noun:*
el primer piso   *the first floor*
el tercer piso   *the third floor*
Notes
* *Ordinals normally come before the noun, unlike other adjectives.*
* *Dates are* **not** *given as ordinals but as cardinals:*
  el (día) tres de octubre   *the third of October*

La interrogación *The question form*

For all question forms, the interrogative symbols ¿ ...? appear at the beginning and end of the question.

Questions in conversation are identified by a rising intonation on the final syllable:

¿Eres de Madrid?   *Are you from Madrid?*

Questions are formed in the following ways:
* *by adding the interrogation symbols to an affirmative sentence:*
  ¿Juan es de Barcelona?
* *by adding the interrogation symbols and also inverting the subject and the verb:*
  ¿Es Juan de Barcelona?

Pronombres y adverbios interrogativos *Interrogative pronouns and adverbs*
(Lecciones 1, 2, 3, 4, 5, 9)
The following interrogative pronouns are used to form questions:

¿Qué ...?	¿Qué quieres?	*What would you like?*
		What do you want?
	¿Qué haces?	*What do you do?*
		What are you doing?
	¿Qué jersey quieres?	*Which sweater do you want?*
¿Cuál ...?	¿Cuál es tu profesión?	*What is your profession?*
¿Cuáles ...?	¿Cuáles son tus hijos?	*Which ones are your children?*

¿Quién ...?	¿Quién es?	*Who is it?*
	¿Quién es de Barcelona?	*Who is from Barcelona?*
¿Quiénes ...?	¿Quiénes son esos señores?	*Who are those people?*
¿Cuánto ...?	¿Cuánto pescado quiere?	*How much fish would you like?*
¿Cuántos ...?	¿Cuántos coches hay?	*How many cars are there?*
¿Cuánta ...?	¿Cuánta leche quiere?	*How much milk would you like?*
¿Cuántas ...?	¿Cuántas horas trabajas?	*How many hours do you work?*

Notes

- **¿Cuál?** *and* **¿quién?** *agree in the singular and plural;* **¿cuánto?** *agrees with masculine, feminine, singular and plural.*
- **¿Cuánto es?** *means 'How much is it?' This form does not vary.*
- **¿Qué ...?** *and* **¿Cuál ...?** *signify* **What ...?** *and* **Which ...?** *in general terms:*

  ¿Qué quieres?   *What do you want? / What would you like?*

  ¿Cuál quieres?   *Which (one) do you want? / Which one would you like?*

  However, they can mean the same in some contexts:

  ¿Qué libro es el de Juan?   *Which book is Juan's?*

  ¿Cuál es el coche de Juan?   *Which is Juan's car?*

  ¿Qué ...? *is used immediately before the noun.*

  ¿Cuál ...? *is used immediately before the verb.*

The following interrogative adverbs are also used to form questions:

¿Dónde ...?	¿Dónde está Granada?	*Where is Granada?*
¿De dónde ...?	¿De dónde eres?	*Where are you from?*
¿Adónde ...?	¿Adónde va el tren?	*Where does the train go?*
¿Cómo ...?	¿Cómo te llamas?	*What's your name?*
	¿Cómo estás?	*How are you?*
	¿Cómo es?	*What's he/she/it like?*
¿Cuándo ...?	¿Cuándo es tu cumpleaños?	*When is your birthday?*
¿Por qué ...?	¿Por qué no vas a trabajar?	*Why don't you go to work?*
	*Porque estoy enfermo.	*Because I'm ill.*

*Note

- *The answer to a question beginning* **¿Por qué ...?** *normally begins with* **Porque ...**

Comparativos y superlativos *Comparatives and superlatives*

Comparativos *Comparatives*

Comparatives are formed by adding **más ... que** *(more ... than) or* **menos ... que** *(less ... than) to adjectives:*

El Talgo es **más** rápido **que** el Intercity.	*The Talgo is faster than the Intercity.*
El tren es **más** cómodo **que** el autocar.	*The train is more comfortable than the coach.*
El autocar es **menos** caro **que** el Talgo.	*The coach is less expensive than the Talgo.*
El autocar es **menos** cómodo **que** el tren.	*The coach is less comfortable than the train.*

In addition, **tan ... como** *(as ... as) can be used:*

El Talgo es **tan** cómodo **como** el AVE.	*The Talgo is as comfortable as the AVE.*

Similarly, when used with nouns:

En diciembre hace **más** frío **que** en febrero.   *In December, it is colder than in February.*

En junio hace **menos** calor **que** en agosto.   *In June, it is less hot than in August.*

*To say **as much/many … as,** the following forms are used:*

	Masculino	Femenino
Singular	En julio hace **tanto** calor **como** en agosto.	No hay **tanta** niebla **como** ayer.
	In July it is as hot as in August.	*There isn't as much fog as yesterday.*
Plural	En el pueblo no hay **tantos** coches **como** en la ciudad.	Aquí no hay **tantas** tiendas **como** en mi ciudad.
	In the town there aren't as many cars as in the city.	*There aren't as many shops here as there are in my city.*

Superlativos *Superlatives*

*These are formed by adding **más** or **menos** after the noun and before the adjective:*

el coche **más** caro   *the most expensive car*

la bicicleta **más** barata   *the cheapest bike*

los hoteles **más** grandes   *the biggest hotels*

las casas **más** pequeñas   *the smallest houses*

el coche **menos** rápido   *the least fast (= slowest) car*

la bicicleta **menos** cara   *the least expensive bike*

This is another way of forming the superlative form:

El Talgo es **el más** rápido.   *The Talgo is the fastest.*

La bicicleta es **la más** barata.   *The bicycle is the cheapest.*

*To say **good, better than, the best**, use **bueno, mejor que, el/la mejor … (de):***

Es **el mejor** restaurante **de** Sevilla.   *It's the best restaurant in Seville.*

*To say **bad, worse than, the worst**, use **malo, peor que, el/la peor … (de):***

Es **la peor** cafetería **de** la ciudad.   *It's the worst café in the city.*

Note

mi hermano mayor   *my older brother*

mi hermana menor   *my younger sister*

–ísimo/–ísima/–ísimos/–ísimas

*To emphasise an adverb or an adjective but not compare it with anything else, use **–ísimo:***

Me gusta la película mucho.   *I like the film a lot.*

Me gusta la película much**ísimo.**   *I like the film very much indeed.*

When used with adjectives, the rule for masculine, feminine, singular and plural agreement applies:

	Masculino	Femenino
Singular	El AVE es rapid**ísimo**.	La bicicleta es lent**ísima**.
	The AVE is really fast.	*The bike is really slow.*
Plural	Los hoteles son grand**ísimos**.	Las casas son car**ísimas**.
	The hotels are really big.	*The houses are really expensive.*

Adverbios y preposiciones *Adverbs and prepositions*

Adverbios y frases preposicionales de lugar *Adverbs and prepositional phrases of place* (Lección 3)

aquí	*here*
cerca de aquí	*near here*
allí	*there*
lejos de allí	*a long way from there*

The following add **de**:

cerca de la oficina de turismo	*near the tourist office*
lejos de Madrid	*a long way from Madrid*
enfrente del parque	*opposite the park*
debajo de la mesa	*under the table*
delante de su casa	*in front of his/her/your house*

detrás de su coche	*behind his/her/your car*

Also:

a la izquierda (de)	*to the left (of)*
a la derecha (de)	*to the right (of)*
al final de la calle	*at the end of the street*
al lado del restaurante	*next to the restaurant*

The following prepositions do not add **de**:

sobre la mesa	*on/above the table*
en la mesa	*on the table*
entre el restaurante y el banco	*between the restaurant and the bank*

Adverbios de tiempo *Adverbs of time*

- **nunca**
  Nunca tengo tiempo libre.   *I never have any free time.*
  This adverb occurs at the beginning of a sentence in this form. Otherwise it is accompanied by **no** *at the beginning of the sentence.*
  No tengo tiempo libre **nunca.**   *I never have any free time.*
  No tengo **nunca** tiempo libre.

- **siempre**
  Siempre leo por las noches.   *I always read at night.*
- **a veces**
  A veces vamos al cine.   *We sometimes go to the cinema.*
  These two adverbs normally occur at the beginning of a sentence but can also occur immediately after the verb or after the subject:
  Leo **siempre** por las noches.   *I always read at night.*
  Leo por las noches **siempre.**

- **temprano**
  Voy a Santander mañana muy **temprano**.   *I'm going to Santander tomorrow very early.*
- **tarde**
  El Talgo sale **tarde**.   *The Talgo leaves late.*
- **pronto**
  El tren sale **pronto**.   *The train leaves soon.*
  These three adverbs normally occur immediately after the verb or at the end of a sentence.

- **ahora**
  Está lloviendo **ahora**.   *It's raining now.*
  This adverb occurs before or after the verb.

- **primero**   **Primero** fui al teatro.   *First I went to the theatre.*
- **después**   **Después** cené en un retaurante.   *After/Then I had dinner in a restaurant.*
- **luego**   **Luego** fui a una discoteca.   *Then I went to a disco.*

These normally occur at the beginning of a sentence, but can also occur at the end or after the verb:

Fui al teatro **primero**.   *I went to the theatre first.*
Fui **primero** al teatro.

Adverbios de cantidad *Adverbs of quantity*

- **muy**   Es **muy** grande.   *It's very big.*
- **mucho**   Trabajo **mucho**.   *I work a lot. / I work hard.*
- **demasiado**   Juan come **demasiado**.   *Juan eats too much.*

Adverbios de modo *Adverbs of manner*

- **bien**   A: ¿Cómo estás?
           B: Estoy **bien**.   *I'm well.*
           Carmen canta **bien**.   *Carmen sings well.*
- **mal**   Estoy **mal**.   *I'm not well.*
           Juega **mal** al tenis.   *He plays tennis badly.*
- **regular**   Estoy **regular**.   *I'm all right (= so-so, average).*

Adverbios en –*mente* *Adverbs with* –mente

–mente *is the equivalent of the English* **–ly:**

Como en casa   *I eat at home*
  generalmente.   *generally.*
exactamente   *exactly*

Adverbios de afirmación y negación *Adverbs of affirmation and negation*

Sí   *Yes*
No   *No*

Note
Si *with no accent means* *if.*
To express negation in a sentence, simply place **no** *in an affirmative sentence before the verb:*

No voy a los bares.   *I don't go to bars.*
No quiero más café.   *I don't want any more coffee.*

If the sentence has a subject, **no** *is placed after the subject and before the verb:*

Juan **no** va a los bares.   *Juan doesn't go to bars.*

Preposiciones *Prepositions*

The most frequently occurring prepositions are **a** *and* **de.**
They have a variety of functions.

- **a/de**

Tiempo   *Time*
Me levanto **a** las ocho.   *I get up at eight.*
La tienda abre **de** nueve   *The shop opens from*
  a cuatro.   *nine to four.*
Trabajo hasta la una   *I work until one in the*
  de la tarde.   *afternoon.*

Dirección/Distancia   *Direction/Distance*
María va **a** la oficina.   *María is going to the office.*

Vamos **al** cine.   *Let's go to the cinema.*
Está **a** cuarenta   *It's (at) 40 kilometres*
  kilómetros **de** aquí.   *from here.*

Objeto directo (person)   *Direct object (persona)*

María quiere **a** Juan.   *María loves Juan.*
Invito **a** María.   *I'm inviting María.*

Objeto indirecto (persona)	Indirect object (person)
Mandaré un email a Carlos.	I'll send an email **to** Carlos.

Note

a *can be used as emphasis.*

No me gusta, pero **a** María le gusta mucho.	I don't like it, but María likes it a lot.

Otros ejemplos *Other examples*

A *occurs with the infinitive after certain verbs or constructions:*

- ir + **a** + infinitivo
  Voy **a** esquiar.   *I'm going skiing.*
- invitar + a + infinitivo
  Te invito **a** cenar.   *I invite you to dinner.*
- **de**

Origen o procedencia	Origin or place of departure
El tren sale **de** Madrid.	The train leaves **from** Madrid.
Soy **de** Zaragoza.	I am **from** Zaragoza.

Posesión o pertenencia	Possession or ownership
el pasaporte **de** mi hija	my daughter's passport

Otras preposiciones

- **con**   un café **con** leche
         Paso mi tiempo libre **con** mi familia.
- **sin**   Toma el café **sin** azúcar.
- **en**   Vivo **en** Valencia.
- **por**   Sólo trabajo **por** la mañana.
         Viajar **por** la ciudad es difícil.
- **para**   Quiero una habitación **para** una noche.
          Un billete **para** Santander **para** mañana, por favor.

Note

The following examples of the use of **de** *and compare them with their English equivalents:*

un número **de** teléfono	a telephone number
la madre **de** Yolanda	Yolanda's mother
el profesor **de** inglés	the English teacher
un bocadillo **de** jamón	a ham sandwich
el fin **de** semana	the weekend
Tengo dolor **de** estómago.	I have a stomach-ache.

Material	Material
Es **de** plástico.	It's made of plastic.

Contenido/Cantidad	Content/Quantity
un vaso **de** agua	a glass **of** water
un kilo **de** patatas	a kilo **of** potatoes

Otros ejemplos	Other examples
Voy **de** vacaciones.	I'm going **on** holiday.
Estoy **de** vacaciones.	I'm **on** holiday.

Note

De *and* **desde**, *meaning* **from** *(a place or a time), are often interchangeable.*

Vienen **desde/de** Valencia.	They are coming **from** Valencia.
Trabajo **desde/de** las nueve hasta la una.	I work **from** nine to one.

Other prepositions

a coffee **with** milk
I spend my free time **with** my family.
He has coffee **without** sugar.
I live **in** Valencia.
I only work **in** the morning.
Travelling **around** the city is difficult.
I'd like a room **for** one night.
A ticket **for** Santander **for** tomorrow, please.

Conjunciones *Conjunctions*

- **y** (copulativa)
¿**Y** usted?	And you?
Estoy resfriado **y** tengo fiebre.	I have a cold and I have a temperature.

Note

Y *before* **i** *(and* **hi***) becomes* **e:**

Ella es española **e** inglesa.   *She is Spanish and and English.*

Son padre **e** hija.   *They are father and daughter.*

- **o** *(disyuntiva)*

Ella bebe coca cola **o** tónica.   *She drinks cola or tonic.*

Note

o *before* **o** *becomes* **u:**

¿Quieres éste **u** otro?   *Do you want this one or another one?*

Verbos *verbs*

Presente   *Present tense*

Regulares   *Regular*

	–ar	**–er**	**–ir**
	trabaj**ar**	com**er**	viv**ir**
yo	trabaj**o**	com**o**	viv**o**
tú	trabaj**as**	com**es**	viv**es**
él/ella/usted (Vd)	trabaj**a**	com**e**	viv**e**
nosotros/as	trabaj**amos**	com**emos**	viv**imos**
vosotros/as	trabaj**áis**	com**éis**	viv**ís**
ellos/ellas/ustedes (Vds)	trabaj**an**	com**en**	viv**en**

Trabajo en una tienda.   *I work in a shop.*

Visitamos a mis abuelos.   *We visit my grandparents.*

Cenan a las diez.   *They have dinner at ten.*

¿Coméis en casa?   *Do you eat lunch at home?*

Vivo cerca de la tienda.   *I live near the shop.*

¿Viven en Málaga?   *Do they live in Málaga?*

Irregulares   *Irregular*

With the exception of **ser** *and* **ir***, irregular verb forms only occur in the first, second and third person singular and third person plural. First and second persons plural follow the same rules as regular verbs.*

1   ser *and* **ir**

	ser	**ir**
yo	soy	voy
tú	eres	vas
él/ella/Vd	es	va
nosotros/as	somos	vamos
vosotros/as	sois	vais
ellos/ellas/Vds	son	van

2   Irregularidad vocálica   *Vowel irregularity*

- **–e → –ie**

cerrar	*to close*
c**ie**rro	cerramos
c**ie**rras	cerráis
c**ie**rra	c**ie**rran

¿A qué hora **cierra** la tienda?   *What time does the shop close?*

Other examples:

empezar   *to begin / to start*

¿A qué hora **empieza** la película?   *What time does the film begin?*

querer   *to want*

¿**Quieres** un café?   *Would you like a coffee?*

nevar   *to snow*

Nieva.   *It's snowing.*

- **−e → −i**

pedir   *to ask for, to request, to order*

pido	pedimos
pides	pedís
pide	piden

Siempre **pide** un café solo.   *He always asks for a black coffee.*

Other examples:

seguir   *to follow*

Sigues esta calle.   *You follow this street.*

- **−o → −ue**

poder   *to be able*

puedo	podemos
puedes	podéis
puede	**pue**den

No **puedo** ir al cine.   *I can't go to the cinema.*

Other examples:

volver   *to return*

Vuelvo a la una.   *I'm coming back at one.*

soler   *to usually do*

Suelo visitar a mi familia los domingos.   *I usually visit my family on Sundays.*

acostarse   *to go to bed / to lie down (see also under **verbos reflexivos**)*

Me acuesto a las once.   *I go to bed at eleven.*

doler   *to hurt*

Me **duele** la cabeza.   *My head aches.*

costar   *to cost*

¿Cuánto **cuesta**?   *How much is it?*

llover   *to rain*

Llueve mucho.   *It's raining hard.*

- **−u → −ue**

jugar   *to play*

juego	jugamos
juegas	jugáis
juega	**jue**gan

Juego al fútbol.   *I play football.*

3 Irregularidad consonántica   *Consonant irregularity*

- *The substitution of one consonant for another in the first person singular:*

hacer   *to make / to do*

ha**go**	hacemos
haces	hacéis
hace	hacen

A: ¿Qué haces?   *What are you doing?*

B: **Hago** los deberes.   *I'm doing my homework.*

- *The addition of a consonant to the final consonant of the infinitive root in the first person singular:*

salir   *to go out / to leave*

sal**go**	salimos
sales	salís
sale	salen

Salgo a las ocho.   *I leave at eight.*

4 *Some verbs incorporate both irregular forms described in **2** and **3** (vowel and consonant):*

tener   *to have*

ten**go**	tenemos
tienes	tenéis
tiene	**tie**nen

A: ¿Cuántos años **tienes**?   *How old are you? (lit. How many years do you have?)*

B: **Tengo** veinticinco años.   *I'm twenty-five.*

venir   *to come*

ven**go**	venimos
vienes	venís
viene	**vie**nen

A: ¿De dónde **vienes**?   *Where have you come from?*

B: **Vengo** del cine.   *I've come from the cinema.*

Verbos reflexivos *Reflexive verbs*

Many Spanish verbs are reflexive. Some are regular verbs, such as **levantarse** *(to get up); others are irregular, such as* **acostarse** *(to go to bed),* **despertarse** *(to wake up) and* **vestirse** *(to get dressed).*

	levantarse	acostarse	despertarse	vestirse
yo	**me** levanto	**me** acuesto	**me** despierto	**me** visto
tú	**te** levantas	**te** acuestas	**te** despiertas	**te** vistes
él/ella/Vd	**se** levanta	**se** acuesta	**se** despierta	**se** viste
nosotros/as	**nos** levantamos	**nos** acostamos	**nos** despertamos	**nos** vestimos
vosotros/as	**os** levantáis	**os** acostáis	**os** despertáis	**os** vestís
ellos/ellas/Vds	**se** levantan	**se** acuestan	**se** despiertan	**se** visten

Me levanto a las siete.	*I get up at seven.*
Se acuesta a las once.	*He goes to bed at eleven.*
Nos despertamos temprano.	*We wake up early.*
Se visten rápidamente.	*They get dressed quickly.*

Other examples are:

ducharse	Me ducho por la noche.	*I have a shower at night.*
bañarse	¿Te bañas en el mar?	*Do you bathe in the sea?*

El verbo *gustar The verb* gustar

The verb **gustar** *is used to talk about things you like or things you don't like.* **Gustar** *literally means 'to please', so the literal meaning of* **Me gusta la paella** *(I like paella) is 'Paella pleases me'.*

When you like more than one thing, you use the plural form:

Me gustan los plátanos.   *I like bananas.*

If you want to ask someone if he/she likes something, you have to change the object pronoun:

¿Te gusta la paella?   *Do you like paella? (lit. Does paella please you?)*

When you want to say he or she (or formal you: **usted***) likes something, you use* **le***:*

Le gusta el arte.	*He likes art.*
Le gustan los deportes.	*He likes sports.*

Another verb that works in this way is **encantar***:*

Me encanta el arte.	*I love art.*
Me encantan los deportes.	*I love sports.*

If you want to say that you like **doing** *something,* **gustar** *is followed by the verb in the infinitive:*

Me gusta leer.   *I like reading.*

Presente continuo *The present continuous*

This tense is formed using **estar** *+ gerundio.*

	–ar	–er	–ir
estoy			
estás			
está	cen**ando**	com**iendo**	viv**iendo**
estamos			
estáis			
están			

The present continuous is used to describe things that are happening now or currently:

No puedo salir porque **estoy estudiando.**	*I can't go out because I'm studying.*
Estoy trabajando en una fábrica.	*I'm working in a factory.*

Note

The present simple is often used instead of the present continuous. They are interchangeable:

¿Llueve?
¿Está lloviendo? } *Is it raining?*

El niño duerme.
El niño está durmiendo. } *The little boy is sleeping.*

El futuro *The future*

Regular *Regular*

Endings for the future are the same for all three verb types (–ar, –er, –ir). In the regular form, these endings are added to the infinitive.

trabajar	–é
	–ás
comer	–á
	–emos
vivir	–éis
	–án

Visitaré Argentina el año que viene.   *I'll visit Argentina next year.*

Irregular *Irregular*

poder	podré, podrás, podrá, podremos, podréis, podrán
tener	tendré, tendrás, tendrá, tendremos, tendréis, tendrán
salir	saldré, saldrás, saldrá, saldremos, saldréis, saldrán
venir	vendré, vendrás, vendrá, vendremos, vendréis, vendrán
hacer	haré, harás, hará, haremos, haréis, harán

Note   You can also use the following form for the future:
ir + a + infinitivo

Voy a comer.   *I'm going to eat.*

Both these forms are used more or less interchangeably in Spanish . . .

¿**Vas a jugar** al fútbol mañana?   }   *Are you going to play football tomorrow?*
¿**Jugarás** al fútbol mañana?

. . . although the **ir + a + infinitivo** *form is used more commonly for the immediate future:*
¿**Vas a comer** ahora?   *Are you going to eat now?*

Pretérito perfecto *Present perfect*

The present perfect is formed with the auxiliary verb **haber** + *past participle.*
The past participle of regular verbs is formed as follows:

trabajar	→	trabaj**ado**
comer	→	com**ido**
vivir	→	viv**ido**

Note that **–er** *and* **–ir** *verbs take the same form of the past participle:* **–ido.**

The auxiliary verb **haber** *is conjugated as follows:*

yo **he**	nosotros/as **hemos**
tú **has**	vosotros/as **habéis**
él/ella/Vd **ha**	ellos/ellas/Vds **han**

He trabajado mucho hoy.	*I've worked very hard today.*
¿Habéis comido?	*Have you eaten?*
Juan ha vivido en muchos países.	*Juan has lived in many countries.*

Note the following irregular participles:
Hacer – **hecho**; decir – **dicho**; ver – **visto**;
escribir – **escrito**; romper – **roto**
¿Qué has hecho?   *What have you done?*

Uso *Use*

The use of the **pretérito perfecto** *corresponds approximately with the use of the present perfect in English.*

However, this tense is not often used in many Latin American countries and some parts of Spain. In these cases, it is substituted by the **pretérito indefinido** *(simple past).*

Pretérito indefinido *Simple past*

Regular verbs

–ar	–er	–ir
cenar	beber	salir
cen**é**	beb**í**	sal**í**
cen**aste**	beb**iste**	sal**iste**
cen**ó**	beb**ió**	sal**ió**
cen**amos**	beb**imos**	sal**imos**
cen**asteis**	beb**isteis**	sal**isteis**
cen**aron**	beb**ieron**	sal**ieron**

Ayer salí por la noche.	*Yesterday I went out in the evening.*
Cené en un restaurante.	*I had dinner in a restaurant.*
Bailé y bebí demasiado.	*I danced and drank too much.*

Irregular verbs

The verbs **ir** *(to go)* and **ser** *(to be)* are identical in this tense:

yo fui
tú fuiste
él/ella/Vd fue
nosotros/as fuimos
vosotros/as fuisteis
ellos/as/Vds fueron

Fui al teatro.	*I went to the theatre.*
La fiesta fue muy buena.	*The party was really good.*

For all other irregular verbs, the irregularity occurs in the stem and not the endings.

hacer	estar	tener
hice	estuve	tuve
hiciste	estuviste	tuviste
hizo	estuvo	tuvo
hicimos	estuvimos	tuvimos
hicisteis	estuvisteis	tuvisteis
hicieron	estuvieron	tuvieron

¿Qué hiciste ayer?	*What did you do yesterday?*
Estuve en la playa.	*I was on the beach.*
Tuve tres semanas de vacaciones.	*I had three weeks' holiday.*

Note
The pretérito indefinido *form of* **hay** *is* **hubo**:

Hubo una exposición.	*There was an exhibition.*

Uso *Uso*

This is the tense used in narrative to describe events occurring in a specified or implied time in the past.

Note
In many Latin American countries and some parts of Spain, this tense is also used instead of the pretérito perfecto *(present perfect).*

Pretérito imperfecto *Imperfect tense*

This tense is used to describe people, things and states in the past. It is also used to say what we used to do.

Regular verbs

	–ar	–er	–ir
	estar	tener	vivir
yo	estaba	tenía	vivía
tú	estabas	tenías	vivías
el/ella/Vd	estaba	tenía	vivía
nosotros/as	estábamos	teníamos	vivíamos
vosotros/as	estabais	teníais	vivíais
ellos/as/Vds	estaban	tenían	vivían

The endings for **–er** *and* **–ir** *verbs are the same.*

Yo estaba en un bar.	*I was in a bar.*
La señora tenía el bolso en el suelo.	*The woman had the bag on the floor.*
Vivíamos en Barcelona.	*We used to live in Barcelona.*

The imperfect of **hay** *is* **había**:

Había un pasaporte en el bolso.	*There was a passport in the bag.*

The only irregular verbs in the imperfect are **ser** *and* **ir**.

yo	era	iba
tú	eras	ibas
el/ella/Vd	era	iba
nosotros/as	eramos	íbamos
vosotros/as	érais	ibais
ellos/as/Vds	eran	iban

El chico **era** rubio.	*The boy was blonde.*
Yo iba a clase todos los días.	*I used to go to class every day.*

Construcciones con *tener*
Constructions with tener

The verb **tener** *(to have) is also used in the following constructions:*

Tengo frío.	*I'm cold. (lit: I have cold.)*
Tengo calor.	*I'm hot. (lit: I have heat.)*
Tengo sed.	*I'm thirsty. (lit: I have thirst.)*
Tengo sueño.	*I'm tired. (lit: I have sleep.)*
Tengo diecisiete años.	*I am seventeen. (lit: I have seventeen years.)*

Estructuras que indican órdenes o consejo *Structures that indicate orders or advice*

$$\left.\begin{array}{l}\text{tener que}\\\text{deber}\\\text{hay que}\end{array}\right\} + infinitive$$

Tienes que ir al médico.	*You have to go to the doctor.*
Debes/Deberías estudiar más.	*You should study more.*
Hay que preparar las maletas.	*We need to pack the cases.*

Usos de *ser y estar* *Uses of* ser *and* estar

ser

With nouns and prepositions

Profesión:	Soy recepcionista.	*I'm a receptionist.*
Nacionalidad:	Juan es español.	*Juan is Spanish.*
Preposición:	El pasaporte es de mi hija.	*The passport is my daughter's.*
Origen:	Es de Bogotá.	*She is from Bogotá.*
Material:	Es de oro.	*It's (made of) gold.*

With adjectives (for permanent, essential qualities)

La casa es vieja.	*The house is old.*
El hotel es moderno.	*The hotel is modern.*
Juan es simpático.	*Juan is nice.*
Gloria es alta.	*Gloria is tall.*
Madrid es grande.	*Madrid is big.*

estar

With prepositions (indicating location or situation)

¿Dónde está Bogotá?	*Where is Bogotá?*
Está en el centro de Colombia.	*It's in the centre of Colombia.*
¿Está Juan en casa?	*Is Juan at home?*
No, no está.	*No, he isn't (here).*

With adjectives (indicating transitory, temporary or accidental states, things that can change or are the result of change, state of health or mood)

La casa está sucia.	*The house is dirty.*
Estoy enferma.	*I'm ill.*
Está triste.	*He is sad.*

English–Spanish wordlist

Key: m = masculine
        f = feminine
        pl = plural
        n = noun
        vt = transitive verb
        vi = intransitive verb

vr = reflexive verb
adv = adverb
adj = adjective
interr = interrogative
prep = preposition

conj = conjunction
excl = exclamation
interj = interjection
pron = pronoun
aux vb = auxiliary verb

A

a, an (indef art) un, una
abandon (vt) abandonar
(be) able poder
about (adv) más o menos,
    aproximadamente
    He's about 15. Tiene más
    o menos quince años.
about (prep) sobre
    a book about Spain un libro
    sobre España
above (prep) sobre
abroad (adv) en el extranjero
    to go abroad ir al extranjero
academy (n) academia (f)
accept (vt) aceptar
access (n) acceso (m)
ache (vi) doler
ache (n) dolor (m)
activity (n) actividad (f)
actor (n) actor (m)
actress (n) actriz (f)
admit (vt) admitir
address (n) dirección (f)
advantage (n) ventaja (f)
adventure (n) aventura (f)
advertisement (n) anuncio (m)
advice (n) (piece of) consejo (m)
advise (vt) aconsejar
afternoon (n) tarde (f)
after (prep) luego, después
afterwards (adv) después
again (adv) otra vez, de nuevo
age (n) edad (f)
agree (vt) estar de acuerdo
air conditioning (n) aire (m)
    acondicionado
airport (n) aeropuerto (m)
all (adj) todo, toda, todos, todas
allergic (adj) to alérgico/a
allergy (n) alergia (f)
all right (adv) bien, regular
almost (adv) casi
also (adv) también

as well (adv) también
although (conj) aunque
always (adv) siempre
    as always como siempre
ambulance (n) ambulancia (f)
America (n) América
American (adj, n) americano/a
amongst (prep) entre
and (conj) y, e
angry (adj) enfadado/a
annoyed (adj) enfadado/a
animal (n) animal (m)
ankle (n) tobillo (m)
antibiotic (n) antibiótico (m)
anybody, anyone (pron) alguien
    Is there anybody here? ¿Hay
    alguien?
    There isn't anybody. No hay
    nadie.
anything (pron) algo
    Do you want anything else?
    ¿Quieres algo más?
    I don't want anything else. No
    quiero nada más.
apartment (n) apartamento (m)
aperitif (n) aperitivo (m)
apple (n) manzana (f)
april (n) abril
architect (n) arquitecto/a (m/f)
Argentina (n) Argentina (f)
Argentinian (adj, n) argentino/a
arm (n) brazo (m)
armchair (n) sillón (m)
around (prep) (here) por (aquí)
arrival (n) llegada (f)
arrive (vi) llegar
art (n) arte (m)
as (conj) como
    I work as a teacher. Trabajo
    como profesor.
    as … as tan … como
    He's as tall as me. Es tan alto
    como yo.
assistant (n) ayudante (m/f)

shop assistant dependiente/–ta
    (m/f)
at (prep) en, a
    He's at home. Está en casa.
    Come at six o'clock. Ven a las
    seis.
athletics (npl) atletismo (m)
atmosphere (n) ambiente (m)
attend (vt) asistir
attractive (adj) atractivo/a
August (n) agosto
aunt (n) tía (f)
autumn (n) otoño (m)
avenue (n) avenida (f)
away (adv) fuera
    They are away. Están fuera.
    four kilometres away a cuatro
    kilómetros

B

back (n) (body) espalda (f)
bad (adj, adv) malo/a, mal
    I feel bad. Me encuentro mal.
bag (n) bolsa (f), bolso (m)
baker's shop (n) panadería (f)
balcony (n) balcón (m)
ball (n) balón (m), pelota (f)
banana (n) plátano (m)
bank (n) (financial) banco (m)
bar (n) (cafeteria) bar (m)
bar snack (n) tapa (f)
barworker (n) camarero/a (m/f)
basement (n) sótano (m)
basket (n) cesta (f)
basketball (n) baloncesto (m)
bathtub (n) bañera (f)
bathe (vi) bañarse
bathroom (n) baño (m), cuarto (m)
    de baño
be (vi) (location and temporary state)
    estar
    (permanence) ser
    to be born (vi) nacer
beach (n) playa (f)

beard (n) barba (f)

beautiful (adj) hermoso/a

because (conj) porque

bed (n) cama (f)

bedroom (n) dormitorio (m), habitación (f)

bedside table (n) mesilla (f)

beer (n) cerveza (f)

begin (vi) empezar

behind (prep) detrás, atrás
It's behind the station. Está detrás de la estación.

beige (adj, n) beige (m)

belt (n) cinturón (m)

besides (prep) además

better (adj, adv) mejor

between (prep) entre

big (adj) grande (gran before a noun)

bill (n) (restaurant) cuenta (f) (invoice) factura (f)

birth (n) nacimiento (m)

birthday (n) cumpleaños (m)

biscuit (n) galleta (f)

black (adj, n) negro/a (m)
black coffee café (m) sólo

blonde (adj) rubio/a

blouse (n) blusa (f)

blue (adj, n) azul (m)

board (n) (in a hotel) pensión (f)
full board pensión completa
half board media pensión

body (n) cuerpo (m)

bookshelves (npl) estantería (f)

boots (npl) botas (fpl)

border (n) (country) frontera (f)

bored (adj) aburrido/a

boring (adj) aburrido/a

bottle (n) botella (f)

box (n) caja (f)

boxing (n) boxeo (m)

boy (n) chico (m), niño (m)

boyfriend (n) novio (m)

Brazil (n) Brasil (m)

Brazilian (adj, n) brasileño/a

bread (n) pan (m)

break (vt) romper
break down (vi) estropearse, averiarse

breakdown (n) avería (f)
breakdown truck grúa (f)

breakfast (n) desayuno (m)
to have breakfast desayunar

bring (vt) traer

British (adj) británico/a

broad (adj) amplio/a

brochure (n) folleto (m)

broken down (adj) (vehicle) averiado/a

brother (n) hermano (m)

brother-in-law (n) cuñado (m)

brothers and sisters (npl) hermanos (mpl)

brown (adj, n) marrón (m)

build (vt) construir

building (n) edificio (m)

bull (n) toro (m)

bull ring (n) plaza (f) de toros

bullfighter (n) torero/a (m/f)

bump (n) golpe (m)

bump (vt) golpear

bunk bed (n) (couchette in a train) litera (f)

burglary (n) robo (m)

burn (vt) quemar

burn oneself (vi) quemarse

bus (n) autobús (m)

bus stop (n) parada (f)

business (n) comercio (m), negocios (mpl)

businessman/woman (n) hombre (m)/mujer (f) de negocios

business partner (n) socio/a (m/f)

busy (adj) ocupado/a

but (conj) pero

butcher's shop (n) carnicería (f)

butter (n) mantequilla (f)

buy (vt) comprar

C

cafeteria (n) bar (m), cafetería (f)

cake (n) pastel (m)
cake shop (n) pastelería (f)

calendar (n) calendario (m)

call (vt) llamar
to make a telephone call llamar por teléfono

calm (adj) tranquilo/a

can (vt) (be able) poder
(to know how to) saber
María sabe nadar. María can swim.

can (n) (tin) lata (f)

cap (n) (hat) gorra (f)

capital (n) (city) capital (f)

car (n) coche (m)
car hire (n) alquiler m de coches

card (n) tarjeta (f)
credit card tarjeta de crédito (f)
postcard (tarjeta) postal (f)

care (for) (vt) cuidar
Take care! ¡Cuidado!

careful! (excl) ¡Cuidado!

car park (n) parking (m), aparcamiento (m)

carpenter (n) carpintero/a (m/f)

carrot (n) zanahoria (f)

carry (vt) llevar

cartoon (n) dibujos (mpl) animados

catarrh (n) catarro (m)

case (n) (for jewellery, pencils, glasses, etc.) estuche (m)

cash point (n) cajero (m) automático

cathedral (n) catedral (f)

central (adj) (in the centre) céntrico/a

central heating (n) calefacción (f) central

centre (n) centro (m)

century (n) siglo (m)

cereal (m) cereal (m)

certainly! (excl) ¡claro que sí!

chair (n) silla (f)

change (vt) cambiar
to change clothes cambiarse de ropa

change (n) (money) cambio (m)

changing room (n) (in a clothes shop) probador (m)

character (n) carácter (m)

chat (online) (vi) chatear

cheap (adj) barato/a

cheers! (interj) ¡salud!

cheese (n) queso (m)

chemist's (n) farmacia (f)

chest (n) (body) pecho (m)

chicken (n) pollo (m)

chickenpox (n) varicela (f)

child (n) niño/a (m/f)

childhood (n) infancia (f), niñez (f)

children (npl) niños/as (mpl/fpl)

children's programme (television) (n) programa (m) infantil

China (n) China (f)

Chinese (adj, n) chino/a (m/f)

chips (npl) (potatoes) patatas fritas (fpl)

chocolate (n) chocolate (m)

choir (n) coro (m)

choose (vt) escoger, elegir

church (n) iglesia (f)

cinema (n) cine (m)
cinema guide (n) cartelera (f)

city (n) ciudad (f)

Civil Guard (n) (traffic division) Guardia Civil (de Tráfico)

civil war (n) Guerra (f) Civil

class (n) clase (f)
clay (n) barro (m)
clean (adj) limpio/a
clean (vt) limpiar
cleaning (n) limpieza (f)
climate (n) clima (m)
clinic (n) clínica (f)
close (adj) (near) cerca
close (vt) cerrar
closed (adj) cerrado/a
clothes (npl) ropa (f)
cloud (n) nube (f)
cloudy (adj) nublado
coach (n) (bus) autocar (m)
Coca-Cola ® (n) Coca Cola ® (f)
cod (n) bacalao (m)
coffee (n) café (m)
    coffee with a dash of milk
    cortado (m)
cold (n) frío (m)
    I'm cold. Tengo frío.
    It's cold. Hace frío.
    I have a cold. Estoy resfriado.
    It's so cold! ¡Qué frío!
colour (n) color (m)
Columbia (n) Colombia (f)
Columbian (adj, n) colombiano/a (m/f)
combine (vt) combinar
comedy (n) comedia (f)
comfortable (adj) cómodo/a
compact disc (n) disco (m) compacto
company (n) (firm) empresa (f)
competition (n) (sports, games)
    concurso (m)
complain (vi) quejarse
computer (n) ordenador (m)
congratulations! (excl) ¡enhorabuena!
console (n) consola (f)
consumer (n) consumidor/–ora (m/f)
contestant (n) (in a quiz show)
    concursante (m/f)
convenient (adj) conveniente
cook (vt) cocinar
cook (n) cocinero/a (m/f)
corner (n) (of the street) esquina (f)
    (of a room) rincón (m)
corridor (n) pasillo (m)
country (n) país (m)
countryside (n) campo (m)
of course (excl) claro, por supuesto
cousin (n) primo/a (m/f)
crafts (npl) artesanía (f)
cream (n) nata (f)
cream caramel (n) flan (m)
credit card (n) tarjeta f de crédito

crisps (npl) patatas fritas (fpl)
cup (n) taza (f)
cushion (n) cojín (m)
customer (n) cliente (m/f)
cut (vt) cortar
    I have cut my finger. Me he
    cortado el dedo.
cycling (n) ciclismo (m)
cyclist (n) ciclista (m/f)

D

dance (n) baile (m)
dance (vi) bailar
dangerous (adj) peligroso/a
dark (adj) (colours, night) oscuro/a
    (complexion, hair) moreno/a
date (n) fecha (f)
    date of birth (n) fecha de
    nacimiento
daughter (n) hija (f)
day (n) día (m)
dead (adj) muerto/a
December (n) diciembre (m)
delay (n) retraso (m)
    It's delayed. Lleva retraso.
    I'm delayed. Llego tarde.
delicatessen (n) charcutería (f)
dentist (n) dentista (m/f)
depart (vi) salir
departure (n) salida (f)
desert (n) desierto (m)
design (n) diseño (m)
designer (n) diseñador/–ora (m/f)
desperate (adj) desesperado/a
dessert (n) postre (m)
destination (n) destino (m)
destroy (vt) destruir
    The house is destroyed. La casa
    está destruida.
diary (n) agenda (f)
die (vi) morir
different (adj) diferente, distinto/a
difficult (adj) difícil
dine (vi) cenar
dining room (n) comedor (m)
dinner (n) cena (f)
director (n) director/–ora (m/f)
dirty (adj) sucio/a
disadvantage (n) desventaja (f)
disco (n) discoteca (f)
dish (n) plato (m)
diving (n) buceo (m)
divorce (vt) divorciarse
    to get divorced divorciarse
    They're divorced. Están divorciados.

do (vt) hacer
doctor (n) médico/a (m/f)
doctor's surgery (n) consultorio (m)
documentary (n) documental (m)
dog (n) perro (m)
doll (n) muñeco/a (m/f)
door (n) puerta (f)
double (adj) (room) doble
    a double bed una cama (f) de
    matrimonio
    a double room una habitación
    (f) doble
dozen (n) docena (f)
drawing (n) dibujo (m)
dream (n) sueño (m)
dream (vi) soñar
dress (n) vestido (m)
dress (vt) vestir
    to get dressed vestirse
drink (n) bebida (f)
drink (vt) beber
drive (vt) conducir
driver (n) conductor/–ora (m/f)
driving licence (n) carnet (m) de
    conducir
drugstore (n) droguería f
dry (adj) seco/a
Dutch (adj) holandés/–esa (m/f)
    Dutch person holandés/–esa (m/f)
Dutch (n) (language) holandés

E

each (adj) cada
ear (n) (inner) oído (m)
    (outer) oreja (f)
earring (n) pendiente (m)
early (adj) temprano, pronto
east (n) este (m)
eat (vt) comer
egg (n) huevo (m)
electrician (n) electricista (m/f)
email (n) email (m), correo (m)
    electrónico
emergency (n) emergencia (f)
    emergency department (hospital)
    Urgencias (fpl)
empty (adj) vacío/a
end (vi) terminar
engine (n) motor (m)
engineer (n) ingeniero/a (m/f)
England (n) Inglaterra (f)
English (adj) inglés/–esa
    English person inglés/–esa
    (m/f)
English (n) (language) inglés

enjoy (vt) (something) gustar
    I enjoy cycling. Me gusta el
    ciclismo.
enjoy (vi) (oneself) divertirse
enjoyable (adj) divertido/a
enough (adj), (adv) bastante
enter (vt) entrar
entrance (f) entrada (f)
    entrance ticket (n) entrada (f)
euro (n) euro (m)
evening (n) tarde (f)
every (adj) cada, todos/as
    every day cada día, todos los
    días
exactly (adv) exactamente
exam (n) exámen (m)
example (n) ejemplo (m)
    for example por ejemplo
excellent (adj) excelente
excitement (n) emoción (f)
exciting (adj) emocionante
excuse (n) excusa (f)
excuse me (excl) perdón
exercise (n) ejercicio (m)
exhibition (n) exposición (f)
expensive (adj) caro/a
eye (n) ojo (m)

F

fabric (n) tela (f)
factory (n) fábrica (f)
fair (adj) (person, hair) rubio/a
fall (vi) caer(se)
family (n) familia (f)
famous (adj) famoso/a
far (adv) lejos
fashion (n) moda (f)
fast (adj) rápido/a
fat (adj) gordo/a
father (n) padre (m)
favourite (adj) favorito/a, preferido/a
fax (n) fax (m)
fear (n) miedo (m)
February (n) febrero (m)
feel (vi) (health) sentirse,
    encontrarse
    (like doing something) tener
    ganas
    I feel bad. Me encuentro mal,
    Me siento mal.
    I don't feel like it. No tengo
    ganas, No me apetece.
festival (n) fiesta (f)
fever (n) fiebre (f)
fiancé(e) (n) novio/a (m/f)

fill (vt) llenar
filling station (n) gasolinera (f)
film (n) película (f)
finally (adv) finalmente
finger (n) dedo (m)
finish (vt, vi) acabar, terminar
fire fighter (n) bombero (m/f)
firm (n) empresa (f), compañía (f)
first (adj) primero/a
    first class (n) primera clase (f)
firstly (adv) en primer lugar, primero
fish (n) (to eat) pescado (m)
    (live animal) pez (m)
fish (vi) pescar
fishing (n) pesca (f)
fishmonger's shop (n) pescadería (f)
fizzy drink (n) refresco (m)
flat (n) (apartment) piso (m)
floor (n) (storey) piso (m)
    (ground) suelo (m)
flu (n) gripe (f)
fly (n) (insect) mosca (f)
fly (vi) volar
fog (n) niebla (f)
food (n) comida (f)
    food poisoning (n) intoxicación (f)
foot (n) (body) pie (m)
football (n) fútbol (m)
footballer (n) futbolista (m/f)
for (prep) para, por
    The watch is for my father. El
    reloj es para mi padre.
    We have chicken for dinner.
    Tenemos pollo para cenar.
    It's for cooking. Es para
    cocinar.
    for example por ejemplo
    for rent se alquila
    for sale se vende, en venta
foreign (adj) extranjero/a
foreigner (n) extranjero/a (m/f)
forest (n) selva (f), bosque (m)
forget (vt) olvidar
fork (n) tenedor (m)
form (n) (document) formulario (m)
fourth (adj) cuarto/a
France (n) Francia (f)
free (adj) (available) libre
    (no expense) gratis
    free time (n) tiempo libre
French (adj) francés/–esa
    French person (n) francés/–esa
    (m/f)
French (n) (language) francés (m)
fresh (adj) fresco/a

fresh fruit (n) fruta (f) del
tiempo
Friday (n) viernes (m)
fridge (n) frigorífico (m)
friendly (adj) (person) simpático/a
frightened (adj) (to be frightened) tener
    miedo
from (prep) de, desde
    from nine to two desde las
    nueve hasta las dos
    from time to time de vez en
    cuando
    I'm from London. Soy de
    Londres.
front (prep) (in front of) delante de
fruit (n) fruta (f)
fruiterer (n) frutería (f)
full (adj) lleno/a
    full board (n) pensión (f)
    completa
fumes (npl) humo (m)
fun (n) diversión (f)
funny, comic (adj) divertido/a
furnished (adj) amueblado/a
furniture (n) muebles (mpl)

G

gallery (n) galería (f)
game (n) juego (m)
    (match) partido (m)
garage (n) garaje (m)
garden (n) jardín (m)
generally (adv) generalmente
German (adj) alemán/–ana
German (n) (person) alemán/–ana
    (m/f)
    (language) alemán (m)
Germany (n) Alemania (f)
general store (n) droguería (f)
get (vt) (pick up) coger
    get married (vi) casarse
    get ready prepararse
    get dressed (vi) vestirse
    get tired cansarse
    get up (vi) levantarse
girl (n) chica (f), niña (f)
girlfriend (of boy) novia (f)
    (general) amiga (f)
give (vt) dar
    give a gift regalar
glass (n) (material) cristal (m)
    (drinking tumbler) vaso (m)
    (wine glass) copa (f)
glasses (npl) gafas (fpl)
glove (n) guante (m)

go (vi) ir, irse
 Where are you going? ¿Adónde vas?
 I'm going now. Me voy ahora.
 Do you want to go for a walk? ¿Quieres dar un paseo?
 to go on holiday ir de vacaciones
 to go out salir
 to go to bed acostarse, irse a la cama
 We're going shopping. Vamos de compras.
gold (n) oro (m)
good (adj) bueno/a
 good afternoon buenas tardes
 good evening buenas tardes
 good morning buenos días
 good night buenas noches
goodbye adiós
graduate (n) (from university) licenciado/a (m/f)
gram (n) gramo (m)
granddaughter (n) nieta (f)
grandfather (n) abuelo (m)
grandmother (n) abuela (f)
grandson (n) nieto (m)
grape (n) uva (f)
great! (excl) ¡estupendo!
Great Britain (n) Gran Bretaña (f)
Greece (n) Grecia (f)
Greek (adj, n) griego/a
Greek (language) (n) griego
green (adj, n) verde (m)
greengrocer's (n) verdulería (f)
grey (adj, n) grey (m)
ground (n) suelo (m), tierra (f)
grow up (vi) crecer
guest (n) invitado/a (m/f)
guide (n) (person) guía (m/f)
 (book) guía (f)
gym (n) gimnasio (m)

H
hail (n) (stones) granizo (m)
hair (n) pelo (m)
hairdresser's (n) peluquería (f)
hake (n) merluza (f)
half (adj) medio
 half a dozen (n) media docena (f)
 half a kilo (n) medio kilo (m)
 half board (n) media pensión (f)
 half brother (n) medio hermano (m)

half sister (n) media hemana (f)
hallway (n) pasillo (m)
ham (n) jamón (m)
hamburger (n) hamburguesa (f)
hand (n) mano (f)
handkerchief (n) pañuelo (m)
happen (vi) ocurrir
happiness (n) felicidad (f)
happy (adj) feliz
hard (adj) duro/a
 (difficult) difícil
 hard disk (n) disco duro (m)
hardware store (n) droguería (f), ferretería (f)
hard-working (adj) trabajador/–ora
hate (vt) odiar, detestar
have (vt) tener
 to have something to eat or drink tomar algo
 to have an opinion about opinar de
 to have breakfast desayunar
 to have lunch comer
 to have dinner (evening meal) cenar
 to have a cold estar resfriado/a
he (pron) él
head (n) cabeza (f)
headscarf (n) pañuelo (m)
healthy (adj) sano/a
heart (n) corazón
heat (n) calor (m)
heating (n) calefacción (f)
heavy (adj) pesado/a
helicopter (n) helicóptero (m)
hello (interj) hola
 (when answering the phone) dígame, diga
her (adj) su, sus
 her brother su hermano
 her parents sus padres
here (adv) aquí
 here you are aquí tienes
high (adj) alto/a
 high speed alta velocidad
hill (n) colina (f)
 (slope) cuesta (f)
his (adj) su, sus
 his brother su hermano
 his parents sus padres
hobby (n) pasatiempo (m), afición (f)
holiday (n) vacaciones (mpl)
Holland (n) Holanda
home (n) casa (f)
 at home en casa

homework (n) deberes (mpl)
horrible (adj) horrible
horror (adj) de terror
horse (n) caballo (m)
hospital (n) hospital (m)
hot (adj) caliente
 I'm hot. Tengo calor.
 It's hot. (weather) Hace calor.
 It's so hot! ¡Qué calor!
 It's hot (water). Está caliente.
hotel (n) hotel (m)
hour (n) hora (f)
house (n) casa (f)
how (adv) ¿cómo?
 how are you? (informal) ¿qué tal?, ¿cómo estás?
 how boring! ¡qué aburrido!
 how lucky! ¡qué suerte!
 how many? ¿cuántos/cuántas?
 how much? ¿cuánto es?
 How much is it? ¿Cuánto es?
 How old are you? ¿Cuántos años tienes?
hungry (adj) (to be hungry) tener hambre
hurt (vi) doler
husband (n) marido (m)

I
I (pron) yo
 I am soy
 I'm Pedro. Me llamo Pedro.
 I'm sorry (excuse me). Perdón.
 I'm sorry. Lo siento. Perdón.
ice-cream (n) helado (m)
identity document (n) documento (m) de identidad
if (conj) si
ill (adj) enfermo/a
illness (n) enfermedad (f)
immediately (adv) ahora mismo, inmediatamente
important (adj) importante
in (prep) en, dentro
 in front of (prep) delante de
 in the afternoon/evening por la tarde
 in the morning por la mañana
include (vt) incluir
 Breakfast is included. El desayuno está incluido.
India (n) India (f)
indigestion (n) indigestión (f)
infection (n) infección (f)

information (n) información (f)
    information technology (n)
    informática (f)
inhabitant (n) habitante (m/f)
injection (n) inyección (f)
insensitive (adj) insensible
intelligent (adj) inteligente
interesting (adj) interesante
internet (n) Internet (f)
interview (n) entrevista (f)
invitation (n) invitación (f)
Ireland (n) Irlanda (f)
Irish (adj) irlandés/–esa
Irish (n) irlandés
iron (n) (for pressing clothes) plancha (f)
irresponsible (n) irresponsable
Italian (adj) italiano/a
Italian (n) (language) italiano
Italy (n) Italia (f)
itinerary (n) itinerario (m)

J
jacket (n) chaqueta (f)
jam (n) (to put on bread) mermelada (f)
January (n) enero (m)
Japan (n) Japón (m)
Japanese (adj) japonés/–esa
Japanese (n) (language) japonés (m)
jar (n) bote (m), jarra (f)
jeans (npl) vaqueros (mpl)
jewellery (n) joyas (fpl)
job (n) trabajo (m)
join (vt) (a school, college, etc.) hacerse
    socio
journalist (n) periodista (m/f)
journey (n) viaje (m)
joystick (n) palanca (f)
juice (n) (fruit) zumo (m), jugo (m)
July (n) julio (m)
June (n) junio (m)
jungle (n) selva (f)

K
karate (n) kárate (m)
keep (vt) guardar
key (n) (to a door) llave (f)
keyboard (n) teclado (m)
kilo (n) kilo (m)
kilometre (n) kilómetro (m)
kiosk (n) quiosco (m)
kitchen (n) cocina (f)
knee (n) rodilla (f)
knife (n) cuchillo (m)
know (vt) (a person or a place)
    conocer

    (how to do something) saber
    She knows Miguel. Conoce a
    Miguel.
    He can swim. Sabe nadar.
Korea (n) Corea (f)
Korean (adj, n) coreano/a (m/f)

L
lamb (n) cordero (m)
language (n) idioma (m)
laptop computer (n) ordenador
    portátil (m)
last (adj) último/a
    last night (n) anoche
    last week la semana pasada
last (vi) durar
    How long does the film last?
    ¿Cuánto dura la película?
late (adv) tarde
    He arrives late every day. Llega
    tarde todos los días.
later (adv) después, más tarde
lawyer (n) abogado/a (m/f)
lazy (adj) perezoso/a
learn (vt) aprender
leather (n) piel (f), cuero (m)
    a leather jacket una chaqueta
    de piel
leave (vt) (home, the station) salir
    (something behind) dejar
    Leave the book on the table.
    Deja el libro sobre la mesa.
left (n) izquierda f
    on the left a la izquierda
leg (n) pierna (f)
lemon (n) limón (m)
lentil (n) lenteja (f)
less (adj) menos
    He earns less than you. Él gana
    menos que tú.
letter (n) carta (f)
lettuce (n) lechuga (f)
liar (n) mentiroso/a (m/f)
licence (n) permiso (m), carnet (m)
life (n) vida (f)
lift (n) (elevator) ascensor (m)
light (adj) (colours) claro/a
like (vt) gustar
    I like the cinema. Me gusta el
    cine.
    We like cats. Nos gustan los
    gatos.
like (adv) como
    a boy like Juan un chico como
    Juan

    What's he like? ¿Cómo es?
listen (vi) escuchar
    Listen to me! ¡Escúchame!
litre (n) litro (m)
little (adj) pequeño/a
live (vi) vivir
    I live in Madrid. Vivo en Madrid.
long (adj) largo/a
    a long way from here lejos de aquí
look (vi) mirar
    (seem) parecer
    Look at the river. Mira el río.
    He looks angry. Parece enfadado.
look after (vt) cuidar
    Look after the plants. Cuida las
    plantas.
look for (vt) buscar
lorry (n) camión (m)
lose (vt) perder
lost (pp) perdido/a
    We're lost. Estamos perdidos.
lot (n) mucho/mucha/muchos/
    muchas
lounge (n) salón (m)
love (n) amor (m)
    be in love estar enamorado/a
    fall in love enamorarse
love (v) (adore) adorar, amar
    I love chocolate! ¡Me encanta el
    chocolate!
lunch (n) comida (f)

M
macaroni (n) macarrones (mpl)
magazine (n) revista (f)
mail (n) correo (m)
main course (n) segundo plato (m)
main road (n) carretera (f)
make (vt) hacer
manufacture (vt) fabricar
many (adj) muchos/muchas
map (n) mapa (m)
March (n) marzo (m)
marmalade (n) mermelada (f)
maroon (adj, n) granate (m)
marry (vt) casarse con
married (adj) casado/a
mask (n) máscara (f)
match (n) partido (m) (de fútbol)
match (vt) unir
material (n) material (m)
    (fabric) tela (f)
May (n) mayo (m)
maybe (adv) quizás
meal (n) comida (f)

meat (n) carne (f)

meat or vegetable filled pasty (n) empanadilla (f)

mechanic (n) mecánico/a (m/f)

medicine (n) medicina (f)

medium-sized (adj) mediano/a

meet (vt) encontrar
  (for the first time) conocer (a alguien)
  I met her yesterday. La conocí ayer.
  (someone you know) encontrarse (con alguien)
  I meet him in the street every day. Nos encontramos cada día por la calle.
  (have a meeting) reunirse
  We meet every Wednesday. Nos reunimos los miércoles.
  (arrange to meet) quedar
  Let's meet at the cinema. Quedamos en el cine.
  Pleased to meet you. ¡Mucho gusto!, ¡Encantado/a!

melon (n) melón (m)

memory stick (n) memoria (f) USB, lápiz (m) de memoria

menu (n) menú (m)

message (n) mensaje (m), recado (m)

metal (n) metal (m)

metallic (adj) metálico/a

Mexican (adj, n) mexicano/a (m/f)

Mexico (n) México (m)

midday (n) mediodía (m)

middle (n) centro (m)

milk (n) leche (f)

million (n) millón (m)

mineral water (sparkling/still) agua *f* mineral (con gas/sin gas, natural)

minute (n) minuto (m)

mirror (n) espejo (m)

Miss (n) señorita (f)

miss (vt) perder
  to miss the train perder el tren

missing (to be missing) (vi) faltar
  There's a cup missing. Falta una taza.

mist (n) neblina (f)

mobile (n) (telephone) (teléfono) móvil (m)

model (n) (fashion) modelo (m/f)

modem (n) módem (m)

modern (adj) moderno/a

moment (n) momento (m)

Monday (n) lunes (m)

monitor (n) (on a computer) monitor (m)

month (n) mes (m)

monument (n) monumento (m)

more (adj) más
  Juan has more money than Ana. Juan tiene más dinero que Ana.
  more or less más o menos

morning (n) mañana (f)
  in the morning por la mañana
  tomorrow morning mañana por la mañana

mother (f) madre (f)

motorbike (n) moto (f), motocicleta (f)

motorway (n) autopista (f)

mountain (n) montaña (f)
  mountain range (n) sierra (f)

mountaineering (n) montañismo (m)

mouse (n) ratón (m)

mouth (n) boca (f)

move house (vt) cambiarse de casa

Mr (n) Señor (m)

Mrs/Ms (n) Señora (f)

much (adj) mucho/a

mud (n) barro (m)

museum (n) museo (m)

music (n) música (f)

musician (n) músico (m/f)

my (adj) mi, mis

mystery (n) (film, novel) misterio

N

name (n) nombre (m)
  surname (n) apellido (m)
  What's your name? ¿Cómo te llamas?

nationalitiy (n) nacionalidad (f)

nature (n) naturaleza (f)

navy blue (n) azul marino (m)

near (prep) cerca

nearby (adj) cerca

nearly (adv) casi

neck (n) cuello (m)

nephew (n) sobrino (m)

nervous (adj) nervioso/a

never (adv) nunca

new (adj) nuevo/a

next (adj) próximo/a
  See you next week. Hasta la semana próxima./Hasta la semana que viene.

next (adv) luego, después
  Next, I went to the disco. Después, fui a la discoteca.

next to (prep) al lado de

  The cinema is next to the shop. El cine está al lado de la tienda.

nice (adj) (person) simpático/a
  (place) bonito/a

niece (n) sobrina (f)

night (n) noche (f)
  at night por la noche
  night life (n) vida (f) nocturna

nobody (pron) nadie
  Nobody came. No vino nadie.

noise (n) ruido (m)

noisy (adj) ruidoso/a, hacer mucho ruido
  The machine is noisy. La máquina hace mucho ruido.

none (pron) (not any, not one) ninguno/a

normally (adv) normalmente

north (n) norte (m)

North America (n) Norteamérica (f)

north-east (n) noreste (m)

Northern Ireland (n) Irlanda (f) del Norte

north-west (n) noroeste (m)

nose (n) nariz (f)

nothing (pron) nada
  nothing else nada más

novel (n) novela (f)

November (n) noviembre (m)

now (adv) ahora

number (n) número (m)

numbered (adj) (numbered tickets) numerado/a

O

October (n) octubre (m)

of course (adv) claro, por supuesto

office (n) oficina (f), despacho (m)

office worker (n) oficinista (m/f), empleado/a (m/f)

often (adv) a menudo

oil (n) (cooking, car) aceite (m)

oil (n) (fuel) petróleo (m)

ointment (n) pomada (f)

OK (interj) vale, de acuerdo

OK (adj) bien

old (adj) viejo/a

olive (n) oliva (f)

omelette (n) tortilla (f)

on (prep) en, sobre
  The book is on the table. El libro está en la mesa./El libro está sobre la mesa.
  on Friday/on Fridays el viernes/los viernes

once (adv) una vez
    once a week una vez la semana
one (n) uno (m)
one (adj) un, una
    There's only one boy. Solo hay
    un chico.
one way (adj) (journey) ida
    one-way ticket un billete de ida
onion (n) cebolla (f)
open (vt) abrir
open (adj) abierto/a
open air (n) aire (m) libre
operate (vi) operar
opposite (prep) en frente (de)
optimistic (adj) optimista
orange (n, adj) naranja (f), (adj m/f)
organise (vt) organizar
ought (aux v) deber
    You ought to go home. Debes ir
    a casa.
our (adj) nuestro/a
overcast (adj) cubierto
overcoat (n) abrigo (m)
overseas (adv) en el extranjero
    to go overseas ir al extranjero
owner (n) propietario/a (m/f),
    dueño/a (m/f)

P

packet (n) paquete (m)
pain (n) dolor (m)
painter (n) pintor/–ora (m/f)
painting (n) cuadro (m), pintura (f)
palace (n) palacio (m)
paper (n) papel (m)
parcel (n) paquete (m)
parents (npl) padres (mpl)
park (n) parque (m)
parking (n) parking (m),
    aparcamiento (m)
partner (n) (business) socio/a (m/f)
party (n) fiesta (f)
passport (n) pasaporte (m)
pasta (n) pasta (f)
pastime (n) pasatiempo (m)
patterned (clothing) (adj) estampado/a
peaceful (adj) tranquilo/a
pear (n) pera (f)
people (n) gente (f)
percentage (n) porcentaje (m)
performance (n) (in the theatre)
    representación (f)
    (in the cinema) sesión (f)
perhaps (adv) quizás
permit (n) carnet (m), permiso (m)

person (n) persona (f)
personality (n) personalidad (f)
Peru (n) Perú (m)
Peruvian (adj, n) peruano/a
pessimistic (adj) pesimista
petrol (n) gasolina (f)
    petrol tank (n) depósito (m)
    petrol station (n) gasolinera (f)
pharmacy (n) farmacia (f)
picture (n) (drawing) dibujo (m)
picture (n) (painting) cuadro (m)
pig (n) cerdo (m)
pill (n) pastilla (f)
pineapple (n) piña (f)
pink (n, adj) rosa (m/f), (adj f)
pity (n) lástima (f)
    What a pity! ¡Qué lástima!
place (n) lugar (m), sitio (m)
    place of birth (n) lugar (m) de
    nacimiento
plain (adj) (material) liso/a
plain (n) (geographic) llanura (f)
plan (n) plano (m)
plastic (n) plástico (m)
platform (n) (rail station) andén (m),
    vía (f)
play (vt) (a game) jugar
    (an instrument) tocar
pleasant (adj) agradable
please (interj) por favor
    pleased to meet you
    encantado/a, mucho gusto
plumber (n) fontanero/a (m/f)
police (n) policía (f)
    police officer (n) policía (m/f)
    police station (n) comisaría (f)
    (de policía)
politician (n) político/a
pollution (n) contaminación (f)
pop music (n) música (f) pop
population (n) población (f)
pork (n) lomo (m), cerdo (m)
portion (n) ración (f)
Portugal (n) Portugal (m)
Portuguese (n) (language) portugués (m)
Portuguese (adj) portugués/–esa
postcard (n) tarjeta (f) postal
postcode (n) código (m) postal
post office (n) Correos
potato (n) patata (f)
practise (vt) practicar
prefer (vt) preferir
pregnant (adj) embarazada
prepare (vt) preparar
prescribe (vt) recetar

prescription (n) receta (f)
pretty (adj) (thing, animal) bonito/a
    (woman, girl) guapa
price (n) precio (m)
print (vt) imprimir
printer (n) (machine) impresora (f)
probably (adv) probablemente
procession (n) procesión (f)
product (n) producto (m)
profession (n) profesión (f)
programme (n) (television) programa (m)
project (n) proyecto (m)
province (n) provincia (f)
purple (adj, n) morado/a (m)
put (vt) poner

Q

quality (n) calidad (f)
quantity (n) cantidad (f)
quarter (n) cuarto (m)
question (n) pregunta (f)
quiet (adj) tranquilo/a
quite (adv) bastante
    It's quite near. Está bastante
    cerca.
quiz (n) concurso (m)

R

radio (n) radio (f)
rain (n) lluvia (f)
rain (v impers) llover
    rain shower (n) chubasco (m)
read (vt) leer
receipt (n) recibo
recent (adj) reciente
recently (adv) recientemente,
    últimamente
receptionist (n) recepcionista (m/f)
recipe (n) receta (f)
record (vt) grabar
rectangular (adj) rectangular
red (n, adj) rojo (m), rojo/a (adj)
    red wine vino tinto
    Red Cross (n) Cruz (f) Roja
region (n) región (f)
registration number (n) (vehicle)
    matrícula (f)
relax (vi) descansar, relajarse
remember (vt) acordarse (de),
    recordar
rent (vt) alquilar
rent (n) alquiler (m)
repair workshop (n) taller (m)
report (vt) (an incident, crime)
    denunciar

reservation (n) reserva (f)

reserve (vt) reservar

responsible (adj) responsable

rest (vi) descansar

restaurant (n) restaurante (m)

retire (vi) (from work) jubilarse

retired (adj) jubilado/a

return (vi) volver

return (n) (journey) vuelta (f)
> return ticket (n) un billete de ida y vuelta

rice (n) arroz (m)

rich (adj) rico/a

ride (vt) (a bicycle, a horse) montar (en bicicleta, en caballo)

right (n) (direction, location) derecha f
> to the right a la derecha
> (entitlement) derecho (m)

right (adj) (correct) correcto/a

river (n) río (m)

road (n) carretera (f), calle (f)

rob (vt) robar

robbery (n) robo (m)

role (n) papel (m)

romantic (adj) romántico/a

room (n) cuarto (m), habitación (f)

round (adj) (shape) redondo/a

route (n) ruta (f)

ruin (n) ruina (f)

ruin (vt) estropear

S

sad (adj) triste

safe (adj) seguro/a

salad (n) ensalada (f)

sale (n) venta (f)
> for sale en venta, se vende

salesman/saleswoman (n) vendedor/–ora (m/f)

salt (n) sal (f)

salt cellar (n) salero (m)

sand (n) arena (f)

sandal (n) sandalia (f)

sandwich (n) sandwich (m), bocadillo (m)

sardine (n) sardina (f)

Saturday (n) sábado (m)

sausage (n) salchicha (f)

scarf (n) bufanda (f)
> headscarf pañuelo (m)

school (n) colegio (m), escuela (f), instituto (m)

science (n) ciencia (f)

Scotland (n) Escocia (f)

Scottish (adj) escocés/–esa

screen (n) (television, cinema, computer) pantalla (f)

sculpture (n) escultura (f)

sea (n) mar (m/f)

season (n) estación (f)

seat (n) (car) asiento (m)

second (adj) (ordinal) segundo/a
> second class segunda clase

secondary school (n) instituto (m)

see (vt) ver

selfish (adj) egoista

self-service (adj) autoservicio

sell (vt) vender

send (vt) mandar, enviar

sensitive (adj) sensible

separate (vt) separar

separated (adj) separado/a

September (n) septiembre (m)

series (n) serie (f)

serious (adj) serio/a, grave
> a serious accident un grave accidente

shame (n) lástima (f)

she (pron) ella

shirt (n) camisa (f)

shoe (n) zapato (m)

shop (n) tienda (f)
> shop window (n) escaparate (m)

shopping (n) compras (fpl)

short (adj) (person) bajo/a
> (length of object) corto/a

shorts (npl) pantalón (m) corto

should (v mod) deber
> You should go to the doctor. Debes ir al médico.

shoulder (n) hombro (m)

show (vt) mostrar, enseñar
> show a film echar una película

shower (n) (bathroom) ducha (f)
> (weather) chubasco (m)

shower (vi) (have a shower) ducharse

shy (adj) tímido/a

sick (adj) enfermo/a
> to be sick (vomit) devolver

sight (n) (view) vista (f)

silk (n) seda
> a silk blouse una blusa de seda

silly (adj) tonto/a

silver (n) plata
> a silver plate un plato de plata

simple (adj) sencillo/a

sincere (adj) sincero/a

sincerity (n) sinceridad (f)

sing (vt, vi) cantar

singer (n) cantante (m/f)

single (adj) (room) individual
> a single room una habitación individual
> (not married) soltero/a

sister (n) hermana (f)

sister-in-law (n) cuñada (f)

sit (vi) sentarse
> sit down siéntate

size (n) (clothes) talla (f)
> (shoes) número (m)

ski (n) esquí (m)

skiing (n) esquí (m)
> We're going skiing. Vamos a esquiar.

skirt (n) falda (f)

sky (n) cielo (m)
> sky blue (adj, n) azul cielo (m)

sleep (n) sueño (m)

sleep (vi) dormir

slim (adj) delgado/a

slow (adj) lento/a

small (adj) pequeño/a

smoke (n) humo (m)

smoke (vi) fumar
> no smoking no fumar

snow (n) nieve (f)

snow (v impers) nevar

so (conj) (in that case) entonces
> so I can't go out entonces no puedo salir

soap (n) (TV show) novela (f), telenovela (f)

socks (npl) calcetines (mpl)

sofa (n) sofá (m)

some (adj) alguno/a, algunos/as, unos, unas

somebody, someone (pron) alguien

something (pron) algo

sometimes (adv) a veces, de vez en cuando

son (n) hijo (m)

soon (adv) pronto

sorry (interj) (excuse me) perdón

sorry (adj) (apology) lo siento

soup (n) sopa (f)

south (n) sur (m)

South America (n) América del Sur

South American (adj) sudamericano/a

south-east (n) sureste (m)

south-west (n) suroeste (m)

space (n) espacio (m)

Spain (n) España (f)

Spaniard (n) español/–ola (m/f)

Spanish (adj) español/–ola

Spanish (n) (language) español (m)

speak (vi) hablar
speed (n) velocidad (f)
spell (vt) escribir, deletrear
spend (money) gastar
    (time) pasar
spoon (n) cuchara (f)
sport (n) deporte (m)
sportsman/sportswoman (n)
    deportista (m/f)
spot (n) (on the body) grano (m)
spring (n) (season) primavera (f)
square (n) (town) plaza (f)
    (shape) cuadro (m)
squid (n) calamar (m)
stadium (n) estadio (m)
stairway (n) escalera (f)
stamp (n) (mail) sello (m)
start (vt) empezar
starter (n) (meal) primer plato (m)
station (n) estación (f)
stationery shop (n) papelería (f)
stay (vi) quedarse
steal (vt) robar
stepbrother (n) hermanastro (m)
stepdaughter (n) hijastra (f)
stepfather (n) padrastro (m)
stepmother (n) madrastra (f)
stepsister (n) hermanastra (f)
stepson (n) hijastro (m)
stew (n) estofado (m)
still (adv) todavía
sting (vt) (from sunburn) escocer
    it stings (sunburn) me
    escuece
stomach (n) estómago (m)
stop (vi) parar
    The train stops. El tren para.
stopped (adj) parado/a
storm (n) tormenta (f)
straight away (adv) (immediately) en
    seguida, inmediatamente
straight on (adv) (directions) recto,
    todo recto
street (n) calle (f)
stripe (n) (vertical) lista (f)
    (hoop) raya (f)
strong (adj) fuerte
student (n) estudiante (m/f)
study (vt) estudiar
stupid (adj) tonto/a
success (n) éxito (m)
sugar (n) azúcar (m)
suit (n) traje (m)
summer (n) verano (m)
sunbathe (vi) tomar el sol

sunburn (n) quemadura (f) (de sol)
Sunday (n) domingo (m)
sunglasses (npl) gafas (fpl) de sol
sunny (adj) (it's sunny) hace sol
sunstroke (n) insolación (f)
suntan cream (n) bronceador (m)
supermarket (n) supermercado (m)
supper (n) cena (f)
surgery (n) (doctor's) consultorio (m)
sweater (n) jersey (m)
sweet (adj) dulce
swim (vi) nadar
swimming (n) natación (f)
swimming pool (n) piscina (f)
syrup (medicinal) jarabe (m)

T

table (n) mesa (f)
tablecloth (n) mantel (m)
tablet (n) pastilla (f)
take (vi) (time on a journey) tardar
take (vt) (train, bus) tomar, coger
    (get) coger
    (carry) llevar
tall (adj) alto/a
taste (vt) saborear
taxi driver (n) taxista (m/f)
tea (n) té (m)
teach (vt) enseñar
teacher (n) profesor/–ora (m/f)
telephone (n) teléfono
telephone (vt) telefonear, llamar por
    teléfono
television (n) televisión (f)
temperature (n) fiebre (f)
tennis (n) tenis (m)
terrace (n) terraza (f)
text message (n) SMS (m), mensaje
    (m)
thanks (excl) gracias
the (art) el/la/los/las
theatre (n) teatro (m)
theft (n) robo (m)
their (adj) su, sus
theme (n) tema (m)
then (adv) luego, después, entonces
there (adv) allí, ahí
    there is …/there are … hay
these (adj) estos/estas
    these ones (pron) éstos/éstas
they (pron) ellos/ellas
thief (n) ladrón/–ona (m/f)
thin (adj) delgado/a
think (vi) pensar
third (adj) (ordinal) tercero

third (n) (fraction) tercio (m)
thirsty (adj) (to be thirsty) tener sed
this (adj) este/esta
    this one (pron) esto/éste/ésta
thriller (n) policiaca (f)
throat (n) garganta (f)
Thursday (n) jueves (m)
ticket (n) (for travel) billete (m)
    (for entrance) entrada (f)
tidy (adj) ordenado/a
tie (n) corbata (f)
tights (npl) medias (fpl)
time (n) (general) tiempo (m)
    (clock) la hora (f)
timetable (n) horario (m)
tin (n) lata (f)
tired (adj) cansado/a
title (n) título (m)
to (prep) a
    I'm going to Madrid. Voy a
    Madrid.
    It's five to six Son las seis menos
    cinco.
toe (n) dedo m (de pie)
toilet (n) servicio (m)
    toilet bowl (n) taza (f)
tomato (n) tomate (m)
tonic (n) tónica (f)
too (adv) demasiado
    too much demasiado
tooth (n) diente (m)
    (molar) muela (f)
topic (n) tema (m)
touch (vt) tocar
tour (n) gira (f)
tourist (n) turista (m/f)
    tourist office (n) oficina (f) de
    turismo
town (n) pueblo (m), ciudad (f)
    town hall (n) ayuntamiento (m)
    town council (n) ayuntamiento
    (m)
traffic (n) tráfico (m)
    traffic lights semáforo (m)
train (n) tren (m)
trainers (n) (sports shoes) zapatillas
    (fpl) de deporte
training (n) (sports) entrenamiento (m)
    (educational, professional)
    formación (f)
transport (n) transporte (m)
travel (vi) viajar
trousers (npl) pantalón (m),
    pantalones (mpl)
trout (n) trucha (f)

truck *(n)* camión *(m)*
true *(adj)* verdad
trumpet *(n)* trompeta *(f)*
truth *(n)* verdad *(f)*
try on *(vt)* probar
T-shirt *(n)* camiseta *(f)*
Tuesday *(n)* martes *(m)*
type *(n)* tipo *(m)*

U

ugly *(adj)* feo/a
umbrella *(n)* paraguas *(m)*
uncle *(n)* tío *(m)*
uncomfortable *(adj)* incómodo/a
under *(prep)* bajo, debajo
    The cat is under the table. El
    gato está debajo de la mesa.
university *(n)* universidad *(f)*
unleaded *(adj)* sin plomo
untidy *(adj)* desordenado/a

V

vaccinate *(vt)* vacunar
vaccinated *(adj)* vacunado/a
vaccination *(n)* vacuna *(f)*
veal *(n)* ternera *(f)*
vegetable *(n)* verdura *(f)*
very *(adv)* muy
    very much mucho
view *(n)* vista *(f)*
village *(n)* pueblo *(m)*
vinegar *(n)* vinagre *(m)*
violet *(adj, n)* violeta *(f)*
violin *(n)* violín *(m)*
visit *(vt)* visitar
volcano *(n)* volcán *(m)*

W

wait *(vi)* esperar
waiter *(n)* camarero *(m)*
waitress *(n)* camarera *(f)*
Wales *(n)* Gales *(m)*
walk *(vi)* andar, caminar, pasear
walk *(n)* paseo *(m)*
    go for a walk dar un paseo
wallet *(n)* cartera *(f)*

want *(vt)* querer
wardrobe *(n)* armario *(m)*
warm *(adj)* caliente
    It's warm. Hace calor.
washbasin *(n)* lavabo *(m)*
washing machine *(n)* lavadora *(f)*
watch *(vt)* mirar
    watch television ver la televisión
water *(n)* agua *(f)*
waterfall *(n)* catarata *(f)*
way *(n)* *(of doing something)* manera
    (f)
we *(pron)* nosotros/as
wear *(vt)* llevar
weather *(n)* tiempo *(m)*
wedding *(n)* boda *(f)*
Wednesday *(n)* miércoles *(m)*
week *(n)* semana *(f)*
weekend *(n)* fin de semana *(m)*
weigh *(vt)* pesar
well *(adv)* bien
well *(conj)* pues
well known *(adj)* conocido/a
Welsh *(adj)* galés/–esa
Welsh *(n)* *(language)* galés
west *(n)* oeste *(m)*
what *(excl)* ¡qué!
    What a pity! ¡Qué lástima!
    What a shame! ¡Qué pena!
what *(interr)* ¿qué?
    What's he/she/it like?
    ¿Cómo es?
    What's his/her name? ¿Cómo se
    llama?
    What's the matter (with you)?
    ¿Qué pasa?
    What's your name? ¿Cómo te
    llamas?
    What's your name? (formal)
    ¿Cómo se llama?
where? ¿dónde?
    where from? ¿de dónde?
which? ¿cuál?
white *(adj, n)* blanco/a *(m)*
    white coffee *(n)* café con leche
    white wine *(n)* vino blanco

who? quién, quiénes
why? ¿por qué?
wide *(adj)* ancho/a, amplio/a
widower/widow *(n)* viudo/a *(m/f)*
wind *(n)* viento
windy *(adj)* *(it's windy)* hace viento
wife *(n)* mujer *(f)*, esposa *(f)*
window *(n)* ventana *(f)*
wine *(n)* vino *(m)*
winter *(n)* invierno *(m)*
with *(prep)* con
    with me conmigo
    with you contigo
without sin
woman *(n)* mujer *(f)*
wood *(n)* *(material)* madera *(f)*
    (trees) *(n)* bosque *(m)*
wool *(n)* lana *(f)*
work *(vi)* trabajar
work *(n)* *(job)* trabajo *(m)*
workshop *(n)* taller *(m)*
world *(n)* mundo *(m)*
worried *(adj)* preocupado/a
worry *(vi)* preocuparse
worth *(v)* *(to be worth)* valer
write *(vt, vi)* escribir
writer *(n)* escritor/–ora *(m/f)*
writing desk *(n)* escritorio *(m)*

Y

year *(n)* año *(m)*
yellow *(adj)* amarillo/a
yellow *(n)* amarillo *(m)*
yes *(adv)* sí
yesterday *(n)* ayer *(m)*
you *(pron)* tú, vosotros, usted, ustedes
    you're welcome de nada
young *(adj)* joven
your *(poss adj)* tu, vuestro/a
youth *(n)* *(person)* joven *(m/f)*
    (in general) juventud *(f)*

Z

zoo *(n)* zoo *(m)*

Spanish–English wordlist

Key: m = masculine
f = feminine
pl = plural
n = noun
vt = transitive verb
vi = intransitive verb

vr = reflexive verb
adv = adverb
adj = adjective
interr = interrogative
prep = preposition

conj = conjunction
excl = exclamation
interj = interjection
pron = pronoun
aux vb = auxiliary verb

A

a (prep) at, to
 a las tres at three o'clock
 Vamos a la playa. We're going to the beach.
abandonar (vt) to leave (a place or a person)
abierto/a (adj) open
abogado/a (m/f) lawyer
abrigo (m) overcoat
abril (m) April
abrir (vt) to open
abuela (f) grandmother
abuelo (m) grandfather
aburrido/a (adj) boring
acabar (vt) to finish, to complete
academia (f) academy, school
acceso (m) access
aceite (m) oil
aceptar (vt) to accept
acordarse (vi) to remember
acostarse (vr) to go to bed
actor (m) actor
actriz (f) actress
acuerdo (m) agreement
 de acuerdo OK, all right
actuación (f) performance
además (adv) besides
adiós (interj) goodbye
adjuntar (vt) to attach
admitir (vt) to accept, to admit
adorar (vt) to love, to adore
aeropuerto (m) airport
afición (f) hobby, pastime
agenda (f) diary
agosto (m) August
agradable (adj) pleasant
agua (f) water
 agua mineral (con/sin gas) (sparkling/still) mineral water
ahí (adv) there
ahora (adv) now
 ahora mismo right now

aire (m) air
ajedrez (m) chess
 aire acondicionado air conditioning
 aire libre open air
alemán/–mana (adj) German
alemán (m) German (language)
Alemania (f) Germany
alergia (f) allergy
alérgico/a (adj) allergic
algo (pron) something, anything
 algo más something/anything else
alguien (pron) someone, anyone
allí (adv) there
almuerzo (m) lunch/mid-morning snack
alojamiento (m) lodging
alquilar (vt) to rent
alquiler (m) rental, hire charge
 alquiler de coches car hire
alto/a (adj) tall, high
amarillo/a (adj) yellow
amarillo (m) yellow
ambiente (m) atmosphere
ambulatorio (m) outpatients department
América del Sur (f) South America
amplio/a (adj) wide, broad
amueblar (vt) to furnish
amueblado/a (adj) furnished
ancho/a (adj) wide
animador (m) master of ceremonies, compère
animal (m) animal
año (m) year
 el año pasado last year
anoche (adv) last night
antibiótico (m) antibiotic
anuncio (m) announcement, advertisement
aparcamiento (m) parking, car park
apartamento (m) apartment
aperitivo (m) aperitif

apetecer (vt) to appeal to
 No me apetece. I don't feel like it.
aprender (vt) to learn
aquí (adv) here
arena (f) sand
Argentina (f) Argentina
argentino/a (adj) Argentine, Argentinian
armario (m) wardrobe
arquitecto/a (m/f) architect
arroz (m) rice
artesanía (f) crafts
artículo (m) article
ascensor (m) lift
asiento (m) seat
asistir (vi) to attend, to be present
aspecto (m) appearance
atletismo (m) athletics
aunque (conj) although, even though
autobús (m) bus
autocar (m) coach (bus)
autopista (f) motorway
auto-servicio (m) self-service
AVE (m) high-speed train
avenida (f) avenue, main street in a town
aventura (f) adventure
avería (f) breakdown
avisar (vt) to warn
ayer (adv) yesterday
 ayer por la noche last night
ayuntamiento (m) town hall, town council
azúcar (m) sugar
azul (adj) blue
azul (m) blue
 azul cielo sky blue
 azul marino navy blue

B

bacalao (m) cod
bailar (vi) to dance

bailarín (m) dancer
bajo/a (adj) short
balcón (m) balcony
balón (m) ball
baloncesto (m) basketball
bañarse (vr) to bathe
banco (m) bank
bañera (f) bath
baño (m) bathroom
bar (m) bar
barato/a (adj) cheap
barba (f) beard
barco (m) boat
barro (m) mud, clay
bastante (adj) quite
bastante (pron, adj) enough
beber (vt) to drink
bebida (f) drink
beige (adj, n) beige
bien (adv) well
billete (m) ticket (for travel)
    billete de ida one-way ticket
    billete de ida y vuelta return
    ticket
blanco/a (adj) white
blanco (m) white
blusa (f) blouse, top
boca (f) mouth
bocadillo (m) sandwich
boda (f) wedding
bolso (m) bag
bombero (m/f) fire fighter
bonito/a (adj) pretty
bosque (m) wood (trees)
bota (f) boot
bote (m) jar
boxeo (m) boxing
Brasil (m) Brazil
brasileño/a (adj), (m/f) Brazilian
brazo (m) arm
británico/a (adj), (m/f) British
bronceador (m) suntan cream
buceo (m) diving
bueno/a (adj) good
buenas noches (interj) good night
buenas tardes (interj) good afternoon/
    good evening
buenos días (interj) good morning
bufanda (f) scarf
buscar (vt) to look for

C

caballo (m) horse
cabeza (f) head
cada (adj) each, every

caer(se) (vi) to fall
café (m) coffee
cafetería (f) cafeteria
caja (f) box
cajero/a (m/f) cashier
    cajero automático cash point
calamar (m) squid
calcetín (m) sock
    calcetines blancos white socks
calefacción (f) heating
    calefacción central central
    heating
calendario (m) calendar
calidad (f) quality
caliente (adj) warm, hot
calle (f) street
calor (m) heat
cama (f) bed
camarero/a (m/f) waiter/waitress
cambiar (vt) to change
cambiarse (vr) to get changed
cambiarse (vr) de casa to move house
caminar (vi) to walk
camión (m) lorry, truck
camisa (f) shirt
camiseta (f) T-shirt
campo (m) country, countryside
    campo de golf golf course
cansado/a (adj) tired
cantante (m/f) singer
cantar (vt, vi) to sing
cantidad (f) quantity
capital (f) capital
carácter (m) character, personality
carne (f) meat
carnet (m) ID card
    carnet de conducir driving licence
carnicería (f) butcher's
caro/a (adj) expensive
carpintero/a (m/f) carpenter
carrera (f) race; career; university
    degree course
carretera (f) road
carta (f) letter
cartelera (f) publicity board (cinema/
    theatre guide)
cartera (f) wallet, small file
cartero/a (m/f) postman/postwoman
casa (f) house
    en casa at home
casado/a (adj) married
casarse (v pron) to get married
casi (adv) almost, nearly
    casi todos los días nearly every
    day

catarata (f) waterfall
catarro (m) cold, catarrh
catedral (f) cathedral
cebolla (f) onion
cena (f) supper/dinner
cenar (vi, vt) to have dinner/supper/
    evening meal
centro (m) centre
    centro deportivo sports centre
cerca (adv) near
cercanías local trains
cercano/a (adj) nearby
cerdo (m) pig
cereales (mpl) cereals
cerrado/a (adj) closed
cerrar (vt) to close
cerveza (f) beer
cesta (f) basket
chaqueta (f) jacket; cardigan
charanga (f) street brass band
charcutería (f) delicatessen
chatear (vi) por Internet to 'chat'
    online
chico/a (m/f) boy/girl
China (f) China
chino/a (adj) Chinese
chino/a (m/f) Chinese person
chino (m) Chinese (language)
chocolate (m) chocolate
chorizo (m) spicy cooked sausage
chubasco (m) rain shower
ciclismo (m) cycling
cielo (m) sky, heaven
ciencias (fpl) science
    ciencia ficción science fiction
cine (m) cinema
cinturón (m) belt
cita (f) appointment
ciudad (f) city
claro/a (adj) light (colours)
¡claro! (excl) of course!
clase (f) class
    clase preferente 1st class
    (transport)
    clase turista 2nd class (transport)
cliente (m/f) customer
clima (m) climate
clínica (f) clinic, hospital
coca cola ® (f) Coca-Cola
cocer (vt) to cook, to stew
coche (m) car
cocido (m) stew
cocina (f) kitchen
cocinar (vt) to cook
código (m) (postal) postcode

coger (vt) to get, to take, to grab
cojín (m) cushion
colcha (f) bed quilt
colina (f) hill
Colombia (f) Columbia
colombiano/a (m/f) Columbian
colombiano/a (adj) Columbian
color (m) colour
combinar (vt) to combine
comedia (f) comedy
comedor (m) dining room
comer (vi) to eat, to have lunch
comer (vt) to eat (something)
comercio (m) (a) business
cómico/a (adj) funny, comic
comida (f) meal, food, midday meal
comisaría (f) de policía police station
como (adv) like, as
    como siempre as always
cómo (adv interrog) how
    ¿Cómo es? What's he/she/
    it like?
cómodo/a (adj) comfortable
comprar (vt) to buy
compras (fpl) shopping
comprobar (vt) to check
con (prep) with
concursante (m/f) contestant (in a
    quiz show)
concurso (m) quiz, competition
conductor/–ora (m/f) driver
conmigo (prep + pron pers)
    with me
conocer (vt) to know a place or a
    person; to meet (someone) for
    the first time
    Conozco Madrid. I know
    Madrid.
    Conocí al director ayer. I met the
    director yesterday.
conocido/a (adj) well-known
consejo (m) piece of advice
consola (f) console
construcción (f) the building trade
construir (vt) to build
consulta (f) doctor's surgery
consumidor/–ora (m/f) consumer
contaminación (f) pollution
contestador (m) automático telephone
    answering machine
contestar (vt) to reply
contigo (prep + pron pers) with you
contraste (m) contrast
conveniente (adj) convenient
convivencia (f) living together

corazón (m) heart
corbata (f) tie
cordero (m) lamb
Corea (f) Korea
coreano/a (adj) Korean
coro (m) choir
correo (m) mail
    correo electrónico email
cortado (m) coffee with a dash of milk
cortar (vt) to cut
cortarse (v pron) to cut oneself
corto/a (adj) short
crecer (vi) to grow up
crema (f) cream
cristal (m) glass
Cruz (f) Roja Red Cross
cuadrado/a (adj) square (shape)
cuadro (m) painting
cuál (pron interrog) what … ?,
    which … ?
cuánto/a (interrog pron) how much?
    ¿Cuánto es? How much is it?
    ¿Cuánto vale? How much is it?
    ¿Cuánto valen? How much are
    they?
cuántos/as (interrog) how many?
    ¿Cuántos años tienes? How old
    are you?
cuarto (m) quarter; room
    cuarto de baño (m) bathroom
cuarto/a (adj) fourth
cubierto (adj) overcast
cuchara (f) spoon
cuchillo (m) knife
cuello (m) neck
cuenta (f) bill
cuerpo (m) body
¡cuidado! (interj) be careful!
cuidar (vt) to look after
cumpleaños (m) birthday
cumplir (vt) (30 años) to reach (your
    30th birthday)
cuñado/a (m/f) brother-in-law/
    sister-in-law

D

danza (f) dance
dar (vt) give
datos (mpl) personales personal details
de (prep) of, from
    el hermano de Juan Juan's
    brother
    Es de Madrid. He's from
    Madrid.
    de … a from … to

debajo de (prep) under
deber (vi) should, must (obligation)
    Debes ir al médico. You should
    go to the doctor.
deberes (mpl) homework
decir (vti) to say
dedo (m) (de la mano) finger
dedo (m) (del pie) toe
dejar (vt) to leave
    Deja el libro aquí. Leave the
    book here.
delante de (prep) in front of
deletrear (vt) to spell
delgado/a (adj) thin, slim
demasiado/a (adj) too much
    demasiado dinero too much
    money
demasiado (adv) too
    La blusa es demasiado grande.
    The blouse is too big.
dentista (m/f) dentist
dentro (adv) inside
denunciar (vt) to report (an incident)
deporte (m) sport
deportista (m/f) sportsman/
    sportswoman
depósito (m) (de gasolina) (petrol)
    tank
derecha (f) right
    Mi casa está a la derecha. My
    house is on the right.
desayunar (vt) to have breakfast
desayuno (m) breakfast
descansar (vi) to relax, to rest
desesperado/a (adj) desperate
desierto (m) desert
desordenado/a (adj) untidy
después (adv) then, afterwards
destino (m) destination
destruido/a (adj) destroyed
destruir (vt) to destroy
desventaja (f) disadvantage
detestar (vt) to hate, to detest
detrás de (prep) behind
día (m) day
dibujo (m) picture, drawing
    dibujos animados cartoons
diciembre (m) December
dictadura (f) dictatorship
difícil (adj) difficult
dirección (f) address; direction
directamente (adv) directly, straight
    away
director/–ora (m/f) director
disco (m) compacto compact disk

disco (m) *duro* hard disk
discoteca (f) disco
discutir (vt) to discuss
diseñador/–ora (m/f) designer
 diseñador(a) de moda fashion
 designer
diseñar (vt) to design
disfrutar (vi) to enjoy
distinto/a (adj) different
divertido/a (adj) fun, enjoyable
divertirse (vr) to enjoy oneself
divorciado/a divorced
divorciarse (vr) to get divorced
docena (f) dozen
documental (m) documentary
documento (m) *de identidad* identity
 document
doler (vi) to hurt, to ache
 Me duele la espalda. My back
 aches.
dolor (m) ache, pain
domingo (m) Sunday
donde (adv) where
dónde (interrog adv) where?
dormir (vi) to sleep
dormirse (vr) to go to sleep
dormitorio (m) bedroom
droguería (f) general store, drugstore,
 hardware store
ducha (f) shower
ducharse (v pron) to shower
dueño/a (m/f) owner
dulce (adj) sweet
dúplex (m) two-storey apartment
durante (prep) for (a period of time)
durar (vi) to last, to take (time of a
 film or journey)

E

e (conj) and (before words beginning
 'i' and 'hi')
 padre e hija father and
 daughter
echar (vt) to show (a film)
económico/a cheap
edificio (m) building
egoísta (adj) selfish
el (art) the
él (pron pers) he
electricista (m/f) electrician
elegir (vt) to select
ella (pron pers) she
ellos (pron pers mpl) they
ellas (pron pers fpl) they
email (m) email

embarazada (adj) pregnant
emoción (f) excitement
emocionante (adj) exciting
empanadilla (f) small meat- or
 vegetable-filled pasty
empezar (vi) to begin, to start
empleado/a (m/f) employee, clerk
empresa (f) company (business)
en seguida (adv) straight away,
 immediately
en (prep) in, on
enamorado/a (adj) in love
enamorarse (vr) to fall in love
encima (adv) on,
 encima de (prep) on top of
 El mapa está encima de la cama.
 The map is on the bed.
encontrar (vt) to find
encontrarse (vr) to feel (health)
 Me encuentro mal. I feel bad
enero (m) January
enfadado/a (adj) angry, annoyed
enfermedad (f) illness
enfermo/a (adj) ill, sick
enfrente (adv), *enfrente de* (prep)
 opposite
ensalada (f) salad
enseñar (vt) to teach
entonces (adv) so, in that case, then
entrada (f) entrance ticket
entrar (vt) to enter
entre (prep) between, amongst
entrenamiento (m) training
entrevista (f) interview
enviar (vt) to send
escalera (f) stairway
escaparate (m) shop window
escena (f) scene
escocer to sting, to burn (sunburn)
escocés/–esa (adj), (m/f) Scottish;
 Scot
Escocia (f) Scotland
escozor (m) sunburn
escribir (vt) to write
escribirse (vr) to be spelt
 ¿Cómo se escribe? How is it
 spelt?
escritor/–ora (m/f) writer
escritorio (m) (writing) desk
escuchar (vt) to listen
escultura (f) sculpture
espacio (m) space
espalda (f) back (body)
España (f) Spain
español/–ola Spanish

espejo (m) mirror
esperar (vt, vi) to wait (for)
esquí (m) skiing
esquina (f) corner
estación (f) station, season
estación (f) *de esquí* ski resort
estadio (m) stadium
estampado/a (adj) patterned
 (clothing)
estanco (m) tobacconist's,
 newsagent's kiosk
estantería (f) bookcase
estar (vi) to be (location and
 temporary state)
este/esta/estos/estas (adj dem) this,
 these
éste/ésta/esto/éstos/éstas
 (pron dem) this one, these ones
este (m) east
estómago (m) stomach
estropeado/a (adj) broken down, ruined
estropear (vt) to ruin, to break
estuche (m) case (for jewellery,
 glasses, etc.)
estudiante (m/f) student
estudiar (vt) to study
¡estupendo! (interj) great, wonderful,
 marvellous
euro (m) euro
exactamente (adv) exactly
examen (m) exam
excelente (adj) excellent
excusa (f) excuse
éxito (m) success
exposición (f) exhibition
extranjero/a (adj), (m/f) foreign;
 foreigner
extranjero (m) abroad, overseas
Viven en el extranjero. They live
 overseas.
extrovertido/a (adj) extrovert,
 outgoing

F

fábrica (f) factory
fabricar (vt) to manufacture
falda (f) skirt
faltar (vi) to be missing
familia (f) family
famoso/a (adj) famous
farmacia (f) pharmacy, chemist
fax (m) fax
febrero (m) February
fecha (f) date
 fecha de nacimiento date of birth

felicidad (f) happiness
feo/a (adj) ugly
fiebre (f) temperature, fever
fiesta (f) festival, party
fin (m) end
    fin de semana weekend
finalmente (adv) finally
físico (m) physique
flan (m) cream caramel
folleto (m) brochure
fondo (m) end, bottom,
    background
fontanero/a (m/f) plumber
formación (f) training
formulario (m) form (document)
francés/–esa (adj) French
Francia (f) France
fresco/a (adj) fresh
frigorífico (m) fridge
frío/a (adj) cold
frío (m) cold
frontera (f) border
fruta (f) fruit
frutería (f) fruit shop
fuego (m) fire
fuegos artificiales fireworks
fuerte (adj) strong, heavy
fumador/–ora (m/f) smoker
fumar (vi) to smoke
futbolista (m/f) footballer
fútbol (m) football

G

gafas (fpl) glasses
    gafas de sol sunglasses
galés/–esa (adj), (m/f) Welsh;
    Welsh person
Gales (m) Wales
galleta (f) biscuit
garaje (m) garage
garganta (f) throat
gasolina (f) petrol
gasolinera (f) filling/petrol station
gastar (vt) to spend (money)
generalmente (adv) generally
gente (f) people
gimnasia (f) exercise, gymnastics
gimnasio (m) gym
gira (f) tour
golpe (m) bump
    golpe (f) *militar* military coup
gordo/a (adj) fat, overweight
gorra (f) cap
    gorra de sol sun hat
grabar (vt) to record

gracias (fpl) thanks
gramo (m) gram
granate (adj), (m) maroon
grande (adj) big
gran velocidad high speed
granizo (m) hail (stones)
grano (m) spot (on the body)
grave (adj) serious
Grecia (f) Greece
griego/a (adj), (m/f) Greek; Greek
    person
griego (m) Greek language
gripe (f) flu
gris (adj), (m) grey
grúa (f) breakdown truck
guante (m) glove
guardar (vt) to keep
Guardia Civil (f) Civil Guard
guerra (f) war
    guerra civil civil war
guía (m) guide
guía (m/f) *turística* tourist guide
gustar to like, to be pleasing
    ¿Te gusta el libro? Do you like
    the book?

H

habitación (f) room
habitante (m/f) inhabitant
hablar (vi) to speak
hacer (vt) to make, to do
    hacer calor to be hot
    (weather)
    hacer frío to be cold (weather)
    hacer sol to be sunny
    hacer viento to be windy
hamburguesa (f) hamburger
hay (v imp) there is . . ./there are . . .
hay que it's necessary to . . .
helado (m) ice-cream
helicóptero (m) helicopter
hermanastro/a (m/f) stepbrother/
    stepsister
hermano/a (m/f) brother/sister
hermoso/a (adj) beautiful
hijastro/a (m/f) stepson, stepdaughter
hijo/a (m/f) son/daughter
hijos (mpl) children
hola (interj) hello
Holanda (f) Holland
holandés/–esa (adj), (m/f) Dutch;
    Dutch person
holandés (m) Dutch language
hombro (m) shoulder
hora (f) hour

horario (m) timetable
hospital (m) hospital
hotel (m) hotel
huevo (m) egg
humos (mpl) smoke and fumes

I

ida (f) one way (journey)
ida y vuelta (f) return (ticket)
idioma (m) language
iglesia (f) church
importante (adj) important
impresora (f) printer
imprimir (vt) to print
incluir (vt) to include
incómodo/a (adj) uncomfortable
indígena (adj) indigenous, native
indígena (m/f) native
indigestión (f) indigestion
infancia (f) infancy, childhood
infección (f) infection
ingeniero/a (m/f) engineer
Inglaterra (f) England
inglés/–esa (adj), (m/f) English; English
    person
inglés (n) English (language)
inmediatamente (adv) immediately
insensible (adj) insensitive
insolación (f) sunstroke
instituto (m) secondary school
inteligente (adj) intelligent
interesante (adj) interesante
Internet (f) Internet
intoxicación (f) food poisoning
invierno (m) winter
invitado/a (m/f) guest
invitar (vt) to invite
inyección (f) injection
ir (vi) to go
Irlanda (f) Ireland
    Irlanda del norte Northern
    Ireland
irlandés/–esa (adj), (m/f) Irish; Irish
    person
irresponsable (adj) irresponsible
Italia (f) Italy
italiano/a (adj), (m/f) Italian; Italian
    person
italiano (m) Italian (language)
itinerario (m) itinerary
izquierda (f) left

J

jamón (m) ham
Japón (m) Japan

japonés/–esa (adj), *(m/f)* Japanese; Japanese person

japonés (m) Japanese language

jarabe (m) syrup (medicinal)

jardín (m) garden

jersey (m) sweater

joven (adj), *(m)* young, young man

joya (f) jewel

jubilado/a (adj), m/f retired; retired person

jubilarse (vr) to retire (at age 65, etc.)

juego (m) game

jueves (m) Thursday

jugar (vi) to play

julio (m) July

junio (m) June

juventud (f) youth

K

kilo (m) kilo

kilómetro (m) kilometre

L

al lado de (prep) next to

ladrón/–ona (m/f) thief

lana (f) wool

lápiz (m) pencil

   lápiz de memoria memory stick

largo/a (adj) long

largo recorrido long distance (train)

lástima (f) pity

   ¡Qué lástima! What a pity!

lata (f) can, tin

lavabo (m) washbasin

lavadora (f) washing machine

leche (f) milk

lechuga (f) lettuce

leer (vt, vi) to read

lejos (adv) far, a long way

lenteja (f) lentil

lento/a (adj) slow

levantarse (vr) to get up

libre (adj) free (available)

licenciado/a (m/f) graduate (from university)

licenciatura (f) degree

líder (m) leader

limón (m) lemon

limpieza (f) cleaning

limpio/a (adj) clean

liso/a (adj) plain (material); straight (hair)

lista (f) vertical stripe

litera (f) bunk bed (couchette in a train)

litro (m) litre

llamar (vt) to call

   llamar por téléfono to telephone

llamarse (vr) to be called

   Me llamo Juan. I'm called Juan.

llanura (f) plain

llave (f) key

llegada (f) arrival

llegar (vi) to arrive

llenar (vt) to fill

lleno/a (adj) full

llevar (vt) wear, carry

llover (v impers) to rain

lomo (m) pork

luego (adv) then, later

lugar (m) place, location

   lugar de nacimiento place of birth

lunes (m) Monday

M

macarrones (mpl) macaroni

madera (f) wood (timber)

madrastra (f) stepmother

madre (f) mother

madrugada (f) early hours of the morning

magnífico/a (adj) magnificent

mago (m) magician

mal (adv) bad

   Me encuentro mal. I feel ill.

malo/a (adj) bad

mamá (f) mum

mañana (f) morning, tomorrow

   por la mañana in the morning

   hasta mañana see you tomorrow

mandar (vt) to send

mango (m) handle

mano (f) hand

mantequilla (f) butter

manzana (f) apple

mapa (m) map

mar (m) sea

maravilloso/a (adj) marvellous

mareo (m) sickness; faintnes

marido (m) husband

marrón (adj) brown

martes (m) Tuesday

marzo (m) March

más (adj, inv) more, most

   Es más barato. It's cheaper.

   Es el más barato. It the cheapest one.

   más tarde later

   más o menos more or less

máscara (f) mask

material (m) material

matrícula (f) registration (number)

mayo (m) May

mayor (adj) older

mecánico/a (m/f) mechanic

mediano/a (adj) medium-sized

medias (fpl) tights

medicina (f) medicine

médico/a (m/f) doctor

medio/a (adj) half

   media pensión half board

   medio hermano half brother

   medio kilo half a kilo

medio (m) means

   medio de transporte means of transport

mediodía (m) midday

mejor (adj, adv) better

melón (m) melon

memoria (f) USB memory stick

menor (adj) younger

menos (adv) less

   menos mal it's just as well

mensaje (m) message

   mensaje de texto text message

mentiroso/a (adj) liar

menú (m) del día menu of the day

a menudo (adv) often

merluza (f) hake

mermelada (f) marmalade, jam

mes (m) month

mesa (f) table

mesilla (f) bedside table

metal (m) metal

metálico/a (adj) metallic

mexicano/a (adj), *(m/f)* Mexican; Mexican person

México (m) Mexico

miedo (m) fear

miércoles (m) Wednesday

millón (m) million

minuto (m) minute

mirar (vt) to look

modelo (m/f) model (fashion)

módem (m) modem

moderno/a (adj) modern

monitor (m) monitor

montañismo (m) mountaineering

monumento (m) monument

morado/a (adj) purple

moreno/a *(adj)* dark (complexion, hair)
morir *(vi)* to die
mosca *(f)* fly (insect)
moto(cicleta) *(f)* motorbike
motor *(m)* engine
móvil *(m)* mobile
muchísimo *(adv)* a lot, very much
mucho *(adv)* a lot
mucho/a *(adj)* a lot
mucho gusto pleased to meet you
mueble *(m)* item of furniture
muebles *(mpl)* furniture
muela *(f)* tooth (molar)
muerto/a *(adj)* dead
mujer *(f)* woman, wife
mundo *(m)* world
muñeco/a *(m, f)* doll
museo *(m)* museum
música *(f)* music
músico/a *(m/f)* musician
muy *(adv)* very

N

nacer *(vi)* to be born
nacimiento *(m)* birth
nacionalidad *(f)* nationalitiy
nada *(pron)* nothing
    de nada you're welcome
nadar *(vi)* to swim
nadie *(pron)* nobody
naranja *(f, adj)* orange
nariz *(f)* nose
natación *(f)* swimming
neblina *(f)* mist
negar *(vt)* to reject, to refuse
negocios *(mpl)* business (general)
negro/a *(adj)* black
negro *(m)* black
nervioso/a *(adj)* nervous, excitable
nevar *(v impers)* to snow
niebla *(f)* fog
nieto/a *(m/f)* grandson/grandaughter
nieve *(f)* snow
ninguno/a *(pron)* none
niño/a *(m/f)* small boy/girl
nivel *(m)* level
noche *(f)* night
nocturno/a *(adj)* night
noreste *(m)* north-east
normalmente *(adv)* normally
noroeste *(m)* north-west
norte *(m)* north
norteamericano/a *(adj)*, *(m/f)* North
    American; North American
    person

nosotros/as *(pron)* we
noticias *(fpl)* news
novela *(f)* novel
novio/a *(m/f)* boyfriend/ girlfriend,
    fiancé/fiancee
noviembre *(m)* November
nube *(f)* cloud
nublado *(adj)* cloudy
nuestro/a *(adj)* our
numerado/a *(adj)* numbered
número *(m)* number
    número de teléfono telephone
    number
nunca *(adv)* never

O

obra *(f)* (piece of) work
    obra maestra masterpiece
octubre *(m)* October
ocupado/a *(adj)* occupied; busy
odiar *(vt)* to hate
oeste *(m)* west
oficina *(f)* office
    oficina de turismo tourist office
oficinista *(m/f)* office worker
ofrecer *(vt)* to offer
oído *(m)* ear (inner)
ojo *(m)* eye
oliva *(f)* olive
olvidar *(vt)* to forget
operar *(vt)* to operate
opinar *(vi)* to have an opinion about
opinión *(f)* opinion
optimista *(adj)* optimistic
ordenado/a *(adj)* tidy
ordenador *(m)* computer
    ordenador portátil laptop
    computer
ordenar *(vt)* to order
oreja *(f)* ear (outer)
organizar *(vt)* to organise
oro *(m)* gold
oso *(m)* bear
oscuro/a *(adj)* dark (colours)
otoño *(m)* autumn

P

padrastro *(m)* stepfather
padre *(m)* father
padres *(mpl)* parents
país *(m)* country
palacio *(m)* palace
palanca *(f)* joystick
pan *(m)* bread
panadería *(f)* baker's

pantalla *(f)* screen (TV, cinema)
pantalón *(m)* trousers
    pantalón corto shorts
pañuelo *(m)* handkerchief; headscarf
papá *(m)* dad
papel *(m)* paper
papelería *(f)* stationery shop
paquete *(m)* packet, parcel
para *(prep)* for
parada *(f)* de autobús bus stop
paraguas *(m)* umbrella
parar *(vt)* to stop
pareja *(f)* couple, pair
parking *(m)* parking facilities
parque *(m)* park
partido *(m)* match (foot ball)
pasaporte *(m)* passport
pasear *(vi)* to walk
paseo *(m)* walk, stroll; avenue,
    promenade
    dar un paseo to go for a
    walk
pasillo *(m)* hallway, corridor
pasta *(f)* pasta
pastel *(m)* cake
pastelería *(f)* cakeshop
pastilla *(f)* tablet, pill
patata *(f)* potato
patatas fritas *(mpl)* crisps; chips
pecho *(m)* chest
pedir *(vt)* to ask for, request
película *(f)* film
peligroso/a *(adj)* dangerous
pelo *(m)* hair
pelota *(f)* ball
peluquería *(f)* hairdresser's
pendiente *(m)* earring
pensar *(vi)* to think
pensión *(f)* board
    pensión completa full board
    media pensión half board
pequeño/a *(adj)* small
pera *(f)* pear
perder to lose
perdido/a *(adj)* lost
perdón *(interj)* sorry, excuse me
perezoso/a *(adj)* lazy
periodista *(m/f)* journalist
pero *(conj)* but
perro *(m)* dog
persona *(f)* person
personaje *(m)* personality
pesado/a *(adj)* heavy
pesar *(vt, vi)* to weigh
pesca *(f)* fishing

pescado (m) fish
pescadería (f) fishmonger's
pesimista (adj) pessimistic
petróleo (m) oil (fuel)
pez (m) fish (live)
pie (m) foot
piel (f) leather
pierna (f) leg
piña (f) pineapple
pintor/–ora (m/f) painter
pintura (f) painting
piscina (f) swimming pool
piso (m) flat (apartment); floor
      (of a block of flats)
pista (f) *(de tenis)* (tennis) court
plancha (f) iron
plano (m) plan
plástico (m) plastic
plata (f) silver
plátano (m) banana
plato (m) dish, plate
playa (f) beach
plaza (f) square (in a town)
      plaza de toros bull ring
población (f) population
poder (v aux) to be able
policía (m/f) police officer
Policía Municipal City Police
policíaca (f) mystery (film, novel)
político/a (m/f) politician
pollo (m) chicken
pomada (f) ointment
poner (vt) to put
por (prep) for
      por ahí out, around
      por aquí around here
      por ejemplo for example
      por favor (interj) please
      por la noche at night
      por la mañana in the morning
porcentaje (m) percentage
Portugal (m) Portugal
portugués/–guesa (adj), (m/f)
      Portuguese; Portuguese person
postre (m) dessert
practicar (vt) (el ciclismo) to practise
      (cycling)
precio (m) price
precisar (vt) to need, require
preferir (vt) to prefer
pregunta (f) question
preguntar (vt) to ask (a question)
preocupado/a (adj) worried
preparar (vt) to prepare
presentación (f) introduction

primavera (f) spring
primer plato (m) starter
primero/a (adj) first
      la primera (calle) a la derecha
      the first (street) on the right
      primera clase first class
primo/a (m/f) cousin
probablemente (adv) probably
probador (m) changing room (in a
      clothes shop)
probar (vt) to prove; to taste for the
      first time
probar (vi) to try (have a go)
probarse (vr) to try on
producto (m) product
profesión (f) profesion
profesor/–ora (m/f) teacher
programa (m) programme
pronto (adv) early, soon
propietario/a (m/f) owner
provincia (f) province; region
próximo/a (adj) next
proyecto (m) project
pueblo (m) town; village
puerta (f) door, gate
puerto (m) harbour
pues (conj) well, in that case

Q

qué (pron) what?
      ¿Qué tal? How are you?
      (informal)
qué (adj) what?
      ¿Qué color te gusta? What
      colour do you like?
      ¡Qué aburrida! How boring!
      ¡Qué bien! That's great
      ¡Qué calor! It's so hot!
quedar (vi), quedarse (vr) to stay, to
      remain; to arrange to meet
      Nos quedamos en casa. We stay
      at home.
      Quedamos en la entrada. Let's
      meet at the entrance.
quejarse (vr) to complain
quemadura (f) burn
quemadura de sol sunburn
quemarse (v pron) to burn oneself
querer (vt) to want
queso (m) cheese
quién (pron) who?
quizás (adv) maybe, perhaps

R

ración (f) portion

radio (f) radio
rápido/a (adj) fast
ratón (m) mouse
raya (f) stripe (horizontal), hoop
realidad (f) reality
recepcionista (m/f) receptionist
receta (f) prescription; recipe
recetar (vt) to prescribe
recibo (m) receipt
rectangular (adj) rectangular
redondo/a (adj) round
refresco (m) fizzy drink
región (f) region
regreso (m) return
reír (vi) to laugh
relajante (adj) relaxing
RENFE (f) Spanish national rail service
repetir (vt) to repeat
reportaje (m) report
representante (m/f) representative
reserva (f) reservation
reservar (vt) to reserve
resfriado (m) (a) cold
resfriado/a (adj) having a cold
responsable (adj) responsible
restaurante (m) restaurant
retraso (m) delay
reunión (f) meeting
reunirse (vr) to meet
revista (f) magazine
rico/a (adj) rich
rincón (m) corner
río (m) river
robar (vt) to steal, to rob
robo (m) theft, robbery
rodilla (f) knee
rojo/a (adj) red
rojo (m) red
romántico/a (adj) romantic
romper (vt) to break
ropa (f) clothes
      ropa de vestir formal dress,
      smart clothes
rosa (adj) (f) pink
rubio/a (adj) blonde, fair
ruido (m) noise
Rumanía (f) Romania
rumano/a (adj), (m/f) Romanian;
      Romanian
ruta (f) route

S

sábado (m) Saturday
saber (vt) to know something; to
      know how to do something

saborear (vt) to taste

sacar (vt) to take out; to buy (tickets)

sala (f) de fiestas function room, club

salchicha (f) sausage

salero (m) salt cellar

salida (f) departure, way out

salir (vi) to leave, to go out, to depart

  salir de casa to leave home

salón (m) lounge

¡salud! (interj) cheers!

saludo (m) greeting

sandalia (f) sandal

sano/a (adj) healthy

sardina (f) sardine

seco/a (adj) dry

seda (f) silk

(en) seguida (adv) straight away, immediately

segundo/a (adj) second

  la segunda a la izquierda the second on the left

  segunda clase 2nd class

  segundo plato main course

segundo (m) second (time)

  un segundo just a second

seguramente (adv) certainly

seguro/a (adj) safe, sure

sello (m) stamp (mail)

selva (f) forest, jungle

semáforo (m) traffic lights

semana (f) week

  la semana pasada last week

sencillo/a (adj) simple, basic

señor (m) (Sr.) Mr

señora (f) (Sra.) Mrs/Ms

señorita (f) (Srta.) Miss

sensible (adj) sensitive

sentarse (vr) to sit down

separado/a (adj) separated

separarse (vr) to separate

septiembre (m) September

ser (v cópula) to be (permanence)

serie (f) series

sesión (f) performance (in the cinema)

sí (adv) yes

siempre (adv) always

sierra (f) mountain, mountain range

siglo (m) century

signo (m) (astrological) sign

silla (f) chair

sillón (m) armchair

simpático/a (adj) nice, friendly

sin (prep) without

sinceridad (f) sincerity

sincero/a (adj) sincere

sitio (m) place, location

SMS (m) text message

sobre (m) envelope

sobre (prep) about; on; above

  una película sobre la guerra a film about the war

  El libro está sobre la mesa. The book is on the table.

  El avión vuela sobre la ciudad. The plane is flying above the city.

sobrino/a (m/f) nephew/niece

socio/a (m/f) (business) partner

sofá (m) sofa

soltero/a (adj) single (unmarried)

soltero/a (m/f) single person

sopa (f) soup

soso/a (adj) bland, tasteless

sótano (m) basement

su/sus his/her/their

  su hermano his/her/their brother

  sus padres his/her/their parents

sucio/a (adj) dirty

sudamericano/a (adj), (m/f) South American

suelo (m) floor, ground, land

sueño (m) sleep, dream

supermercado (m) supermarket

sur (m) south

sureste (m) south-east

suroeste (m) south-west

T

Talgo (m) intercity train

talla (f) (clothes) size

taller (m) de reparaciones (repair) workshop

también (adv) also, as well

tan … como (adv) as … as

  No soy tan alto como tú. I'm not as tall as you.

tapa (f) bar snack

tardar (vt) to take (time)

  El autobús tardó media hora. The bus took half an hour.

tarde (adv) late

  Llega tarde todos los días. He arrives late every day.

tarde (f) afternoon, evening

tarjeta (f) card (business, credit)

taxista (m/f) taxi driver

taza (f) toilet bowl; cup

té (m) tea

teatro (m) theatre

teclado (m) keyboard

tela (f) fabric, material

teléfono (m) telephone

  teléfono móvil mobile phone

telenovela (f) soap (TV show)

televisión (f) television

tema (m) theme, topic

tenedor (m) fork

tener (vt) to have

  tener calor to be hot (person)

  tener frío to be cold (person)

  tener ganas to feel like (doing something)

  tener hambre to be hungry

  tener miedo to be frightened

  tener sed to be thirsty

  tener sueño to be tired

tercero/a (adj, pron) third

  el tercer piso the third floor

  la tercera calle the third street

terminar (vt, vi) to finish, to end

  Termina tus deberes. Finish your homework.

  La película termina a las diez. The film ends at ten.

ternera (f) veal

terraza (f) terrace

terror (m) horror

tiempo (m) time; weather

  No tengo tiempo. I don't have time.

  tiempo libre free time

tienda (f) shop

tímido/a (adj) shy

tío/tía uncle/aunt

tipo (m) type

título (m) title, qualification

tobillo (m) ankle

tocar (vt) to touch; to play (an instrument)

todavía (adv) still, yet

todo/toda/todos/todas (adj) all, every

  toda la clase all the class

  todos los días every day

todo (adv) completely, all

  todo recto (exp) straight on

tomar (vt) to take

  tomar el sol to sunbathe

  ¿Qué quieres tomar? What would you like to have?

  Tomo el tren. I take the train.

tomate (m) tomato

tonto/a (adj) stupid, silly

torcer (vt) to twist

    torcer el tobillo to twist one's ankle

torero/a (m/f) bullfighter

tormenta (f) storm

tortilla (f) (de patata) (potato) omelette

trabajador/–ora (adj) hard-working

trabajar (vi) to work

trabajo (m) work, job

traducir (vt) to translate

traer (vt) to bring

tráfico (m) traffic

traje (m) suit

tranquilo/a (adj) calm, quiet, peaceful

transporte (m) transport

trastero (m) store room

tratar (vt) to be about

    Trata de un hombre. It's about a man.

triste (adj) sad

trompeta (f) trumpet

trucha (f) trout

tú (pron pers) you

tu (adj) your

    tu casa your house

    tus amigos your friends

turista (m/f) tourist

U

últimamente (adv) recently

un, una (art) a

    un kilo de patatas a kilo of potatoes

    una amiga a friend (female)

    una vez a la semana once a week

universidad (f) university

unos, unas (art) some

    unos amigos some friends

urgencia (f) emergency

Urgencias emergency department in a hospital

usted (pron pers) you (formal)

    ¿Usted quiere un café? Would you like a coffee?

uva (f) grape

V

vacaciones (fpl) holiday

vacío/a (adj) empty

vacuna (f) vaccination

vacunar (vt) to vaccinate

vale (expr) OK

valer (vt) to be worth

vanidad (f) vanity

vaqueros (mpl) jeans

varicela (f) chickenpox

velocidad (f) speed

vendedor/–ora (m/f) salesman/ saleswoman

vender (vt) to sell

    se vende for sale

venta (f) sale

    en venta for sale

ventaja (f) advantage

ventana (f) window

ver (vt) to see

    ver la televisión to watch television

verano (m) summer

verdad (f) truth

    es verdad it's true

verde (adj) green

verde (m) green

verdura (f) vegetables

verdulería (f) greengrocer's

versión (f) original original version (film)

vestido (m) dress

vestir (vt) to dress

vestirse (vr) to get dressed

vez (f) time, occasion, instance

    una vez once

    a veces sometimes

    de vez en cuando from time to time

vía (f) platform

viajar (vi) to travel

viaje (m) journey

    estar de viaje to be on a trip

vida (f) life

    la vida nocturna night life

viejo/a (adj) old

viento (m) wind

viernes (m) Friday

vinagre (m) vinager

vino (m) wine

    vino blanco/rosado/tinto white/ rosé/red wine

violeta (adj), (f) violet

violín (m) violin

visitar (vt) to visit

vista (f) view, sight

viudo/a (m/f) widower/ widow

vivir (vi) to live

volcán (m) volcano

volver (vi) to return

vosotros/as (pron pers pl) you

vuelta (f) return (journey)

vuestro/a (adj) your (pl)

W

whisky (m) whisky

Y

y (conj) and

yo (pron pers) I

Z

zanahoria (f) carrot

zapatillas (fpl) de deporte trainers, sports shoes

zapato (m) shoe

zoo (m) zoo

zumo (m) (de naranja / manzana) (orange/apple) juice